DE L'ASIE.

SE TROUVE,

A CHATILLON-SUR-SEINE,
Chez Charles Cornillac, imprimeur-libraire;

A DIJON,
Chez Victor Lagier, libraire, place Saint-Etienne.

De l'Imprimerie de C. Cornillac,
à Châtillon-sur-Seine, rue de l'Ile, n° 39.

DE L'ASIE,

ou

CONSIDÉRATIONS

RELIGIEUSES, PHILOSOPHIQUES

ET LITTÉRAIRES SUR L'ASIE,

OUVRAGE COMPOSÉ

ET DÉDIÉ A M. LE BARON SYLVESTRE DE SACY,

Par Mme V**** de C***.

✻

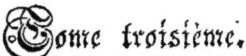

✻

PARIS,

JULES RENOUARD, LIBRAIRE,
rue de Tournon, n° 6;

DONDEY-DUPRÉ PÈRE ET FILS, LIBRAIRES,
rue Richelieu, n° 47 bis.

1832.

DE L'ASIE.

SUITE DE LA SIXIÈME ÉPOQUE.

DES ILES DE L'INDE ET LA MER DU SUD.

Des groupes d'îles, des îles particulières, dignes, par leur étendue, du nom de continent, occupent une place immense dans l'Océan dit pacifique, qui sépare, à l'orient, l'Asie de l'Amérique. On ne découvre pas sans surprise que les lettres y aient été et y soient encore de nos jours presque totalement inconnues.

Cette surprise s'augmente, quand on fait réflexion que, dans la plupart de ces contrées, l'état social n'est pas généralement au-dessous de la civilisation qui en a marqué le niveau, chez plusieurs des nations connues dans l'antiquité.

Je ne sais si je pourrai ailleurs approfondir cette question, qui ne doit pas se traiter sans le concours de celles qui lui sont accessoires. Ici, je constate un fait d'autant plus remarquable, que la Chine et le Japon sont deux vastes contrées éminemment lettrées. Les mœurs compassées qui y règnent y donnent bien plus d'usage au pinceau de l'écrivain, que la plume n'en a parmi nous : tout y est écrit minutieusement, jusques aux moindres détails des circonstances vulgaires de la vie.

L'Inde, dont les destinées récentes vont encore, sous le rapport des travaux de l'esprit, fixer une fois notre étude, l'Inde aussi possède une belle langue que le temps a seulement modifiée; et la connaissance des caractères qui l'expriment est familière au grand nombre de ses enfants.

Les Malais, dès long-temps, ont adopté l'usage des caractères arabes pour écrire leur propre langue; mais ils ont eu aussi un alphabet comparable à l'ancien samscrit. Quelques tribus des grandes îles de la Sonde ont conservé aussi des caractères dont l'usage n'a jamais été bien étendu, et dont il reste à peine quelques fragments; le reste de ces îles et de l'Australasie est entièrement privé de lettres; et, à l'époque de la conquête, le continent de l'Amérique était totalement étranger à toute connaissance en ce genre.

Ce continent, appelé Nouveau-Monde, semble avoir reçu de l'Asie, et successivement de ses îles, les éléments de la population inégale qu'il a présentée à l'Europe, quand, il y a trois siècles seulement, il en a été aperçu : plusieurs mots, dans les langues nombreuses d'un si grand nombre de tribus, ont trahi l'origine samscrite. Le nom de Dieu, tel que le proclamaient les Grecs, s'est trouvé au Mexique dans tous les mots qui indiquaient un rapport divin. M. de Humboldt a reconnu (1) que, sur la totalité des langues américaines, trois cinquièmes rappellent le mantchou, le tongouse, le mongol et le samoïède ; deux cinquièmes, le celtique, le tschoudy ou finnois, le basque, le copte, le congo. Vingt-deux langues existaient néanmoins au Mexique à l'époque de l'invasion ; nous avons les grammaires et les dictionnaires de quatorze de ces langues ; mais ces travaux européens ont été conçus et achevés dans nos langues européennes. Les peuples qui les ont fournis n'ont pas connu de véritable écriture.

Dans son intéressant tableau du climat des Etats-Unis, Volney a publié le vocabulaire ignoré jusqu'ici d'une des peuplades de ces régions ; c'est celui de la nation miami. Un homme y est appelé hellanich, autrement et pour nous hellène, grec ou alain, nom qui, sans doute aussi, voulut dire seulement homme chez les peuples qui l'ont porté : l'expression

---

(1) *Tableau des Cordilières.*

de la mort est énergique en miami, le *froid*. On n'y trouve point le verbe être; mais l'hébreu n'a point de présent.

Les peintures mexicaines ne méritent point le nom d'écriture, selon l'idée d'analyse que nous y attachons. Les fragments qui en sont restés sont des hiéroglyphes, ou le plus souvent des tableaux : ils sont tracés sur des peaux de cerfs pliées et maintenues par des planches, ou sur des tissus de coton, ou enfin sur des feuilles d'aloës d'Amérique, travaillées comme celles du fameux papyrus. Les hiéroglyphes mexicains sont tous tracés du bas en haut de la page, et sont dirigés de droite à gauche : il est à remarquer que, dans le tumulte des armes, un habitant de la ville de Tlascala sut comprendre et saisir l'alphabet des vainqueurs; et il a laissé dans sa langue, mais en caractères espagnols, une histoire de sa patrie.

Cet essai singulier, et les débris sauvés des antiques peintures, n'ont donné que des indications sur les temps écoulés entre le sixième siècle et le douzième de notre ère : elles ne fournissent presque rien sur les époques antérieures. On y reconnaît les noms des chefs de la famille illustre de Citin. Ce fut sous leur conduite que des peuples entiers descendirent du Septentrion dans les vastes plaines d'Anhuac; elles venaient des régions inconnues d'Aztlan, ou Théoco-chuacan.

La fondation de Mexico, ou Thenocticlan, tombe dans ces temps héroïques.

M. de Humboldt a rapporté des manuscrits aztèques qu'il a déposés à Berlin; il les croit postérieurs à l'arrivée des Espagnols : cependant ce sont des peintures; quelques-unes constatent des généalogies de princes devenus tributaires. Les générations sont marquées par des lignes de tête. Au contraire, la succession, parmi les naturels eux-mêmes, n'est marquée jamais que par une tête. C'est encore une loi parmi eux, que l'héritage d'une famille passe entier à un seul, et ne se divise pas.

Ces tableaux, faits pour être lus, désignent les hommes vivants par une langue près de leur tête : un volcan, c'est-à-dire, une montagne qui parle, est figuré par un cône avec des langues au-dessus; les princes morts sont représentés sans langue, les pieds enveloppés dans le manteau royal; ce qui rappelle les momies. Les figures liées par un fil traduisent le nom du personnage dans le genre d'emblêmes que nous appelons rébus, et dont le rapport est si frappant avec l'écriture phonétique des antiques Egyptiens.

On voit, entre ces monuments curieux de l'écriture dite en tableaux, une pièce d'un procès, ou l'histoire d'un procès postérieur à la conquête. Le plan, ou le dessin de l'objet en litige, est précisément au milieu. Les cheminées sont marquées par des traces de pieds. Les figures d'hommes, ajustées à l'européenne, sont placées alnetour sur des chaises ; elles ont devant elles plusieurs langues ; un Indien, le plaideur sans doute, n'a qu'une langue près de lui ; il est debout et pieds nuds.

Un manuscrit hiéroglyphique aztèque s'est conservé au Vatican ; les peintures en sont d'un genre mixte qui rappelle celui des rouleaux de papyrus, trouvés dans les enveloppes des momies.

Toutes ces peintures supposent l'enfance de l'art qui, partout, a le même caractère : figure de profil, œil de face, tête énorme, corps court, doigts de pieds comme des griffes d'oiseaux.

Les quippos, ou cordelettes à nœuds, ont précédé l'usage des peintures au Mexique. On s'en servit encore après l'introduction des peintures expressives ; nos tailles peuvent donner l'idée de leur utilité pratique ; et le chapelet en lui-même est un quippos sacré.

Une grande révolution qui eut lieu à la Chine, justement dans le sixième siècle, l'impulsion terrible imprimée au septième, par les Arabes et l'Alcoran, purent donner lieu, de proche en proche, aux émigrations qui transplantèrent un grand empire, ou du moins sa représentation, sur le continent de l'Amérique. Ces migrations laissèrent la trace de leur passage à travers les forêts, à travers les savannes. C'est moins ce qu'il entreprend de répandre et de propager, que ce qu'il sait et possède effectivement, qu'un peuple sème à mesure qu'il marche. Cadmus, en Grèce, ne fit point une école ; il y porta les palmes de la Syrie, et le laurier fleurit sous leur ombrage nouveau. Amphion fit résonner sa lyre, et il s'éleva une cité. Tout, jusqu'au fond de l'Amérique, atteste un bienfait reçu, et donne une date au souvenir. Les peuples de la côte nord-ouest aiment les peintures hiéroglyphiques ; les Hurons et les Iroquois en ont long-temps conservé des essais qu'ils avaient reçus peut-être, ou bien grossièrement imités. En 1681, le savant Lederer découvrit, dans un village dit indien, en Virginie, et appelé Ponakonach, un cycle hiéroglyphique de soixante ans, semblable au cycle des Tartares ; et l'arrivée des blancs s'y trouvait exprimée par un cygne vomissant des flammes.

Au Mexique, la race conquise s'est multipliée, en trois siècles, au-delà du nombre qu'elle comptait, quand l'Espagnol la subjugua ; et pourtant cette race indigène paraît encore privée de savoir, et surtout de cette vivacité d'esprit qui fait désirer de l'acquérir ; le goût qu'elle a conservé pour la peinture, et aussi pour la sculpture, ne la porte qu'à reproduire les modèles des statues de saints qui furent apportées à la suite de Cortès. Les enfants élevés dans les écoles créoles se distinguent plutôt par leur application que par le développement de leur intelligence; ils se livrent de préférence aux arts mécaniques d'industrie. Toutefois, l'attrait qu'ils avaient pour les fleurs, cet attrait si marqué dans toute l'Asie, même en Chine, pour cet ornement de la création, les Mexicains l'ont conservé; des jardins parfumés et fleuris flottent sur le lac de leur cité comme au temps de Montézuma.

L'Europe maintenant roule ses chars sur le dos de cette Cordilière qui s'élève entre les deux mers, et qui présente une surface unie de plus de cinq cents lieues de longueur, entre Santa-fez du Nouveau-Mexique et la ville de Mexico. La hauteur de ce plateau surpasse, dans toute son étendue, celle des monts de l'Helvétie.

Les arts d'Europe ont pénétré lentement dans cette opulente contrée; il est vrai que, dans tous les temps, l'excès de la misère y parut allié à celui d'un luxe fastueux. Cortès mandait naïvement à l'empereur Charles-Quint que l'on trouvait des mendiants au Mexique, comme dans tous les pays civilisés de l'Europe. Charles-Quint crut devoir y fonder plusieurs chaires pour les langues de la contrée, et même pour l'interprétation des peintures historiques. Cette dernière étude fut bientôt négligée; les autres n'eurent point de progrès. Dans les dernières années, la mère-patrie porta un regard plus vivifiant sur la Nouvelle-Espagne; les sciences naturelles, et en particulier la science des mines, y obtinrent un enseignement étendu et gratuit ; les cours du jardin de botanique, et ceux de l'académie de peinture, y furent ouverts sans distinction. Les plus beaux moules des chefs-d'œuvre, qu'a légués l'antiquité grecque, y furent portés de notre hémisphère. Les débris de la sculpture colossale mexicaine furent réunis à ces monuments de tous les âges, idéal constant de la beauté; ces débris chargés d'hiéroglyphes rappellent en tout, selon M. de Humboldt, le style égyptien ou indou.

Le buste d'une prêtresse aztèque est, sous ce rapport, très-remarquable; il est de basalte. Le voile qui fait partie de la coiffure ressemble à celui des statues égyptiennes. Le bandeau de perles, dont le front de la figure mexicaine est orné, ne se trouve point dans les ajustements des antiques statues de l'Egypte; mais la Californie fournissait beaucoup de perles. Les grelots du reste de la parure rappellent les clochettes dont l'éphod du grand-prêtre, chez les Hébreux, était garni, et les grelots suspendus aux bracelets ainsi qu'à la ceinture des nymphes bocagères, dans les antiques poésies de l'Inde.

Une image monstrueuse, trouvée à Mexico, a paru celle du Dieu de la guerre, ensanglantée souvent de sacrifices humains ; mais il est à remarquer pourtant que ce cruel usage, propre à toutes les nations de la haute antiquité, ne fut pratiqué au Mexique que vers l'an 1317. Il y fut excité plutôt par l'enivrement d'une vengeance sauvage, que par le sentiment d'une immolation sacrée; car la pratique de ces cérémonies cruelles était tombée en désuétude chez les nations, dont les essaims vinrent se fixer au Mexique.

Le savant Humboldt a cherché, dans l'étude des monuments élevés par les nations demi-barbares, quelques traces de la marche uniforme et progressive de l'esprit humain; il a trouvé en Amérique toutes les traditions de l'Asie. La mémoire des cataclysmes, dont l'Inde avait fait les époques du renouvellement des âges du monde, était pleinement consacrée dans l'empire mexicain; celle du cataclysme de l'eau, en tout lieu la dernière comme la plus récente, était entre autres exprimée dans les peintures monumentales du peuple aztèque et de ceux qui l'avaient précédé sur le sommet des Cordilières, comme elle l'avait été dans les antiques Puranas, et dans la Genèse plus antique.

Le Noé, sauvé de ce déluge, porte au Mexique le nom de Cox-cox, et la colombe y est un colibri rapportant un rameau de verdure : cette sorte de traduction vivante prête un charme indicible aux plus augustes vérités; dans le calendrier chrétien, en hiéroglyphes de cette contrée, l'emblême du Saint-Esprit est figuré par le grand aigle mexicain.

L'illustre Visconti se plaisait à rappeler, au sujet de la notion antique des quatre âges déjà accomplis, le regret du poète Hésiode : O! que le sort n'a-t-il voulu que je ne me trouvasse pas avec les hommes du cinquième âge. Ce regret constate une tradition qui appartient au monde entier.

Le peuple mexicain, comme les peuples de l'Ancien-Monde, eut la tradition des Géants. Les Olméques, et d'autres peuples dont l'entrée au Mexique antérieure à celle des Toltèques est comme sans date pour nous, se vantaient d'avoir subjugué les Géants; leur orgueil se fondait peut-être sur les proportions des ossements fossiles que le sol recélait autour d'eux, et qui passèrent long-temps pour les vestiges d'une race en effet titannienne.

La pyramide de Cholula subsiste encore de nos jours; elle comporte encore trente toises d'élévation; sa largeur, à la base, approche de deux cent vingt. Un prêtre de la race indigène célèbre chaque jour le saint sacrifice des Chrétiens, dans une chapelle qui couronne l'édifice, et qu'ombragent de hauts cyprès. La pyramide d'ailleurs est toute revêtue de briques; et, selon l'expression de l'illustre voyageur, on pourra s'en former l'idée, en se figurant un monceau quatre fois étendu comme la place Vendôme, à Paris, et s'élevant à une hauteur double de celle du palais du Louvre.

Cet édifice gigantesque ne semble appartenir au continent de l'Amérique, que parce qu'il y a été placé. M. de Humboldt lui assigne une ressemblance assez exacte avec le temple de Bélus, tel qu'Hérodote l'a décrit. Enfin, depuis les masses mystérieuses qui rendent le Nil si imposant, jusqu'à ces toits dorés et soutenus par étage qui embellissent le kiosque élégant à la Chine, c'est l'architecture de l'Asie qui se prononce dans les constructions, et donne partout la pyramide.

Les monuments de Cholula, de Théoco-chuacan et de Papantla, existaient au Mexique, selon toute apparence, quand les Aztèques y arrivèrent. Rien ne pourrait prouver qu'ils ne fussent même antérieurs à l'établissement de la première de ces populations; par exemple, celle des Toltèques. Mais le Théocalli de Mexico fut l'ouvrage des Aztèques, au septième siècle de notre ère; il fut dédié à Tezcatlipoco, la première de leurs divinités, après Teotl, l'Etre suprême et invisible, et à Huitzilopochtli, le dieu de la guerre : la largeur de sa base n'est que de cinquante toises, sa hauteur n'est que de vingt-sept.

Les pyramides de Théoco-chuacan, plus anciennes, sont à huit lieues de Mexico, dans une plaine dont le nom de Micoatl signifie le Chemin des morts; l'une paraît dédiée au soleil, l'autre à la lune : de petites pyramides les entourent; e selon la tradition, elles servaient de sépulture aux grands chefs des tribus. Les Espagnols enlevèrent les lames d'or qui revêtaient les colosses placés au-dessus des grandes pyramides.

La pyramide de Papantla, plus récemment retrouvée dans les bois, est encore chargée de sculptures hiéroglyphiques, dont le nombre a paru se rapporter aux trois cent dix-huit signes simples, et au nombre des jours du calendrier des Toltèques.

Le monument de Xochicalco est peut-être, selon moi, plus asiatique encore que ceux dont nous venons de parler. Le nom de ce monument signifie Pavillon de fleurs; c'est une sorte de colline taillée; les ornements qui la décorent font voir des crocodiles qui jettent de l'eau, des figures d'hommes assis les jambes croisées, comme dans l'Inde.

Un relief de basalte, représentant le calendrier mexicain, a été trouvé au Mexique en 1790, dans les fondements du Théocalli du Mexico.

L'année civile des Aztèques, composée de trois cent soixante-cinq jours, se partageait en dix-huit mois de vingt jours, avec cinq jours complémentaires, ou en effet intercalaires, comme dans toute l'antiquité. Les Péruviens, selon Acosta, ne connaissaient que l'année lunaire, et ils intercalaient onze jours chaque année, pour en faire cadrer la durée avec la marche du soleil.

Le jour civil, comme celui des Egyptiens, des Persans et de la plupart des peuples de l'Asie, hors les Chinois, commençait chez les Mexicains avec le lever du soleil, et se partageait en huit parties, comme chez les Indous, comme chez les Romains.

Le mois de vingt jours se divisait en quatre petites périodes, chacune de cinq jours; les Muyscas, faible peuplade de l'Amérique méridionale, avaient de petites périodes de trois jours. Le cycle de sept jours, si universellement adopté dans le vieux continent, ne paraît pas avoir été admis dans le nouveau. C'est peut-être une preuve de plus, que ce continent a reçu, comme il a confondu souvent une foule de systèmes tout faits. L'observation de la lune et de ses phases lui eut donné, comme à l'Asie centrale, l'idée du cycle hebdomadaire; mais une combinaison imparfaite et transmise a suffi pour imprimer l'idée de l'année solaire, et des divisions artificielles du temps, dans les traditions et les usages des Mexicains.

Treize années mexicaines composaient un cycle analogue à la période appelée indiction romaine; quatre de ces cycles formaient une période appelée ligature : cette période, demi-séculaire, amenait partout le renouvellement des feux, chez les peuples du Nouveau-Monde, disciples dociles de l'Ancien : nous savons que, chez les Hébreux, cette époque de Jubilé rendait les terres à leurs primitifs possesseurs, la liberté à ceux qui s'étaient mis en servitude, et replaçait un peuple de frères, dans cet état d'égalité sociale, que quinze siècles d'existence n'avaient pas encore altérée.

On a reconnu, on a interprêté quatre hiéroglyphes principaux qui désignent les années des cycles mexicains, et qui, selon un usage consacré en Asie, et particulièrement dans les régions tartares, servent encore à nommer, dans un ordre constant, les quatre périodes des jours dont le mois se trouve composé; chacun des jours dans ces périodes avait ensuite un nom fixé. M. de Humboldt les donne ainsi qu'il suit :

1re période : Maison, lézard, couleuvre, *mort*, chevreuil ou cerf.

2e ――――― Lapin, eau, chien, singe, herbe.

3e ――――― Cannes, tigre ou jaguar, aigle, roi des vautours, mouvement annuel du soleil.

4e ――――― Silex, pluie, fleur, animal marin, vent.

Le savant voyageur a comparé douze de ces noms ou emblêmes, avec quelques-uns de ceux des maisons lunaires des Indous et du zodiaque thibétain; il a trouvé, dans les noms des Indous, le monstre marin, le serpent, la canne, le rasoir au lieu du silex, la trace des pieds de Wishnou pour le mouvement du soleil, le singe, la queue du chien, la maison.

Le zodiaque thibétain a présenté l'eau ou le rat, le bœuf, le tigre, le lièvre, le dragon, le serpent, le cheval, le bouc, le singe, l'oiseau, le chien et le porc.

Si, dans l'Amérique du Nord, un seul empire a étalé la richesse du luxe, et les mœurs d'une civilisation vieillie, quoique imparfaite, une sagesse imposante a été souvent reconnue, parmi les tribus innombrables qui parcouraient, errantes et souveraines, les forêts sans limites de cet immense pays.

L'excessive confusion, née de leur déplacement comme de leur mélange, a dû, sans doute et trop souvent, obscurcir les reflets de cette pure sagesse ; mais la perle, salie par un contact impur, n'a rien perdu de sa valeur. L'héritage patriarcal s'est retrouvé chez ces nations. Les pieds nuds, les robes grises, comme les sauvages nomment encore nos religieux, y puisèrent l'ascendant qu'eux seuls surent obtenir (1) ; car la poésie du cœur, la sympathie des âmes, c'est l'immortelle charité, nom auguste et touchant que les Grecs donnèrent, même aux Grâces.

C'est au jour de l'Europe qu'il me faut éclairer les plus lointaines extrémités de la majestueuse Asie. En dispersant ses enfants sur la terre, cette mère féconde n'a voulu, nulle part,

---

(1) P. Salgard.

non plus que la providence, souffrir qu'un seul homme s'éloignât, sans le faire suivre de sa famille, sans enrichir ses mains de quelque aliment nourricier, sans pourvoir son âme de clartés, propres à guider son avenir.

Le culte du soleil, dans son lustre au Pérou, à l'époque de la conquête, subsistait encore aux Florides, environ trois siècles plus tard. Aux Florides, comme au Pérou, le soleil était adoré, et sa race régnait sans partage; l'extinction totale de la grande nation des Natchèz enveloppa, au siècle dernier, les derniers rejetons de cette race; mais les mémoires qui nous en restent, et dont la date est si récente, nous y font retrouver l'Asie que notre but est d'y découvrir.

Un soleil, une soleille, avaient paru une fois entre les tribus des Natchèz (1). L'ancienne parole, ou tradition qui ne se transmettait qu'aux sages, en avait gardé le souvenir; ces personnages merveilleux imposèrent des commandements : « Ne tuer que pour sa défense; ne point enlever la femme d'autrui, ni rien de ce qui lui appartient; ne point mentir ni s'enivrer; donner et partager avec tous ceux qui manquent; » tels furent quelques-uns de leurs préceptes.

Le divin interprète des lois que le ciel avait ainsi dictées accepta la souveraineté, mais à la

---

(1) Le Page du Pratz.

condition que le peuple changerait de pays ; que la noblesse du soleil serait transmise par les femmes ; et qu'un temple serait bâti pour entretenir le feu sacré, allumé des rayons du grand astre du jour : les soleils, les soleilles, seraient seuls admis dans ce temple, afin d'y consulter l'esprit ; c'était comme le saint des saints.

L'extinction du feu éternel devait passer pour un signe redoutable. Huit hommes étaient chargés du soin de l'entretenir ; ils en répondaient sur leur vie. Rome avait confié à des vierges le soin du temple de Vesta.

Le grand soleil ne passait pas, chez les Natchèz, pour être effectivement un Dieu. Le Dieu par excellence s'appelait Coyocopchill, qui veut dire, l'esprit très-grand ; lui seul, il avait créé l'homme, et il l'avait pétri d'argile. Le nom du soleil signifiait le feu suprême : un nombre immense d'esprits était d'ailleurs admis dans une croyance conforme au système antique des mages.

Ces notions, ainsi que dans l'Inde, avaient guidé l'ordre social. La haute classe, distincte d'une classe inférieure où le peuple était presque entièrement compris, formait encore trois divisions marquées ; les soleils, les nobles et les considérés. L'époux d'une soleille, l'épouse d'un soleil, devaient cesser de vivre avec leur compagnon, ou leur compagne auguste ; et, comme les branches des soleils ne pouvaient pas s'allier entre elles, les femmes soleilles étaient souvent unies à des hommes de la dernière classe.

Cette nécessité barbare, de suivre au bûcher l'époux mort, était encore flagrante il y a moins de deux ans dans l'Inde; elle y faisait chaque année de trop nombreuses victimes; mais toutes ces victimes sont des femmes. Dans Simbad le marin, conte réuni aux contes arabes, mais dont les incidents appartiennent tous à l'Inde, ou à des contrées plus lointaines, l'intrépide voyageur, marié avec éclat sur une plage inconnue où le sort l'avait jeté, vit bientôt expirer son épouse trop illustre; et déposé près d'elle dans la grotte sépulcrale, il ne s'en échappa que par un grand hasard.

L'année était lunaire chez ces peuples de soleils : chaque lunaison amenait des fêtes; il s'en célébrait une entre autres en l'honneur de l'agriculture; et l'on peut y retrouver celle du labourage, toujours solennelle à la Chine : le grand soleil y assistait, apporté sur un palanquin couronné de branches de tulipier, et orné de cordons de fleurs : des mains guerrières fendaient le sol, et lui confiaient la semence nouvelle, dont les heureuses prémices servaient en même temps au festin.

La sépulture donnée aux morts semble, d'après la description de M. Le Page du Pratz, avoir eu de grandes ressemblances avec celle dont les Moraïs des îles de la mer du Sud constatent l'usage religieux. Les corps placés convenablement se dessèchent à l'air, dans une secrète enceinte; les os sont ensuite recueillis.

Le Page du Pratz raconte, comme témoin, la mort du plus grand chef de guerre, Serpent-Piqué, le frère du grand soleil, qui cessa de vivre en 1725 : il était l'ami des Français; le feu sacré, tous les feux, furent éteints : il fallut les efforts et tout l'art de l'auteur pour empêcher le grand soleil, et une grande partie de la nation, de mourir à la suite de ce chef révéré; car la vie, celui des biens auquel la réflexion semble rattacher davantage, est pourtant celui qu'une vaine et fugitive notion fait le plus aisément sacrifier.

Serpent-Piqué fut mis sur un lit de parade, et quoiqu'il fut alors au pays des esprits, on lui portait des aliments. L'usage de porter des mets, comme une offrande, sur les tombes, fut celui de toute l'antiquité; il se prolongea même longtemps sous l'empire du christianisme.

L'épouse favorite, le chancelier, les médecins, le loué ou serviteur, le porte-pipe du mort, quelques femmes âgées, devaient être et furent étranglés aux obsèques du célèbre Serpent-Piqué.

Il y survint une femme noble et belle, qu'on appelait la glorieuse, qui connaissait les simples, et avait été utile aux Français; elle avait aimé le mort, elle voulut aller le joindre au pays des esprits. « Je lui ferai savoir, disait-elle aux

Français, que j'ai vu vos cœurs se resserrer, en découvrant son corps privé de vie ; ne vous affligez pas, nous serons amis long-temps au pays des esprits : on n'y meurt plus ; il y fait toujours beau ; les hommes ne s'y font plus la guerre ; ils n'y composent plus qu'une nation. »

L'épouse du grand soleil et ceux qui fussent morts après lui, secondèrent les efforts que fit Le Page du Pratz pour éloigner le grand soleil de l'idée de mourir lui-même. Le grand soleil, vaincu par l'homme, dont l'éloquence avait la pointe et la force des flèches, prononça enfin qu'il vivrait, puisque les Français aimaient sa vie : on ralluma aussitôt tous les feux.

Des femmes avancées en âge avaient le droit, chez les Natchèz, de sauver un parent, en mourant à sa place, dans une immolation sacrée ; un si beau privilége rappelle l'Alceste grecque et son absolu dévouement.

Le nombre des soleils était de plus de cinq cents, quand la nation périt ; le nombre des immolations qu'entraînaient de fréquentes funérailles aurait dû la plonger constamment dans le deuil ; mais la résignation des victimes dévouées était toujours sans réticence. Le voyageur Kotzebue vit, aux îles Sandwich, ceux des favoris du monarque, dont le destin était de l'accompagner au tombeau : ils le savaient, et ne s'en troublaient point. Tous les peuples de l'antiquité ont vu immoler des esclaves sur la tombe du puissant qui venait de périr ; quelques peuples modernes ont immolé le coursier sur la tombe de l'homme de guerre. L'Afrique voit couler, dans les cérémonies, le sang de ses noirs habitants. Le voyageur Bodwich a donné des détails repoussants de cruauté, sur les massacres exercés à la mort de tous ceux qui portent le nom de grands, parmi la nation ashantie. Cette nation étale un luxe de richesses qui, d'abord, éblouit les regards : une sorte d'architecture ne lui est même pas étrangère ; et l'élégance a présidé à ses légères constructions ; on y verrait enfin la civilisation à un degré assez élevé, sans la barbarie sacrilége que la soumission des victimes fortifie, bien loin de pouvoir l'amortir.

Ce n'est pas ici le lieu d'approfondir la question de la marche des peuples, dont l'Amérique fut l'asile ; il nous suffit d'y reconnaître (1) que la population, et tout ce qu'elle entraîne, a marché du nord au midi, sans remonter du midi au nord. Aucune des nations de l'Amérique ne s'est crue autochtone. L'historien de la Louisiane tire le nom des Chactas, de celui de Kamtchatka ; je ne sais si l'on ne pourrait appliquer au nom de sioux le sens d'étoiles que M. Champollion lui donne, dans la langue antique de l'Egypte. Le Page du Pratz pensait, d'après le

---

(1) Humbolt.

rapport des Natchèz, que cette nation, ou du moins les familles illustres de cette nation, s'étaient éloignées du Mexique, sous le règne de Montézuma, et lorsque les guerriers du feu y faisaient trembler la terre; ces guerriers étaient venus sur des villages flottants, et les soleils avaient fait leurs efforts, pour que l'empereur du Mexique ne fit point alliance avec eux.

L'étoffe parlante, quoi qu'il en soit, c'est-à-dire le papier écrit, était demeurée ou était devenue un prodige pour les Natchèz : ils n'avaient point de lettres; ils n'avaient point de monuments; leur temple, destiné à conserver le feu sacré, n'avait que de petites proportions; la base en était peu élevée, il était sans architecture.

Mais, à l'empreinte de l'Asie se mêle, en Amérique, la tradition universelle de l'apparition d'un sage à barbe longue, qui semble appartenir plus spécialement à l'Europe, ou du moins aux rivages occidentaux de l'Asie. Cette tradition a été retrouvée par M. de Humboldt, sur le continent de la Terre-Ferme. L'empereur du Mexique avait cru que les Espagnols étaient les envoyés de ce génie tutélaire qui, en disparaissant, avait promis son retour. Au Pérou, les guerriers de Pizarre inspirèrent un égal respect. Sans doute, quelque navigateur de Tyr ou de Carthage, ou plutôt, comme on doit le penser, quelque marin d'Europe, entraîné par les vagues, avait paru jadis sur ces côtes, comme un Dieu.

Les bienfaits de la morale et les lois de l'humanité, furent partout les dons que présentèrent aux peuples ceux qui en furent considérés comme des messagers célestes; mais le culte du feu, c'est-à-dire, celui du soleil, paraît avoir été transmis plus dogmatiquement de l'Asie, où il avait régné pendant une longue suite de siècles. L'islamisme l'y proscrivit; et quand l'invasion de ses cruels sectateurs eut atteint, dans l'Inde même, les modestes et purs adorateurs du feu, une fuite nouvelle fut leur unique salut; et l'on rapporte, à cette époque du douzième siècle, l'établissement des incas.

Garcilasso de la Vega, descendant de cette race sacrée, est le seul guide ici que nous puissions invoquer. Les lettres demeurèrent complètement étrangères dans cet empire, où tant d'or était étalé; on sait assez quelle fut la surprise de l'inca, quand chaque Espagnol prononça le nom de Dieu qu'il avait fait écrire sur l'ongle de son pouce, et le mépris qu'il conçut tout à coup pour Pizarre, en découvrant par cette épreuve, que seul dans toute sa troupe il ne savait pas lire. Les quippos, registres à nœuds, ou composés de nœuds divers, suffisaient pour régler l'acquittement des tributs, comme ils avaient long-temps suffi en Chine à cet usage.

La tradition du Pérou supposait que ses habitants étaient plongés dans une barbarie sauvage, quand les deux enfants du soleil vinrent leur enseigner tout à coup un culte brillant et des arts.

Ces deux êtres célestes parurent près du lac de Titicaca, une verge d'or à la main, l'instrument du pasteur, le sceptre des rois peut-être, le signe du pouvoir entre les mains de Moïse, le signe magique d'un pouvoir inconnu dans les rêves et les illusions, où l'Asie a placé quelquefois son plaisir.

Une ville fut bâtie par le divin inca; ce fut celle de Cuzco.

La morale des incas s'étendit de proche en proche, avec l'enseignement des arts sur qui repose la société. Le mariage fut borné à la possession d'une épouse; mais les incas, dignes descendants des guèbres, et comme le Jupiter des Grecs, s'attribuèrent leurs sœurs pour épouses.

L'empire du soleil fit des progrès constants, pendant les règnes de douze incas, c'est-à-dire, pendant quatre siècles; les tribus qui s'agglomérèrent avaient presque toutes la notion qu'elles descendaient de quelque animal farouche; elles semblaient porter à cet animal paternel une sorte d'adoration. Garcilasso raconte que, depuis la conquête, on voyait assister aux processions chrétiennes, couverts avec des peaux de lion, ceux qui avaient autrefois prétendu qu'un lion était la souche de leur race.

Cette notion bizarre fut, comme d'autres sans doute, apportée au Pérou. Les côtes africaines sont peuplées de tribus, qui toutes ont leurs fétiches ou animaux sacrés, et auxquels les individus les plus distingués, dans chacune, se croient attachés par le sort. Rome ne supposa point qu'une louve eut donné le jour à son immortel fondateur, mais elle crut qu'une louve l'avait nourri de son lait, et l'avait réchauffé dans son obscur repaire.

Pacha-Camac était au Pérou le Dieu suprême; on l'y regardait comme le Dieu créateur; son nom se composait de ces deux mots : *pacha*, qui voulait dire monde, et *camac* ou *camar* qui signifiait animer. L'amour, dans l'Inde, porte le nom de Cama. L'Inde aussi avait eu toujours un Dieu suprême : la Grèce n'avait pas méconnu le destin; mais au Pérou, ainsi qu'en Perse, le soleil ou le feu sacré était surtout l'objet du culte; une de ses fêtes se nommait Raymi; une autre se nommait Citna, nom que l'on peut réduire aisément à Siva, le Dieu du feu dans l'Inde, ou peut-être, selon moi, à Seeta, l'épouse du divin Rama, dont le nom est aussi, dans l'Inde, quelquefois donné au soleil. Le nom de Runa, appliqué dans le nord à des caractères mystérieux, gravé sur de stériles rochers, avait, dans les langues du Pérou, le sens heureux d'intelligence.

Cette contrée sans lettres ne fut pas sans savoir; mais le sixième inca voulut que les sciences, que l'on y connaissait, fussent réservées à la noblesse. Le peuple en eut moins de lumières, et par conséquent moins de force, quand le jour fut venu de résister à l'envahissement le moins prévu. Le savoir, au reste, consistait dans l'observation des astres. Deux tours, orientées à Cuzco, servaient surtout à observer les deux solstices dans l'année. Les équinoxes s'y marquaient exactement sur des colonnes : au jour précis, on y plaçait le trône d'or voué au soleil, et les fleurs étaient prodiguées; mais les supputations annuelles se réglaient sur les lunaisons : les éclipses étaient une cause de terreur, et les rapports astrologiques avaient acquis aussi une grave importance. A l'observation des astres, se joignaient chez les Péruviens le goût et l'usage de la poésie ; leurs vers avaient de la mesure et leurs chants de la mélodie. Les Espagnols arrangèrent un motet sur le chant antique de l'agriculture. On a retenu une chanson qui peut-être n'était qu'un refrain : elle exprime l'amour sans doute ; mais elle y emploie peu de mots. « Tu dormiras au chant du soir ; à minuit je viendrai. » Garcilasso ajoute que les amentas, ou philosophes, composaient et faisaient représenter des drames, dont les grands étaient les acteurs.

De grands travaux paraissent avoir été accomplis sous le règne des incas ; le fer pourtant était inconnu au Pérou ; mais M. de Humboldt a vu extraire, d'une mine, un fragment d'outil péruvien dont la matière est une composition qui égale presque l'acier; cette composition est formée de cuivre et d'étain combinés dans la proportion de quatre-vingt-quatorze à six parties.

Les monuments péruviens, dont on reconnaît les vestiges, sont particulièrement un canal de cent vingt lieues de long, un aqueduc de cent cinquante ; on retrouve un chemin tracé par les incas, à une élévation supérieure sur le globe à celle du pic de Ténériffe, c'est-à-dire, à deux mille soixante-quatorze toises. Quelques débris du palais de l'inca se rencontrent près de ce chemin ; ils ne présentent point d'imposantes dimensions; les pierres seules en sont immenses. Le P. Acosta a mesuré, dans quelques-uns de ces édifices, des pierres de trente-huit pieds de longueur, sur une largeur de dix-huit, et sur deux pieds en épaisseur. La coupe de ces pierres, le mode des constructions, ont rappelé à M. de Humboldt plusieurs constructions romaines : quelques distributions faites dans les rocs mêmes lui ont rappelé aussi l'architecture de l'Egypte, celle d'une partie de l'Asie et les monuments de l'Inde antique. Mais l'hiéroglyphe ne s'y voit pas ; et le savant voyageur n'a cité qu'une seule image du soleil sculptée, sans beaucoup d'art, sur une des faces de l'Iuti-gaicu, autrement ravin du soleil.

La race du soleil, en l'année 1603, comptait encore plus de cinq cents rejetons (1). L'inca, leur chef, appelé Dom Melchior, vint à cette époque en Espagne; il fut fait chevalier de Saint-Jacques, et la couronne d'Espagne se fit céder par lui tous les droits qu'avaient eus ses ancêtres.

Un monde bien plus nouveau que celui des Cortès, que celui des Pizarre, s'est découvert et se découvre aux regards des Européens; et le navigateur peut, dans la mer du Sud, conquérir encore chaque jour un empire ou une famille à la grande société humaine. Le tour du monde fut affronté par Magellan en l'année 1519, et durant deux siècles et demi, on compterait à peine, dans toute l'Europe, quelques voyages de même nature. Il est même douteux que de simples découvertes fussent toujours le but de ces voyages. Tout à coup Wallis, Bougainville, et bientôt le célèbre Cook, réveillèrent le génie des mers; alors la France proclama en temps de guerre, comme en état de paix, l'inviolabilité des vaisseaux qui iraient enrichir la science et surtout agrandir le monde. Depuis ces belles expéditions, le nombre des navires

_____

(1) Garcilasso.

qui ont sillonné l'Océan au-delà des confins de l'Asie ne saurait plus être compté.

Un cinquième continent, celui de la Nouvelle-Hollande, et la terre de Van-Diémen, son appendice méridional, s'étaient élevés comme du sein des flots; et nous n'en connaissons même aujourd'hui qu'une part. Des îles immenses, dont les rivages, aujourd'hui même, sont encore à peine explorés, toute une portion du globe enfin, nommée maintenant Australasie, furent successivement aperçues; sous la ligne, des groupes d'îles fleuries ont laissé voir, en ces dernières années, les plus admirables bocages (1); des récifs, des coraux leur servaient de remparts. Le Rurik, frêle vaisseau, en brava les écueils.

Les habitants de ce riant Elysée auraient paru des ombres fortunées, si la guerre qu'ils se font sans cesse n'eut rappelé au navigateur, qu'en dépit de leur isolement ils n'étaient toujours que des hommes, et que leurs îles charmantes faisaient partie de la terre.

Le récit de Pigafetta, compagnon du grand Magellan, est naïf comme ses impressions que rien n'avait pu préparer; ce précieux monument était resté enfoui dans une bibliothèque du nord de l'Italie; M. Amoretti le traduisit à

---

(1) Kotzebue.

Milan, et il le mit au jour dans la première année du dix-neuvième siècle où nous sommes.

On éprouve un charme réel à suivre la relation si simple de Pigafetta. On croit être introduit pour la première fois dans ces contrées où le ciel même n'est plus celui de nos climats. On voit les nébuleuses, on voit la croix du Sud, cette gloire du firmament que, trois siècles plus tard, le voyageur Humbolt admirait avec tant d'ardeur. On voit, avec Pigafetta, les brillants oiseaux de paradis se poser sur ces cocotiers que l'auteur ne se lasse point de décrire; le détail de ses descriptions m'a presque donné le secret du langage des peuples primitifs, si poétique, si animé. Chez nous, un mot exprime un groupe d'êtres ou d'idées; chez eux, il faut peindre l'idée, il faut que l'être soit décrit.

Point de lettres nulle part, dans toute cette mer du Sud, si nous en exceptons le grand archipel de l'Inde; point de lettres, et cependant des arts, une sociabilité, des idées religieuses; mais que servirait en effet l'écriture dans l'enceinte resserrée d'une île? la parole doit y suffire.

Nous pourrons peut-être ailleurs essayer de tracer les nuances qui distinguent fortement les races dans ces climats. Mais déjà il nous faut citer la distinction artificielle qui, dans les îles des Amis spécialement, étonna le plus les voyageurs. Sans doute elle y avait été introduite par l'Inde. Il se trouve deux classes dans ces îles, où la nature semblait avoir livré l'abondance à tous ses enfants; et l'habitude contractée de la supériorité chez les uns, de l'abjection chez les autres, a imprimé généralement, sur leurs personnes et sur leurs traits, un caractère remarquable.

Une langue, à mille égards la même, est en usage dans ces différents mondes que la mer semblait isoler. Les naturels des îles de la Société qui, à plus d'une reprise, suivirent les navigateurs, réussirent à se faire entendre, ou tout au moins interpréter, jusque sur les rivages de la Nouvelle-Zélande. La langue de ces îles est celle des îles Sandwich. M. Van-Chamisso, compagnon de Kotzebue, n'a pas craint de conclure de ces observations, que si une personne instruite pouvait comparer entièrement les langages de tous les hommes, elle n'y reconnaîtrait que des dialectes dérivés d'une source à laquelle se rapporteraient et les formes et les racines.

Sans rien préjuger à cet égard sur ce que la question comporte d'universalité, je dirai que la conjecture semble vraie, quant aux races qui peuplent cette mer dont la largeur compte tant de degrés de la circonférence du globe.

Les deux langues en usage dans les îles Philippines ont exercé l'esprit des missionnaires espagnols : ces religieux en ont composé les grammaires et les dictionnaires, car toute langue peut être écrite, et le langage n'est en lui-même que l'écriture de la pensée. OEdidée, l'un des deux naturels de l'île d'Otahiti qui voulurent suivre Cook à son deuxième voyage, appelait la pensée, la parole dans le ventre ; un jeune sourd-muet prétendait que penser c'était écrire dans sa tête ; ces deux définitions ont entre elles d'heureux rapports. Kadu, le naturel des îles Carolines, qui voulut suivre Kotzebue, formait des nœuds selon un certain système, pour aider un jour sa mémoire. L'Otahitien OEdidée crut pouvoir fixer ses souvenirs, en attachant, selon chaque rencontre, un mot ou une similitude, à chacun des petits bâtons dont il composait un faisceau ; toutes ses idées d'ailleurs avaient besoin d'images : la neige, quand il traversa le soixante-septième degré de latitude, fut pour lui de la pluie pétrifiée ; une montre, quand il en connut l'usage, lui parut un petit soleil.

La prononciation, parmi ces insulaires, se refuse à plusieurs de nos syllabes d'Europe ; celle des noms propres européens en est toujours défigurée ; il en est de même à la Chine. C'est une disposition bien singulière de l'organisation humaine, que l'habitude y détermine dès l'enfance les inflexions du gosier, et attribue, à l'enchaînement des syllabes, cette sorte de cadence indestructible que l'on a appelée l'accent. L'Européen ne discerne pas sans peine des mots composés également de syllabes qui sont coulantes, et dont les voyelles sont les mêmes. C'est par la même raison que la subdivision des sons dans la musique asiatique produit sur nos organes l'effet d'un miaulement, et que notre musique, en Asie, paraît généralement insupportable et rude.

Il faudrait un profond savoir, et il faudrait surtout avoir pu conférer avec les habitants des diverses parties de la terre, pour déterminer, sans erreur, les rapports qui peuvent se trouver dans l'articulation de certaines consonnes, dont toutes les langues ont l'usage. Les étymologies et leurs rapprochements offriraient une étude infiniment intéressante, mais d'une prodigieuse étendue. Le mot *taboo* ou *tabou*, par exemple, universellement employé dans les îles de la mer du Sud pour exprimer une sorte d'interdiction sacrée, se trouve textuellement et avec le même sens dans le Pentateuque de Moïse (1). Héri, nom donné dans l'Inde à une divinité qui peut répondre à l'Apollon des Grecs, Héri est un mot, dans les îles, qui exprime la puissance et le rang supérieur : il a passé chez les Latins qui ont toujours donné le nom d'hérus au maître. Le nom de Naraya, en samscrit, celui de la mer, répond au nom de Nérée chez les

---

(1) Kotzebue, Choris.

Grecs; *matta* se rencontre avec le sens de tuer, dans les langues polynésiennes, comme dans la langue espagnole et comme en latin *mactare*. *Mira* signifie voir, et enfin le mot *aidara*, pris de l'anglais *dear*, qui se traduit par cher ou chéri, exprime, dans les îles de la mer du Sud, l'idée heureuse d'un ami.

Nous avons dit plus haut que l'art de la peinture et celui de la sculpture devaient se rapporter à l'art de l'écriture qui ne les a point précédés; ils servent, ainsi que ce dernier, à faire communiquer les hommes par la pensée, malgré le temps et les distances. La nature a tant accordé aux habitants des îles qu'on devrait appeler fortunées, qu'eux-mêmes n'ont eu, pour ainsi dire, qu'à s'endormir à l'ombre de leurs palmiers féconds : ils n'ont pas eu besoin de construire des maisons; ils n'ont point élevé de temples; c'est dans les moraïs, c'est à dire, dans les enceintes consacrées pieusement aux morts, que des images relatives, ou à eux-mêmes, ou à quelques idées que l'on pourrait dire accessoires, figurent des esprits ou des divinités nécessairement secondaires; c'est dans les îles Sandwich que ces représentations ont surtout frappé les regards. Kotzebue crut y distinguer deux figures d'homme et de femme, dont l'une tenait un fruit que l'autre allait accepter. Le voyageur trouvait facile d'y rattacher la tradition primordiale d'Adam et d'Eve.

Ces figures, toutefois, sont de bois ou d'osier ; elles sont ornées avec profusion : on garnit le plus souvent leur bouche avec de véritables dents ; mais ce ne sont pas toujours des représentations humaines qu'elles sont destinées à reproduire. Pigafetta avait remarqué, jadis, dans l'île de Zébu, l'une des Philippines, des représentations d'hommes à tête de sanglier, image de l'une des neuf incarnations de Wishnou, et monument frappant des antiques rapports de ce grand archipel avec l'Inde. Cook trouva, à Otahiti, le monument funéraire de son dernier roi Oamo et de la reine Oberea qui avaient accueilli Wallis et Bougainville. C'était une pyramide haute de quarante-quatre pieds, disposée par assises, comme les degrés d'un escalier, et construite en rochers et en pierres de corail : au-dessus, on voyait un oiseau sculpté tout en bois et un poisson sculpté en pierre ; peut-être étaient-ce les emblêmes de l'amour, car le poisson se trouve sur la bannière de Cama, le Cupidon de l'Inde ; et les Grecs ont attelé de colombes le char aérien de Vénus.

Dans l'île d'Amsterdam, le même navigateur vit une pyramide moins haute, surmontée d'un dais de feuillages que soutenaient des colonnes grossières ; quelques figures presque informes accompagnaient cet édifice dont la situation est d'ailleurs toute semblable à celle des temples du Japon, des temples du Mexique, d'un grand nombre de ceux de l'Inde, et généralement de ceux de l'antiquité.

L'île de Pasques a montré, aux voyageurs surpris, plusieurs colosses rangés sur des plates-formes, avec dessein et symétrie. Le marin Roggewin les avait aperçus dès l'année 1722. L'infortuné et fameux Lapeyrouse les retrouva en 1786. Rien ne lui fit supposer que ces statues témoignassent d'une profonde antiquité; je penserais y pouvoir signaler quelques vestiges de l'Egypte. Il se trouve aussi, dans cette île, des habitations caverneuses; et de petites pyramides qu'on y élève et qu'on y blanchit avec beaucoup de rapidité y indiquent des places de prières. Le sol de l'île de Pasques est volcanique; la matière des trois colosses était aussi volcanisée. J'ajoute que la population de ce point du monde, saillant au-dessus des flots, était douce et civilisée; la culture, les constructions, ne lui étaient point étrangères; mais la végétation n'y pouvait prospérer qu'à l'abri de hautes murailles, à cause de la violence des vents. Les habitants de cette île conservaient le talent de façonner en bois des figures dans tous les genres. OEdidée, le naturel des îles des Amis, qui avait accompagné Cook, trouva ces sculptures supérieures à celles de son propre pays, et il montra de l'empressement à s'en procurer des modèles.

La peinture s'est pratiquée d'une manière

peu conforme à l'art, dans ces contrées où la nature, en offrant tout à la jouissance, devait tarir le besoin d'imiter. La peinture, en tant que teinture, paraît avoir embelli les étoffes que la plupart des insulaires fabriquent, d'écorce ou d'une autre substance, pour se couvrir et se parer. Cette peinture n'est que de la couleur : dans quelques îles, elle sert comme de costume, elle s'applique sur la peau comme un voile suffisant ; les chasseurs d'Amérique, que nous nommons sauvages, en décorent leurs personnes avec beaucoup d'orgueil. Ce goût, souvent bizarre, appartient à l'Asie ; et depuis le monarque des Mèdes qui parut fardé devant Cyrus, jusqu'à la barbe noircie du Persan, jusques aux mains et aux pieds élégamment rougis de la liqueur du henné, jusques au visage glauque des Pictes écossais, tout se coordonne à un attrait commun et primitivement oriental.

Le tatouement n'est pas universel dans les îles de la mer du Sud ; ce genre d'ornement, qui ne peut s'effacer, paraît marquer les rangs où il est en usage ; une prérogative s'y attache : il est un âge fixé pour en recevoir l'honneur, et la solennité en est toute religieuse. Je ne saurais assigner aucune contrée de l'Asie à laquelle on puisse rapporter l'origine première de cette pratique barbare ; mais Hérodote ne l'a point ignorée. Les Turcs, en tous les temps, ont mis de l'importance à ces marques indestructibles ;

elles ont été fatales à plusieurs janissaires au moment de leur proscription. Les rudes habitants du midi de l'Italie, qui fut autrefois la grande Grèce, font graver sur leurs membres, par superstition, des images du Christ, de la Vierge et des Saints. Nous apprenons des prophètes hébreux que les prêtres de Baal faisaient couler leur sang devant les autels de leur divinité; les prêtres de la bonne Déesse, au temps des empereurs de Rome, chargeaient leurs corps de cicatrices, mais sans doute comme les fakirs qui, dans l'Inde, se soumettent à des supplices cruels.

La musique, la poésie, la danse, même les drames, ou plus exactement ce que nous nommons des ballets, ont le même caractère dans toutes les parties de ce monde insulaire, et jusque parmi les tribus qui habitent sur la côte nord-ouest d'Amérique. Les chants sont généralement doux; Cook trouva la flûte de Pan, c'est-à-dire, la flûte de roseaux, et dans l'île d'Amsterdam et en d'autres îles encore. Bougainville avait remarqué la flûte de l'île d'Otahiti qui se jouait avec le nez. Les nègres de la Gambie ont, dans le Balafo, un instrument mieux conçu : c'est comme une guirlande de bois retentissants qu'il s'agit de frapper tour à tour, comme les cordes d'un tympanon; et le système en est semblable à celui de la flûte de Pan.

Les chants que les voyageurs ont rapportés de ces îles, et généralement de toute l'Inde, me paraissent la plupart composés à trois temps. Cette mesure, ou ce rhytme, est-il dans la nature? Nous l'employons souvent dans nos romances; il caractérise nos danses nobles, il peut même s'accélérer, et il sert à ces danses du Nord que nous avons appelées walses, et dont le double tournoiement fait penser aux danses figurées et même religieuses des anciens, où l'on croyait représenter l'ordre et le mouvement de l'univers avec le cours des sphères célestes.

Les danses moresques, conservées en Espagne, ont aussi la mesure à trois temps. Leur origine est orientale; mais je suppose que les chants de guerre ont partout une autre cadence, et le pas de charge est à deux temps.

Ces chants sont courts, et peut-être on aura l'idée des impressions que la musique cause parmi les habitants des îles si lointaines, et de ce qu'elle exprime pour eux, en songeant que l'air le plus populaire en Europe, l'air connu de Malborough, eut parmi eux le plus grand succès. Nous le retrouverons en Egypte, où des marins l'avaient apporté de la Grèce.

Ces chants sont courts, je viens de le dire, et ils n'ont aucune variété. Ce serait peut-être un sujet de réflexions que cette espèce d'imperfection du chant, chez les nations nouvellement connues, comme chez celles de l'antiquité que peuvent évoquer nos souvenirs; mais c'est que l'imperfection native des instruments réduisait la musique aux seuls moyens de la voix; et elle n'était ainsi, le plus souvent, qu'une déclamation harmonieuse. Or, il est aisé de concevoir que plus le récit poétique a de longueur, plus la phrase musicale qui le supporte doit être simple. Nos romances, qui sont des récits, se partagent en couplets très-courts. Or, dans la mer du Sud, ainsi que chez les Maures, ainsi que chez les nations hyperborées dont les bardes devinrent célèbres, les exploits des héros, les événements remarquables, furent toujours célébrés en vers et en chansons le plus souvent improvisés, mais ensuite transmis d'âge en âge. Cook trouva l'usage d'improviser des vers dans les îles de la Société; et Kotzebue, dans les îles Radak, a entendu des chants en son honneur, créés alors pour perpétuer son nom comme celui d'un ami, et même d'un bienfaiteur.

Les habitants des Philippines disent posséder beaucoup de chansons dans la langue appelée tagala.

L'idée du drame n'a point entièrement échappé aux insulaires des tropiques. Cook vit représenter deux scènes dans deux îles différentes du groupe d'Otahiti. On vit, dans l'une, une jeune fille qui voulait suivre les Anglais et qui s'enfuyait avec eux; l'accueil sévère de ses parents, au moment de son tardif retour, était le dénouement de la pièce; la fille désignée était alors présente; elle versa un torrent de larmes.

Une autre fois, on vit un homme paraître sous le costume de femme, et feindre les douleurs qui précèdent l'enfantement; un autre homme, plus grand encore, fut montré comme le nouveau-né; toutes les femmes se mirent en course pour atteindre ce nourrisson; et, à l'extrême divertissement des spectateurs, elles ne purent pas y réussir.

Ces îles ont surtout des danses dramatiques; les pantomimes sont de tous les pays; quelquefois elles se bornent aux nuances d'un sentiment, comme en certaines danses d'Espagne, comme en certaines danses même du Kamtchatka. Aux îles Sandwich, les hommes et les femmes dansaient toujours séparément; les hommes ne se groupaient guère au-delà du nombre de trois; les femmes réunies passaient celui de cinquante, et leur danse animée, qui ressemblait à une attaque, acquérait, selon Choris, un charme singulier de la grâce de leurs mouvements, de l'éclat de leurs écharpes, et du parfum des fleurs dont leurs têtes étaient parées, et dont leur teint bronzé faisait briller les teintes.

Il a dû être difficile de démêler l'opinion religieuse chez des peuples à peine connus. Cependant les navigateurs ont généralement rencontré, dans la plupart des archipels, l'idée de l'existence de Dieu, celle de l'immortalité de l'âme, celle de la création du monde, et aussi les superstitions, comme les notions systématiques, qu'avait pu y porter l'Asie, c'est-à-dire, la Chine et l'Inde; car aucun symptôme d'islamisme ne donna lieu de supposer que les Arabes y fussent parvenus. Dans l'île d'Otahiti, à l'époque, par exemple, du premier voyage de Cook, on semblait rapporter à l'union de deux êtres, c'est-à-dire, sans doute, à celle de deux principes, l'existence de l'univers. L'existence de l'homme semblait le fruit de l'union de deux esprits inférieurs. Les insulaires n'adoraient point de figures ; mais chacun d'eux, ainsi qu'on l'avait remarqué dans quelque partie de l'Amérique, semblait révérer un oiseau.

Cook vit l'insulaire Tupia invoquer des vents favorables, en s'adressant à un Dieu secondaire. Kotzebue vit Kadu, l'insulaire des Carolines qu'il avait recueilli aux îles Radack, se flatter de savoir conjurer les tempêtes avec le pouvoir de ses chants; il vit ce naïf magicien surpris d'exercer peu de pouvoir, dans les parages des mers du Nord, où il fut d'abord transporté. Choris explique ses premières illusions, par la courte durée des ouragans sous les tropiques; ce même Kadu appelait Taoutou celui que nous ne voyons ni n'entendons ; il montrait le ciel pour sa demeure.

Les origines que s'attribuaient quelques peuplades maritimes remontaient à des animaux. Cette notion, nous l'avons déjà vu, était répandue en Asie; on trouvait à Ceylan une antique race royale, fière de descendre d'un lion. Le célèbre roi d'Owyhée, le célèbre Tamaamaah, se faisait appeler le dogue des dogues : les Aléoutes, selon Choris, rapportaient l'origine des hommes à un chien et à une chienne; peut-être était-ce une tradition des traîneaux attelés de chiens en usage au Kamtchatka, et qui auraient conduit les premiers habitants dans les îles Aléoutiennes. Cook fait observer, dans son premier voyage, qu'à Célèbes, et parmi quelques-unes des tribus qui habitent l'île de Java, on n'était pas loin de supposer qu'un crocodile pouvait naître d'une femme, et comme le jumeau d'un enfant. A Célèbes, plusieurs familles entretenaient des crocodiles ; on pratiquait à leur égard, comme envers les ancêtres mêmes, des cérémonies funéraires ; et si l'idée filiale des aïeux nous ramène aux notions que la Chine a consacrées, la présence des monstres, devenus l'objet d'un culte, nous ramène vers les Egyptiens, en présence des masses ténébreuses de leurs édifices religieux.

Les habitants des îles ont témoigné par fois que leurs pères étaient venus de loin. Les navigateurs de l'Europe ont trouvé plus d'une fois, en de lointains archipels, des malheureux que les courants y avaient portés, et à des distances prodigieuses.

La construction des pirogues, générale chez les insulaires, et leur singulière perfection, ont souvent causé de la surprise; mais quand on considère le temps qu'ils y emploient, les outils dont ils font usage, on demeure surpris ensemble, et de l'intelligence qui les fait réussir, et de l'insuffisance qui les prive des instruments dont ils devraient chercher à se procurer le secours.

Cette considération conduirait à penser que les nations de l'Asie, dont ces peuples descendent, n'ont jamais eu de marine qui méritât ce nom.

La marine, quoi qu'il en soit, a été le premier intérêt du célèbre roi d'Owyhée, de ce Tamaamaah, puissance de génie, et dont la mort récente peut amener des révolutions dans cette partie maritime du globe: il acheta des vaisseaux, mais ces vaisseaux restèrent sans usage, car le peuple des îles était loin de comprendre encore l'intérêt des voyages lointains. Les Américains vinrent occuper les ports inactifs d'Owyhée : Lapeyrouse s'était refusé à prendre, au nom de la France, possession de cette île; la philosophie de son temps, encore pleine de candeur dans ses hautes applications, repoussait une formalité puérile, si elle n'était plus injuste dans un pays qui n'est point un désert : le mensonge vint bientôt au secours des ambitions. L'impératrice Catherine avait frayé le chemin; des cessions furent faites par des peuples ou par des princes qui ignoraient l'importance de tels actes, ou qui ne pouvaient pas résister. Van-Couver, huit années après le passage du navigateur français, fit céder Owyhée au royaume d'Angleterre.

Les Anglais n'avaient pas attendu ce moment pour encourager sourdement l'établissement isolé de quelques-uns de leurs compatriotes : le degré de civilisation où étaient parvenus ces peuples préparait le progrès nécessaire aux intérêts européens, comme ces estacades passagères qui facilitent la construction d'un quai, destiné à border ou à contenir un grand fleuve. Un Français, par hasard, était demeuré aussi sur l'île de Noukahiva; l'Anglais Robert, qui s'y était fixé, lui montra cette haîne jalouse qui envenime les esprits, chez les marins des deux nations rivales. Le capitaine Krusenstern, officier russe, mais long-temps attaché au service d'Angleterre, enleva par surprise l'infortuné Français. On a ri à Paris de ce pauvre tatoué, réduit à se faire voir au prix de quelques oboles; il eut mieux valu le reconduire dans sa belle et nouvelle patrie, et lui donner des compagnons.

Un Espagnol appelé Marini a planté le premier la vigne aux îles Sandwich : ce fut aussi par un Européen que le premier cep fut apporté au cap, pour donner le vin de Constance. M. de Céré, à l'île de France, digne patriarche des fleurs, a cultivé, afin de les y répandre, les végétaux du monde entier, sur le sol où le célèbre Poivre avait donné asile aux épices de l'Inde, soustraites ainsi au monopole batave, pour l'intérêt social du genre humain. Mollien, jeune voyageur français, retrouva et bénit la trace des Portugais au sein des forêts de l'Afrique, en y cueillant l'orange qu'ils y avaient semée; mais enfin l'exclusion, sans doute, est regardée chez les nations barbares comme le rempart de la puissance. A Otahiti (1), le roi seul pouvait jouir du saule pleureur.

Les voyageurs modernes paraissent tous penser que le système de colonisation, introduit par l'Espagne dans les lieux qu'elle a possédés, avait mieux, que tout autre, servi les naturels. L'Espagnol apportait l'Espagne tout entière, et justement telle que l'Espagne d'Europe; il ne venait pas uniquement exploiter, il venait habiter et posséder sans retour la conquête de son pays; le naturel, devenu chrétien, devenait aussitôt son égal et son frère : l'éclairer de ces vives lumières qui promettent le même ciel aux enfants du même créateur, c'était le but unique de l'éducation, même civile, que le colon essayait de répandre. Les Portugais, plus fidèles encore à ces errements faciles, ont fait souche dans les Indes, et y sont devenus le peuple même.

---

(1) Bougainville.

Les Anglais, les Américains, exploitent au contraire, pour leur propre pays, les ressources de ces contrées où ils ne se font point de patrie. L'expédition de Kotzebue rencontra quatorze navires, venus des états de l'Amérique, dans un des ports des îles Sandwich : l'un de leurs capitaines avait fait neuf fois le tour du monde : il venait alors de Canton ; il y avait acheté un beau navire anglais ; il en avait vendu les canons au roi d'Otawai, pour servir contre ses ennemis.

Quelques missions évangéliques avaient tenté de s'introduire dans cet archipel important ; mais un autre système a semblé prévaloir. On veut, dit-on en Angleterre, porter chez ces nations des métiers et des arts, avant d'y verser les clartés qui n'atteignent que l'intelligence. On veut, dit-on, faire des hommes, avant de faire des Chrétiens. L'insulaire, dans la mer du Sud, méritait mieux, je crois, de ses instituteurs : jamais un peuple ne s'agrandit que par les voies de l'intelligence, et par les développements élevés qu'elle est en mesure d'acquérir. Toute culture artificielle est plutôt flétrie que fécondée, par un arrosement sans pureté. Quand, sous le ciel des tropiques, les gouttes d'une pluie orageuse tombent sur le jardin de laitues que l'équipage d'un navire s'était plu à cultiver, souvent autant d'insectes qui pullulaient dans l'air descendent enveloppés dans les globules liquides, et la verdure naissante est dévorée par eux.

Ces îles, que la mer du Sud a découvertes à nos regards, ne se trouvent pas comprises dans le monde nouvellement classé sous le nom d'archipel de l'Inde : le groupe des Philippines fait seul exception; plus de vingt degrés en latitude, plus de quarante en longitude, mesurent à peine cette partie lointaine du globe. Bornéo, la Nouvelle-Guinée, Sumatra, sont les plus grandes îles connues; Java est au deuxième rang sous ce rapport, et deux des Philippines sont comprises dans le troisième : la ligne coupe, vers le milieu, ce grand pays, dont la mer et de simples détroits ont formé les séparations.

La Nouvelle-Hollande, terre d'exil et d'effroi, est une cinquième partie du monde; elle est à peine connue au-delà de sa circonférence. Les Anglais ont fondé une Albion nouvelle, sur un point de ses immenses rivages : déjà des chemins ouverts jusqu'au sud des montagnes ont permis de donner à un espace désert, mais circonscrit, le nom encourageant de ville de Bathurst. Une prospérité sans limites est déjà en germe aujourd'hui sur cet immense continent; mais ce ne sera point l'Asie, ce sera l'Europe australasienne que l'on y trouvera un jour. Les deux îles de Van-Diémen, où s'élève déjà Dumbartown, partageront ses destinées. Les naturels, en petit nombre, doivent s'anéantir graduellement. Cependant, on a assuré que l'essai de l'enseignement mutuel, tenté naguère à Sidney-Cove, sur les enfants les plus sauvages, avait paru développer, chez quelques-uns d'entre eux, des dispositions pour les lettres, et une très-vive émulation. S'il en était ainsi, on pourrait espérer que ces débris de population recevraient une vie nouvelle; une telle métamorphose les remettrait au rang d'hommes, près de ceux dont le génie les avait repoussés. Entre les sociétés, les tribus et les hommes, il n'est qu'un élément de fusion, il n'est qu'une voie de progrès : c'est du connu à l'inconnu que partout les esprits procèdent, sans aucune espèce d'exception; il faut un premier point d'appui réel et naturel pour base, à tous les genres de relations.

Les îles de l'Inde, proprement dites, ont une population dont la race indigène, si une des races qui les habitent méritait en effet ce nom, serait peut-être la plus faible. Ces îles, du moins la plus connue, la belle île de Java, étale encore des monuments qui appartiennent au culte brahmanique, et aussi au culte de Bouddha. On conserve à Java la trace des émigrations qui y portèrent des colonies de brames, et d'autres habitants des presqu'îles de l'Inde. Des Musulmans, Arabes d'origine et de naissance, s'établirent également, et à des époques connues; ils y fondèrent des empires : le commerce y appelle chaque jour des Chinois distingués par leur industrie; mais c'est vers les Européens que ces derniers tournent leur espoir : c'est avec les

Européens qu'ils entretiennent le plus de rapports. L'Européen aussi domine sur une des plages que le nom batave a su rendre célèbre.

Bornéo, néanmoins, est à peine connu, et tout y sera neuf long-temps. Les Portugais et leurs fortunes diverses, le voisinage de Malacca, le monopole des Anglais sur le poivre qu'on y cultive, ont fait connaître Sumatra plus exactement en Europe ; mais malgré ce que l'Europe avait effectivement appris des splendeurs de Batavia, Java n'avait fixé les recherches suivies d'aucun voyageur éclairé, jusqu'au moment où une possession momentanée a permis aux Anglais d'en étudier les nobles ruines, et à MM. Crawford et Raffles d'en publier la description.

Autant que l'on peut s'en fier aux connaissances acquises jusqu'ici, Java est la seule île de l'archipel de l'Inde qui renferme des ruines importantes, ou des antiquités sacrées; car les monuments du passé, et par conséquent ceux de l'Orient, où rien, hors nous-mêmes, n'est de notre âge, furent des temples presque sans exception. Les ruines de Brabanan sont appelées les Mille temples (1) : c'est un carré oblong, de moins de deux cents toises, avec quatre rangs de petits temples ; celui du milieu s'élève à soixante pieds de hauteur; l'image de Bouddha

---

(1) Crawford.

remplit tous les petits temples, du moins M. Crawford avait cru l'y trouver; et une image de Siva lui avait paru occuper uniquement le temple du milieu. M. Raffles, dans son histoire, écarte absolument la notion du mélange, entre le culte de Bouddha, et celui des divinités que révère encore l'Indoustan. Un Cipaye, venu de Benarèz, ne voulut reconnaître à Java aucune image du bouddhisme; et tout à Brabanan lui parut brahmanique.

Dans un mémoire intéressant sur les temples de l'île de Java (1), M. Crawford se refuse à assigner un vrai caractère de grandeur au groupe conique de petites constructions dont se compose Brabanan; le travail pourtant en est immense; et la forme pyramidale y ressort, sinon dans les détails, du moins de tout l'ensemble. Les murailles, formées généralement de basalte, ont une épaisseur imposante. Le lotus bleu embellit les bassins, qui partout accompagnent ces temples, et selon l'auteur que j'ai cité, les fondateurs des édifices y ont semé cette belle fleur.

Déjà des pierres enlevées aux débris de Brabanan servent à clore les champs voisins; mais deux figures à demi-colossales sont demeurées en avant de la porte; on leur donne le nom de *Rechal*, qui fut celui d'anciennes idoles. Ces géants,

---

(1) *Recherches asiatiques*, 13e vol.

dont l'un est brisé, ont une expression de figure qui n'est pas sans quelque douceur. Le serpent, comme on devait le penser, se trouve sur les monuments; le Cipaye, cité plus haut, assurait que les temples de l'Inde possédaient les figures de semblables gardiens; mais les sculptures, à Java, lui paraissaient fort supérieures. Les Mille temples ont dû être le centre de la religion de l'Inde, à Java : de beaux arbres y ajoutaient une décoration religieuse; d'autres temples, moins conservés, mais regardés avec respect, recevaient des offrandes de fleurs. Ganesa y était certainement vénéré; et Siva pouvait bien y être adoré encore.

Ces temples, ces ruines et leur magnificence faisaient l'admiration des Cipayes qui suivirent le capitaine anglais Baker, à l'époque de 1812 ; ils retrouvaient Krishna, Seeta, toutes leurs divinités enfin, et les Javanais à leurs yeux, étaient des êtres dégradés.

Je me suis servi du mot d'antiquité en m'occupant des ruines de Brabanan ; ce n'est pourtant que de soixante-quinze ans depuis notre ère, que l'ère javanaise est comptée ; cette ère est à peu près celle de Salivana consacrée dans l'occident de l'Inde : elle marque peut-être, à Java, le temps où les brames y pénétrèrent : on ne saurait douter du moins que les brames ne l'y aient apportée.

Borobodo, l'un des plus beaux temples de l'île,

déjà ravagé par le temps, ne date, selon certaines conjectures, que du sixième siècle de l'ère javanaise ; ce temple, au confluent de deux rivières, est bâti au sommet d'une montagne conique ; l'on y parvient par sept rangs de terrasses : le dôme qui le distingue a cinquante pieds de diamètre, il est environné d'un triple cercle de tours ; il renfermait entre ses ruines une grande image de Brama, mais grossièrement mutilée. M. Raffles, qui serait disposé à transformer le nom de Borobodo en celui de Bara-Bouddha, ou Grand-Bouddha, supposerait aussi volontiers que ce Brama est Bouddha lui-même.

Cette contrée, peuplée de temples, renfermait encore une montagne, véritable Olympe de l'Inde, et qui passait pour l'antique séjour et des Dieux et des demi-Dieux : on voyait, dans les débris innombrables dont ses pics étaient surchargés, un bas-relief qui représentait une figure à trois visages ; une autre, à quatre bras, soutenait un globe et la foudre : cette montagne a été un volcan ; on y voit encore un cratère.

Les provinces les plus exposées aux violences de l'islamisme ne laissent pas de recéler encore des vestiges assez précieux du culte qu'il voulut proscrire. Sela-Mangling est une grotte distribuée en de vastes salles dont les parois sont ornées de bas-reliefs ; à Singa-Jaru, c'est Brama et le taureau Nandi; c'est le char du soleil attelé de sept coursiers; c'est un Ganesa colossal et d'une noble exécution qu'il est aisé de reconnaître.

Le monument de Suku, découvert en 1815, est une pyramide tronquée, élevée sur la plus éminente de trois terrasses superposées; deux obélisques renversés gisent encore sur le même tertre.

Les portiques de ce monument sont couverts de sculptures qui n'offrent que de cruelles images; un homme affreux y dévore un enfant. Serait-ce le type de ce Dieu de Phénicie, qui inspirait aux femmes, dans Israël, des superstitions si odieuses, qui fit à Tyr et à Carthage de si déplorables victimes, et que la Grèce nomma Saturne en l'armant de la faux du temps? Quoi qu'il en soit, tous ces emblêmes parurent, au capitaine Baker, relatifs aux traditions de l'Egypte : il crut y voir Typhon, Anubis, les serpents, et même les palmiers du Nil : les habitants voisins de ce lieu redoutable venaient encore y brûler de l'encens.

C'est une tradition vague mais universelle de ces contrées, qu'un ébranlement volcanique a séparé jadis les îles de la Sonde du continent de l'Inde, dont elles faisaient alors partie. L'éruption du Tomboro, dans l'île de Sumbarva, en l'an 1815, a prouvé qu'une telle catastrophe ne surpasserait jamais, sans doute, les efforts violents de la nature; c'est donc encore une tradition qu'à l'époque où le continent de l'Inde n'était pas encore séparé de ses îles, des vaisseaux venus de la mer Rouge, et portant des bannis de l'Egypte, vinrent aborder à Java; les uns adoraient le soleil, d'autres la lune, d'autres les arbres des forêts; quelques-uns tiraient des augures, et du vol des oiseaux, et de leur avidité quand le grain leur était offert.

Dans la confusion dont cette antique hypothèse est l'expression, et que des renseignements encore insuffisants ne nous permettent pas d'éclaircir, on peut bien demander s'il n'est pas égyptien, ce symbole d'un homme à tête d'épervier? Le géant à ailes et à griffes, qui porte un enfant sur son cou, effaroucherait sans doute les Grâces, si l'on voulait y voir le Temps qui emporte avec lui l'Amour.

En général, on peut juger que les scènes figurées dans les sculptures de l'Egypte, présentent souvent des supplices, ou du moins de pénibles images. L'Inde, et tout ce qui lui appartient, semble offrir des objets plus doux quoique peut-être plus fantastiques; et l'on rapporte assez facilement à l'Egypte et à ses colons le petit nombre de bas-reliefs où l'on reconnaît des glaives et des victimes. M. Crawford décrit, et même reproduit, dans ses dessins, le trône de la divinité qu'il prend toujours pour le Bouddha. Un parasol surmonte le trône; des fleurs, des cassolettes l'environnent presque toujours; des femmes, parées de joyaux et de colliers, semblent y porter des hommages. Le même voyageur a cru voir, dans un tableau partagé en trois scènes distinctes, toute l'histoire du déluge, à peu près comme la Génèse la donne, et comme les Puranas l'ont conservée dans l'Inde.

La prévention de M. Crawford, relativement à l'image de Bouddha, ne l'empêche pas de distinguer, soit à Brabanan soit ailleurs, et Siva, et Madhava cette divinité chérie qui porte tant de noms chez les poètes, et qu'on invoque spécialement sous ceux de Césava ou d'Héri.

Il ne m'appartient pas de fixer les époques relatives à la fondation de ces temples. Le genre de leur consécration ne permet guère de leur prêter une date qui leur soit commune. Les Musulmans, sans faire beaucoup de prosélytes, ont opéré, en détruisant une excessive confusion (1); leur établissement, à Java, date de plus de trois siècles, et remonte ainsi au quinzième; mais, dès le treizième, Marc-Paul indique leur présence. L'île de Bali paraît avoir été peuplée par les réfugiés de Java. Une colonie de brames, assez récente, y maintient le culte de Siva : on révère la vache à Bali; mais il est remarquable que ce respect symbolique ne s'étend en effet qu'à la race propre à l'Inde. M. Crawford combla les vœux d'un des rajahs de l'île de Bali, par le

---

(1) *Recherches asiatiques.* 13ᵉ vol.

présent d'un taureau blanc et d'une vache de l'Inde occidentale.

A Bali, le brûlement des femmes, sur le bûcher de leurs époux, est une immolation qui se renouvelle sans cesse, et qui bouleverse les idées autant que tous les sentiments. En l'an 1813, vingt infortunées à la fois furent sacrifiées sur la cendre d'un prince de Bali; et je n'ose compter toutes celles dont, en un petit nombre d'années, les Anglais supportèrent les funérailles vivantes.

Les arts, que l'industrie n'a pas pu exciter, ne sont pas portés à un bien haut degré dans les îles de cet archipel : l'architecture n'y fut employée que pour les temples; la peinture ne s'y exerce guère, et la sculpture n'a fait qu'y copier des emblêmes. On y trouve pourtant quelques anciennes monnaies; mais on ne peut en expliquer les empreintes ni les caractères. Le serpent est gravé sur l'une des plus belles : le métal n'en est pas précieux; on n'en voyait point en or, avant le temps des Arabes, et à peine s'en trouve-t-il quelques-unes en argent.

L'arithmétique, à proprement parler, n'est pas répandue dans ces îles. Les quippos et les instruments de mnémonique de cette espèce ont été rarement abandonnés pour les pratiques des Chinois, ou même pour celles des Indous. Mais le système quaternaire, ou même quinquennaire, admis dans quelques îles, a facilement cédé au système décimal, ou s'y est facilement confondu.

Le grain de riz est un type de mesure de quantité; le coco mesure les liquides. Cette simplicité d'expression est comme universelle dans toute l'antiquité; on ne la retrouve pas sans joie et sans respect.

En des contrées sans chemins et sans routes, on ne mesure pas les distances.

Partout on mesure le temps.

Sa division, parmi les Javanais, semble participer de modes différents, selon les nations et les systèmes religieux auxquels ils peuvent appartenir; car il est remarquable que l'idée religieuse n'a jamais été séparée de celle des astres, et de l'harmonie de leur cours. Le jour paraît se partager à Java en dix divisions vagues : la semaine, ou la petite période des jours, paraît n'en comprendre que cinq; celle de l'Inde en a sept : l'année, peut-être, avait trente divisions. Je rapporte ici les conjectures que je trouve dans M. Crawford.

L'année lunaire est venue des Arabes à Java; mais il paraît que plusieurs nations y ont gardé l'année solaire; et les supputations, que règle l'astre des nuits, ne remontent même à Java qu'à l'an 1633 de notre ère, ou 1555 de l'ère de Salivana.

La géographie est la science qui, chez les insulaires, a fait le moins de progrès : ils sont marins pourtant. Les Malais ont été jusqu'à Madagascar; mais à peine les autres nations ont-elles atteint dans leurs navigations les rives septentrionales du continent de l'Australasie. A Java, tout abonde, grâce à la seule nature; l'agriculture y est facile, et dans son luxe elle fait l'orgueil des hommes qui y donnent leurs soins : ils s'y livrent, dans tous les rangs, avec autant de dignité qu'ils y placent de prédilection. Le commerce, au contraire, n'a obtenu, parmi les Javanais, aucune espèce de considération; il y est abandonné aux femmes; aussi l'île de Java est-elle tout entière exploitée par les étrangers. Les Chinois, les Arabes, les Buges des Célèbes eux-mêmes, y secondent l'Européen, et plus surement de nos jours l'Américain, dont rien ne peut plus mesurer ni limiter le progrès.

Strabon nous force à prolonger jusqu'aux Moluques les voyages entrepris dans le temps des Romains, par l'appât de certaines productions précieuses. L'énumération antique des richesses rapportées sur les vaisseaux de Tyr, suppose des relations nécessaires avec les îles de la Sonde. Le nom de Java est indiqué dans un passage d'Ezéchiel, chapitre vingt-sept : il y est dit que des marchands de Java portaient, aux foires de Tyr, des vases de bronze et des roseaux. *Jau*, dans les langues orientales, veut dire, en général, lointain ou au-delà; peut-être aussi Java est-il cette Taprobane, dont la situation est restée un problème en samscrit; j'ajoute que le mot *tapa* signifie pénitence, *vana* veut dire forêt; et si à Sumatra rien n'annonce des retraites d'hommes pieux, d'austères anachorètes, à Java tout atteste leur séjour. Chaque montagne, à Java garde son hermitage, et le Ramayana témoigne le respect des Indous pour les sages des forêts, voués à la philosophie contemplative et à de rigoureuses pénitences.

M. Raffles a vu dans Java une des îles sacrées, dont les Puranas font mention. L'ingénieux Wilford plaçait ces îles dans l'Occident.

Le javanais, le malais, le bugis, le macassar, sont les grandes langues de l'archipel Indou; elles ont toutes, entre elles, d'intimes relations, sinon toujours dans le sens précis des mots, du moins dans le sens des idées et dans les allusions qu'éveille l'expression qui les énonce (1). Le soleil, dans plus de dix langues, est appelé l'œil de la nature; on reconnaît enfin un grand langage polynésien de Madagascar à la Nouvelle-Guinée, et aux îles de la mer du Sud; et les nations les plus civilisées de ces îles diffèrent le moins par le langage.

Si une langue quelconque est la source de cette langue polynésienne, c'est dans ces îles sans doute la langue de Java; mais le samscrit en est le véritable principe. Toutes les racines

---

(1) Crawford.

d'un grand nombre de mots peuvent toujours s'y rapporter.

Le chinois s'est un peu mêlé au langage polynésien. Le portugais, peut-être, a eu quelque influence sur le malais : c'est en caractères arabes, cependant, que la langue malaye s'écrit; et depuis l'introduction de l'islamisme dans ces contrées, un grand nombre de mots arabes se sont mêlés à cette langue. La langue arabe et sa littérature n'en ont pas fait plus de progrès. Le malais, dans cet archipel, est comme la langue franque dans les comptoirs européens des côtes occidentales de l'Asie.

Les caractères arabes n'ont servi que rarement à l'écriture de Java; mais l'Alcoran, depuis un siècle environ, y a été paraphrasé en vers; la langue javanaise fait usage de caractères élégants qui ressemblent à ceux de l'Inde appelés devanagaris. L'alphabet javanais comprend vingt aksaras ou lettres, qui sont la plupart des syllabes (1) : il y a de plus cinq voyelles et vingt consonnes auxiliaires. Leyden fait observer (2) que le javanais s'écrit de droite à gauche; mais le sens de l'écriture ne peut guère se considérer chez les nations où l'écriture n'a pas d'abord été vulgaire.

Les naturels emploient un papier qu'ils fabri-

(1) Crawford.
(2) *Recherches asiatiques.* 10 et 11ᵉ vol.

quent eux-mêmes, ou indifféremment celui de la Chine ou de l'Europe : leur encre est celle de l'Inde. A Bali, on se sert encore d'un poinçon et de feuilles de palmier; ces éléments, presque natifs de l'écriture, semblent pourtant ne pouvoir servir à rien qui soit uniquement profane.

Les Javanais ont un dialecte propre à être employé quand on s'adresse aux personnages d'un ordre élevé : cet usage est universel dans l'Inde; et à la Chine, le choix des mots, comme celui des caractères de l'écriture, est gradué selon le même système : ce sentiment universel de respect pour les rangs a sans doute son premier principe dans les habitudes patriarcales. Les notions sociales correspondent d'autant mieux, qu'elles se présentent plus rapprochées de l'âge antique ; et l'Asie, même de nos jours, est en toute chose contemporaine de la plus haute antiquité.

L'époque légendaire, ou même fabuleuse de Java, ne remonte néanmoins, selon M. Crawford, qu'à cinq siècles, ou à peu près, du temps dans lequel nous vivons. Les inscriptions que peuvent présenter à Java les ruines des monuments, celles dont les caractères ne peuvent maintenant être lus, ne sauraient appartenir à une époque plus reculée.

Les Javanais sont enthousiastes : rien ne résiste à leur exaltation : on vit, en 1814, une route magnifique, ouverte et achevée, du pied d'une montagne à son plus haut sommet, avec une rapidité prodigieuse; il s'agissait de faciliter la descente d'un être saint et supérieur que l'on croyait au sommet de la montagne.

Tout est poésie dans les compositions que les Javanais ont écrites (1), mais la langue appelée kawi est celle qui s'emploie de préférence. C'est la langue sacrée de Bali ou Pali : la structure en est simple; les mots qui la composent tiennent tous du samscrit, dont les langues les plus épurées, ou plutôt les moins corrompues, se rapprochent toujours davantage. En samscrit même, kawi veut dire un poète, kawija, une composition poétique.

Nous devons à l'intéressant ouvrage de M. Raffles une traduction d'un traité de morale javanaise, écrit en langue kawi, et appelé Niti-Sastra; c'est comme un recueil d'écrits sacrés. L'Inde y respire dans chaque adage ; on goûtera partout celui-ci : « Ne privez pas un autre du crédit qu'il pourra mériter; ne l'abaissez pas dans l'opinion du monde. Quand le soleil approche de la lune, et qu'il la prive de son éclat, ajoute-t-il jamais au sien ? »

L'instruction, dans ce livre, revêt différentes formes, comme elle y embrasse divers objets.

---

(1) *Recherches asiatiques.* 13ᵉ vol.

Je bornerai mes citations à une fable déjà rapportée par Crawford :

« Faites choix d'un ami qui soit égal à vous; n'imitez pas le tigre et la forêt. Un tigre et une forêt s'étaient unis d'une amitié étroite, et ils se prêtaient l'un à l'autre une salutaire protection ; quand les hommes essayaient de priver la forêt de son bois ou de son feuillage, ils en étaient promptement détournés par l'effroi que leur inspirait le tigre ; et s'ils voulaient prendre le tigre, la forêt servait à le couvrir. Après un temps bien long, la forêt devint si épaisse, et par l'effet de la résidence du tigre, qu'elle commença à se détacher de lui; le tigre quitta la forêt. Les hommes s'aperçurent qu'elle n'était plus gardée ; ils vinrent en foule; ils enlevèrent le bois; ils enlevèrent le feuillage, et la forêt anéantie n'offrit plus qu'une place stérile. Le tigre, qui avait délaissé la forêt, avait été vu dans sa retraite; il tenta de se dérober en des grottes ou des défilés. Les hommes l'attaquèrent; il fut tué; et c'est ainsi que, par leur division, la forêt se trouva détruite, et que le tigre perdit la vie. »

Les devoirs des princes sont, plus que les autres encore, le sujet de plusieurs poèmes moraux. Le plus fameux est le Niti-Praja.

Le Brata-Yudha, ou guerre sacrée, poème écrit en kawi, est le plus étendu peut-être des ouvrages connus dans cette langue. M. Raffles le rapporte à la fin du huitième siècle, selon notre ère, et à son commencement, selon l'ère de Java. M. Crawford le suppose plutôt traduit que composé, en effet, en kawi; le style de cette traduction lui paraît du kawi moderne. En tout cas, le sujet du poème emprunté au Mahabarat remonte souvent à l'antiquité fabuleuse, ou si l'on veut allégorique. Ainsi l'on y rencontre, et Arjoun, et Krishna, et les enfants de Pandou.

La syllabe consacrée et toujours mystérieuse, cet *om* ou *aum* si souvent répété dans les liturgies de Zoroastre; cet *om* prononcé religieusement aux solennités d'Eleusis, cet *om* samscrit, quant à son origine, se retrouve avec une égale importance dans le Brata-Yudha-Kawi.

Les tableaux de guerre ont été choisis de préférence par M. Raffles, et ailleurs par M. Crawford; ils les ont transcrits dans leur langue; mais partout les combats se ressemblent, même quand ce sont des êtres supérieurs, ou si l'on veut surnaturels qui y figurent. J'eusse préféré d'autres morceaux qui sont seulement indiqués : tels les chants des jeunes filles, leurs danses au clair de lune, et autres scènes d'un genre gracieux. Il me serait difficile de comprendre d'ailleurs tous les incidents de ce poème. Les combattants surpassent le nombre de sept cent millions. La belle Drapadi suit l'armée dans une litière d'or ; elle porte un parasol de plumes ; sa chevelure est flottante ; elle a fait vœu de ne la nouer qu'après l'avoir trempée dans le sang ennemi.

L'épisode de Salia et de son épouse Satia-Wati rappelle celui de Panthée et d'Abradate. A peine Salia s'élevait-il dans les nuages, qu'il y vit arriver sa trop fidèle épouse ; il la prit dans ses bras, et l'enleva aux cieux.

Le Jawar-mani-kam est un poème romanesque, et sa composition semble indiquer une date postérieure à l'islamisme. Le véritable amour, y est-il dit, rend le cœur malade. Il s'agit, en effet, d'une belle dont le nom, peu flatteur pour une oreille européenne, est celui de Jawar-mani-kam ; prodige de dévotion autant que de vertu et de beauté, Jawar-mani-kam n'a que des rigueurs pour l'amant qui veut l'obtenir. Cet amant irrité l'accuse devant son père. Sa mort est résolue ; mais une biche remplace la victime quand le sacrifice allait se consommer. Jawar-mani-kam fuit dans le fond des forêts ; les monstres se courbent à ses pieds, et lorsque la soif la dévore, une prière fervente fait jaillir une source auprès d'elle. On ne peut suivre, dans ses détails, les destinées de l'héroïne : on croirait presque y trouver réunies celles d'Iphigénie en Aulide, celles d'Agar dans le désert, et jusqu'à la légende de notre moyen âge, où nous lisons l'histoire de Geneviève de Brabant.

Le Kanda, ouvrage javanais plein de notions mythologiques, a pu être traduit autrefois du kawi. On le possède en javanais pur; toutes les allégories de l'Inde s'y retrouvent. L'histoire de Rama y est spécialement racontée, quoique le Ramayana soit d'ailleurs traduit en kawi. La pénitence et les austérités de Rama tiennent une si grande place dans les fictions de l'Inde, qu'on ne saurait s'empêcher d'y reconnaître ou d'y supposer l'idéal du grand Amadis, celui de la Roche-Pauvre, et des épreuves subies par le héros.

Panji paraît, dans les romans de ces îles, comme le Charlemagne dans les nôtres; ses aventures merveilleuses y sont reproduites à tout moment; Panji semble du neuvième siècle.

Adi, ou peut-être Aji-Saka, est plus fameux dans la tradition que dans les poèmes. Il semblerait que l'ère javanaise se rattache à son temps et à son influence; mais doit-on voir en lui un conquérant, un saint ou une divinité?

Une tradition qui correspond également à l'ère javanaise, mais qui ne s'est transmise qu'au milieu d'une excessive confusion, est celle d'une colonie envoyée par le prince de *Rom*, et dont vingt familles seulement, qui n'avaient pas succombé au climat, retournèrent en Occident. Ce fait pourrait coïncider avec les ambassades qu'Auguste, et Claude surtout, reçurent de quelques contrées de l'Inde.

L'histoire, à l'exception de quelques faits récents auxquels la prose a pu suffire, n'a été écrite qu'en vers et toujours en fragments. La fiction ne cesse pas de lui prêter ses formes. Ces histoires sont des poèmes. Le sujet le plus souvent traité est celui de Surapati, insulaire né à Bali, et qui, de l'état d'esclave des Hollandais, parvint à une souveraineté. Sa postérité, moins heureuse, ne put se maintenir en paix.

En 1740, les Chinois essayèrent de repousser l'oppression sous laquelle, dans l'île de Java, le joug des Hollandais les faisait gémir. Les Javanais voulurent les seconder; la fortune leur fut contraire. M. Crawford a cité des fragments d'un poème dont ce grand événement a depuis été le sujet; je me bornerai à quelques lignes. Le poème est une histoire aux yeux des Javanais.

« L'Adipati arriva à Ouarang; il y fit halte pendant cinq jours; il y manda un prêtre de Mataram qui avait fait le pélerinage, et lui dit : Mon frère aîné, j'ai eu un songe : la Chine m'est apparue sous la figure d'une femme; dis-moi, je te prie, le sens de ce songe? Le pélerin répliqua : Seigneur, le songe est bon, la femme implique prospérité, et votre expédition aura un fortuné succès. Mais malgré cette explication, l'Adipati ne fut pas satisfait; un autre prêtre vint, et dit: Père, j'ai eu aussi un songe : une femme me semblait poursuivre toi et moi. Nous essayâmes d'échapper, mais le feu nous poursuivait toujours; mon épée tomba de mon côté, et aussi le poignard que vous m'aviez donné jadis; tout, bientôt, me parut enveloppé de la même flamme. Le cœur du chef devint comme brisé en atômes de poussière, quand il entendit ce récit, et il dit : C'est très-bien; mais ne parlez à personne de ce que vous avez vu en songe. »

La chanson, ou l'heureux accord de l'expression d'un sentiment ou d'une pensée avec un trait gracieux de mélodie, la chanson, le plus souvent inspirée par l'amour, est un des plaisirs de Java, et les fleurs sont les riants caractères qu'on se plaît à y assortir; les fleurs sont en effet la première poésie du langage. La poésie fait souvent l'illusion des fleurs; à Java, toutes les fleurs abondent : toutefois, dans l'Inde, notre belle rose perd, et de son volume, et de sa délicieuse odeur. Les fleurs, en général, n'y exhalent que la nuit leurs parfums les plus enivrants; et le soleil, qui les anime de nuances si colorées, semble, durant le jour, alimenter ses feux de leurs suaves émanations.

La musique est purement secondaire, même dans les chansons javanaises : je ne sais pas si c'est hasarder, que de considérer les progrès de la musique comme en raison toujours directe de ceux de la civilisation.

La danse est moins joyeuse qu'elle n'est dramatique chez les peuples demeurés à un certain degré de l'échelle de civilisation; elle était religieuse dans l'antiquité la plus haute; elle a été une expression, long-temps avant que d'être un plaisir. Les hommes du plus haut rang figurent à Java dans les occasions graves, avec les danseuses consacrées; mais les femmes et les filles ne dansent que par état.

On représente à Java de véritables drames; et comme, dans la Grèce antique, les acteurs en costume et en masques de caractère font la pantomime sur la scène, pendant qu'on déclame pour eux; cet usage athénien avait-il été apporté par les descendants de ceux qui suivirent Alexandre, et qui traversèrent sur ses pas les plus grands fleuves de Penjab?

Les marionnettes fort communes, fort goûtées, ressemblent à nos ombres chinoises: leurs formes sont burlesques et elles ne varient pas. L'histoire traditionnelle et fantastique de Panji y fournit le sujet de la plupart des scènes.

Les combats d'animaux concourent quelquefois aux divertissements: on met alors le buffle et le tigre en présence; et quand le buffle triomphe, l'assistance applaudit; car selon M. Raffles, elle voit le Javanais dans le buffle, et l'Européen dans le tigre. Quelquefois on expose ensemble dans l'arène, comme à Rome et dans tout l'empire, un malheureux condamné à périr, et le tigre féroce qui doit le déchirer : la victime n'a pour défense qu'un faible poignard émoussé. Un sultan, que les Anglais déposèrent en 1812, avait donné lui seul deux de ces cruels exemples; mais le tigre, une fois, avait été vaincu : le combattant intrépide avait été comblé d'honneurs.

Le bugis est la langue originale de la nation des îles Célèbes (1). La bravoure, comme au Japon, distingue la nation des Célèbes; il existe des livres dans la langue bugis dont le caractère écrit ressemble au javanais. Les Hollandais ont tiré de ces livres quelques abrégés historiques; l'Alcoran a été traduit en langue bugis; les romances, les chansons, conservées dans cette langue, ont, selon M. Leyden, de la force et de la poésie.

Selon le même savant, le malais a été la première langue de l'Asie que les Européens aient cultivée. Le cardinal Barberini, dès l'an 1631, fit publier un dictionnaire Malais-Latin, ouvrage précieux d'un Hollandais; déjà on avait publié dans la langue malaye, mais en caractères arabes, les évangiles de saint Mathieu et de saint Marc. Les évangiles de saint Luc et de saint Jean furent publiés de même et peu après.

---

(1) *Recherches asiatiques.* vol. 10 et 11.

Une version complète de la Bible en malais, mais en caractères romains, a été publiée en 1733.

Les missionnaires hollandais qui ont pénétré dans l'île Formose, pendant que leur nation y a eu des établissements, ont imprimé, dès l'an 1662, plusieurs ouvrages en hollandais, et à la fois en formosan; M. Klaproth en a fait une étude (1); et il en a conclu que les habitants de Formose, et nécessairement leur langage, appartenaient à la grande souche malaise répandue depuis la presqu'île de Malaca jusques aux îles Sandwich, aux Marquises et à la Nouvelle-Zélande.

M. Raffles a publié une traduction d'annales malaises ébauchée par le docteur Leyden ; ce recueil confus de traditions entremêle le plus souvent celles qui ont Alexandre-le-Grand pour héros, et celles qui sont liées à l'introduction de l'islamisme. Les souvenirs d'Alexandre se mêlent d'ailleurs aux notions des Romains et de leur puissance. Rien d'original, selon moi, ne peut ressortir de ce chaos ; rien ne peut y être propre au peuple qui n'a fait que l'obscurcir encore. « Il arriva un jour, y est-il-dit, que Radja-Secander, fils du Radja-Darab de *Rum*, de la race de Makaduniah, éprouva le désir de voir naître le soleil ; il parvint dans ce désir jusques aux dernières limites de la terre de Hind. » On ne peut

---

(1) *Journal asiatique.*

supposer que le grand Secander ait été aussi loin; mais on reconnaît, dans cette fiction historique, l'immense ébranlement que le héros de la Grèce imprima à cet univers.

Les récits, où le mahométisme et les formes sociales qu'il impose sont plus expressément marqués, ont le caractère et le merveilleux de nos contes arabes; ils en ont quelquefois également la moralité. Un sultan désire la main d'une princesse Gunung-Ledang que des prodiges environnent : la princesse magique avait exigé des présents, à mille égards, surnaturels; elle avait exigé en même temps une petite bouteille remplie du sang d'un prince. Tout ce qu'elle demande, répondit le sultan, aurait pu s'accomplir pour elle; mais elle veut du sang, et moi je veux mourir sans en avoir versé : il oublia Gunung-Ledang.

Une tribu appelée Batta occupe le centre de l'île de Sumatra : cette race paraît conserver quelques-unes des coutumes sauvages, que le père de l'histoire (Hérodote) attribue à une peuplade barbare qu'il avait nommée Paday. On connaît d'anciens livres dans la langue batta (1). Les caractères sont rangés de bas en haut; la feuille, où on les trouve inscrits, est une écorce de bambou, et les livres sont des fagots.

---

(1) *Recherches asiatiques.* 10 et 11e vol.

M. Marsden soutient (1) que le nom de Malais veut dire simplement homme de Malaca. L'usage a étendu et modifié ce titre ; mais les habitants de Sumatra paraissent avoir, avec ceux de la presqu'île, des rapports plus particuliers : leurs villages sont, de même, situés entre les arbres et auprès des rivières ; leurs maisons sont en bois, et élevées sur des poteaux de six à huit pieds de hauteur, comme aussi dans le royaume d'Ava. Ces bâtiments de bambou sont couverts des feuilles d'un genre de palmier ; quelquefois une partie de la façade de ces demeures est sculptée en façon de figures égyptiennes. Nous savons que des figures informes et colossales se trouvent également sculptées aux portes des habitations chez quelques-unes des nations de la côte nord-ouest d'Amérique : les moraïs, dans les îles Sandwich et en différents archipels, sont aussi décorés d'images : quelques nattes, quelques porcelaines, composent en général l'assortiment complet d'une demeure à Sumatra ; dans ce pays, comme dans les îles Malayes, la nature, dit M. Poivre, semble avoir pris plaisir à rassembler ses plus excellentes productions ; on respire un air embaumé par une multitude de fleurs agréables, qui se succèdent pendant l'année entière, et dont l'odeur

―――――――――――

(1) *Histoire de Sumatra.*

suave pénètre jusqu'à l'âme, et inspire la plus séduisante volupté.

La principale industrie des Malais s'exerce à Sumatra sur les métaux précieux. Les Malais travaillent l'or et l'argent mieux que le fer : l'adresse et la patience leur tiennent lieu de tous secours; et les métiers, sur lesquels ils fabriquent les tissus les plus délicats, sont imparfaits comme tous leurs outils.

Les médecins sont les vieillards qui connaissent assez bien les plantes salutaires, et qui joignent à leur emploi celui des amulettes et des charmes consacrés : ce peuple est sans histoire, vraiment digne de ce nom; il suppute les temps par les années lunaires. Une éclipse, comme à la Chine, et comme par un instinct universel, excite un fracas destiné à repousser le dragon qui dévore la lune. Les Malais ont, pour la musique, une véritable passion : leurs instruments sont tous chinois, à l'exception du violon qui leur a été apporté des contrées de notre Occident. Les chants poétiques s'improvisent, mais ils sont d'une extrême brièveté : ils expriment surtout l'amour; partout le besoin de plaire adoucit les accents, et colore les expressions : « Je fais soupirer mon chalumeau, dit une romance malaye; mon chalumeau, il soupire, mais le temps s'écoule, et pourquoi donc ne viens-tu pas ? »

On use encore, à Sumatra, des quippos ou

nœuds de coton, comme auxiliaires de la mémoire ; et cependant l'écriture y est généralement connue et pratiquée, même et surtout parmi ces naturels appelés Battas-Rijangs. Il est remarquable néanmoins que cette connaissance élémentaire n'ait fait éclore chez eux aucun savoir réel. Dans un pays qui semblerait renouveler le paradis terrestre, on est bien loin du bonheur de l'âge d'or ; et si l'âge d'or a ignoré les lettres, c'est que les clartés, dont il devait resplendir, lui en rendaient le secours tout analytique superflu. Il n'est pas un seul mot, dans toutes les langues de l'île, auquel on puisse, selon Marsden, prêter le sens de notre mot loi : ce voyageur, quoi qu'il en soit, ne peut avoir parlé que de l'absence des lois politiques ; aucune société ne subsisterait sans coutumes légalisées. Plusieurs des souverains de Sumatra ont successivement recueilli les institutions respectées en certaines parties de leurs états : l'Alcoran ne les a point effacées. Le code maritime, compilé vers la fin du treizième siècle, et par le premier prince mahométan de l'île, a été comparé, par les Anglais eux-mêmes, au célèbre code de Rhodes ; mais il est à remarquer que si les lois de la mer ont été partout uniformes, c'est qu'elles ne sont et ne peuvent être que le droit naturel appliqué.

Les traces religieuses des temps antérieurs à celui où s'est introduit l'islamisme sont presque entièrement effacées ; ce temps se rapporte, ainsi que nous venons de le dire, à peu près à la fin de notre treizième siècle; et depuis cette époque surtout, les émigrants de Malaca, les Malais plus proprement dits, ont, avec leur turban, entraîné presque toute l'île : ils l'ont aussi comme inondée d'une population active : mais en quelques parties de l'île de Sumatra, les rajahs encore règnent en paix, inférieurs aux sultans dominés à leur tour par les Européens. Peut-être pourrons-nous rechercher quelque jour comment, dans tant de régions, une population de véritables gnomes, à la considérer sous les rapports moraux, semble avoir fait le fond du sol, puis se resserrant, se refoulant dans quelques vallées inaccessibles, ou sur les monts qu'elle peut atteindre, y végète et s'y perpétue dans une inerte indépendance : on dirait de ces mousses sans fleurs, qui les premières tapissent le roc aride, et y préparent un sol pour les arbres et les moissons. Une culture ingrate les détruit; mais on les retrouve dans les déserts, et là on les bénit encore. Un préjugé, à Sumatra, protège les tigres contre la destruction qu'ils auraient dû y encourir. Les races indigènes s'en croiraient-elles issues ?

La gloire d'Achem s'est évanouie avec la puissance portugaise, contre laquelle celle de cet empire insulaire lutta durant une suite d'années à commencer du seizième siècle, et pendant plus d'un siècle entier. Les annales malaises ont conservé quelques récits, relatifs à cette époque, et presque romanesques par l'excès de l'emphase.

Alors les Albuquerque et les Lakshamana brillèrent réellement de leur choc audacieux, comme les glaives croisés étincellent dans les combats. En 1602, la reine Elisabeth envoya un ambassadeur au sultan de cette contrée fameuse, et cet ambassadeur, Lancastre, revint comblé de magnifiques présents. Aujourd'hui, le monopole du poivre est exercé par les Anglais; et les Malais ne font plus guère qu'alimenter ce monopole par leurs propres travaux ou par les vexations qu'ils font peser sur le cultivateur.

Ceylan, considérée comme la Taprobane des anciens, a été le but mystérieux des expéditions les plus difficiles; c'est avec le prestige qui s'attache à la féerie des richesses, que le nom de Taprobane se prononce encore de nos jours. Cependant, aujourd'hui, Ceylan n'est presque plus qu'une possession anglaise; et des traditions religieuses, que l'islamisme n'a pu détruire, lui ont seules conservé une dignité indépendante, et l'intérêt des souvenirs.

En effet, le pic d'Adam, situé vers le sud de l'île, attire chaque année des milliers de pélerins; le sentier en est escarpé (1); la plate-forme du sommet n'a d'étendue que soixante-quatorze pieds sur vingt-quatre. La cime sacrée est un

---

(1) **John Davy.**

rocher de huit pieds seulement de hauteur; là, est l'empreinte révérée du pied de Bouddha ou Gautama, et non du pied d'Adam, dont les Musulmans les premiers lui avaient attribué le nom. Cette empreinte est un creux de peu de profondeur, long de cinq pieds quatre pouces, selon M. J. Davy, et large de deux pieds et demi ou environ; ce creux est garni en cuivre et en pierres précieuses : le rocher qui le supporte est ombragé d'un toit doublé de riches étoffes, et dont les colonnes légères sont entrelacées de fleurs. Un bosquet de rhododendrons, qui décore les flancs du tertre, est regardé comme sacré.

Quand les pélerins sont réunis, un prêtre en robe jaune récite les prières et le symbole propres des pélerins; alors les époux, les épouses, les enfants, leurs pères, se saluent, tous s'embrassent avec respect et bienveillance. Le prêtre bénit l'assistance, et invite ceux qui la composent à vivre désormais dans l'heureuse pratique des vertus.

Cette touchante cérémonie se pratique chaque année, de temps immémorial, à sept mille pieds au-dessus du niveau de l'Océan (1). M. Davy en fut témoin, et son récit fait partager à ses lecteurs l'émotion religieuse dont il fut pénétré.

Laloubère vit aussi, près de Siam, l'empreinte d'un pied de Bouddha : cette empreinte, presque

---

(1) *Nouvelles annales des Voyages.*

imaginaire, mais assurément gigantesque, était au reste celle d'un pied droit; on savait dans cette contrée que le vestige du pied gauche se trouvait à Lanka, et les notions populaires admettaient que les rhinocéros, ainsi que les éléphants, y venaient rendre adoration.

Candi, vers le centre de l'île, peut bien être considérée comme le sanctuaire du bouddhisme: une dent de Bouddha, ouvrage d'ivoire peut-être, mais enchassée dans l'or et les pierres précieuses, y paraissait, aux Chingalais, le titre de la souveraineté; les Anglais en firent la conquête. Candi devint une ville anglaise; on y bâtit une église, des casernes; mais le sang a coulé, la violence la plus révoltante a pu seule comprimer un peuple qui réagissait contre ses oppresseurs. M. Davy jette un voile sur les expéditions et sur les cruautés du gouverneur anglais Brown-Rigg; mais il en laisse trop entrevoir; et le pays d'ailleurs, où la végétation devait triompher seule dans son luxe le plus brillant, est hérissé maintenant de postes militaires.

Cette contrée de fleurs a besoin d'arrosements; c'est au temple de Kattagam que le peuple allait demander la cessation des sécheresses. Les prêtres aspergeaient, avec des feuilles humectées d'eau, ce peuple tout plein de ferveur; l'effet le plus souvent répondait à ses vœux, et les pratiques, nées de cet instinct universel et doux, ne sont pas encore supprimées à Ceylan.

Ce n'est pas à Ceylan que l'on peut rencontrer d'antiques monuments indous : cependant à Damboulon, il se trouve des temples excavés dans le roc, et d'une véritable beauté. Davy donne à l'un de ces temples cent quatre-vingt-dix pieds de long, sur quatre-vingt-dix de largeur, et quarante-cinq d'élévation; dans un autre, on distingue jusqu'à cinquante figures de Bouddha, et en diverses attitudes : tout y est coloré comme dans les monuments de l'Egypte, et enluminé des plus vives peintures. Quelques figures des divinités de l'Inde se trouvent auprès des colosses de Bouddha : là, on offre des fleurs; là, un prêtre récite les commandements de la religion de Bouddha ; et le serpent, l'emblême universel, se retrouve dans tous les emblêmes dont se composent les ornements : mais ici, c'est le serpent à chaperon, le plus remarquable dans l'Inde.

Une relation du dix-septième siècle (1) peint l'île de Ceylan avec toute sa richesse végétale, et telle qu'elle paraît de nos jours; un des arbres de ce paradis passait pour avoir servi au repos de Bouddha : il était révéré, et c'était mériter une sorte d'indulgence profitable pour l'autre vie, que d'en multiplier les rejets : un bouquet de jasmin, chaque jour, était offert au prince régnant; des fleurs parfumées, dont la durée

---

(1) Knox.

n'était que d'un petit nombre d'heures, servaient d'horloges pour mesurer le temps; les roses ne demandaient point de culture; les abeilles faisaient découler des arbres leur miel le plus délicieux, et le talipot offrait ses feuilles pour les écritures nécessaires.

Un despotisme, dont les excès ont, dans tous les pays, le caractère effrayant de la démence, présidait, à l'époque dont je parle, au gouvernement de cette île, où la nature, à force de charmes et de faveurs, semblait vouloir consoler ses enfants : le prince, auquel un Anglais jeté par la tempête avait négligé d'envoyer des hommages et des présents, retint l'infortuné captif pendant vingt ans, avec tous ceux de ses compagnons, dont l'existence put s'y prolonger; la fuite était comme impossible, et Knox fut obligé de ménager les moyens de la sienne, durant ces vingt longues années. Une Bible qu'il avait trouvée devint toute sa consolation. L'Europe était loin, en ce siècle, du point du monde où des captifs pouvaient languir et demeurer tels, quoique sans chaînes et sans murailles, et non loin d'un fort hollandais déjà établi sur la côte; mais avec une population proportionnellement peu nombreuse, les bocages mêmes n'étaient que d'inextricables déserts; et la plus simple surveillance y eut laissé périr le fugitif sans secours. Au reste, de nos jours, Golowning, au Japon, a supporté de longues et cruelles épreuves. Aux portes de l'Europe, sur les rives où Rome fit oublier Carthage à force de luxe et de délices, les Européens prisonniers ont long-temps éprouvé des maux dont la seule pensée fait frémir, et auxquels la religion seule essayait quelquefois d'arracher des victimes; et pendant que je trace ces lignes, on a encore lieu de douter si le savant Bonpland est effectivement arraché aux prisons du docteur Francia.

La seule histoire chingalaise originale, qui soit parvenue jusqu'à nous, a été traduite par Johnston (1); le début en est allégorique; la création, dont il offre le récit, fait éclore des milliers de mondes; le nôtre est entouré par un boulevard de pierres; il a une étendue immense, et un roc se trouve au milieu. C'est dans l'histoire propre des rois de Ceylan, à laquelle l'auteur parvient enfin, que se trouve l'aventure du lion qui enleva la fille d'un roi, et devint, par elle, le père d'une race illustre ; on y trouve celle d'une fée, ou si l'on veut démon femelle, qui fit triompher le prince Wijaya, son époux, de tous les démons maîtres de l'île : entre tous ces récits, auxquels notre imagination ne saurait appliquer un sens, et auxquels elle ne peut attacher de plaisir, on trouve les exploits de Gémunu, rajah monté sur l'éléphant Cadol, et couvert d'une ombrelle de perles. Les géants paraissent

---

(1) *Annales de littérature orientale.*

et se pourfendent : toute cette sombre confusion reste sans dénouement dans le livre dont je parle; mais, au vrai, il n'est pas fini.

Le Ramayana donne, à Ceylan, le nom de Lanka; il y place le séjour du géant redoutable, qui enleva l'épouse de Rama; et c'est là aussi qu'il la retient.

Les Cipayes de l'armée anglaise avaient reconnu leurs Dieux, dans les temples de Java où les voyageurs supposaient que Bouddha seul était représenté. Les Cipayes du Bengale, à la suite du gouverneur Brown-Rigg, donnèrent, au Bouddha de Ceylan, le nom de leur Mahadeva, et ils l'adorèrent à sa place.

Bouddha, selon Knox, est un Dieu de paix; il est assis les jambes croisées, et ses cheveux sont frisés, mais non crépus. Plusieurs attributs secondaires revêtent autour de lui des formes monstrueuses, mais assurément symboliques ; on retrouve avec quelque intérêt, dans cette ancienne relation, l'usage, parmi les Chingalais malades, de consacrer un coq rouge : il s'y mêle un souvenir de l'Esculape des Grecs et de Socrate, tout à la fois : les fêtes de Bouddha consistent essentiellement dans des offrandes de fleurs et dans de magnifiques processions.

Hafner en a décrit le bel effet aux flambeaux : en ces contrées, les chemins ne sont que des sentiers; les éléphants se trouvent dans tous les cortéges. Les palanquins se mêlent; une foule immense les entoure, et le moindre voyage ressemble à un triomphe.

SUITE DE LA SIXIÈME ÉPOQUE.

DE L'INDE.

La religion de Bouddha, nous l'avons déjà reconnu, présente généralement, dans les contrées où elle est admise, toutes les apparences d'un culte doux et pur, et dont les ministres eux seuls éprouvent les pieuses rigueurs. Le P. Tachard, envoyé à Siam vers la fin du dix-septième siècle, fut souvent édifié de la régularité sévère des talapoins ; ils récitaient et chantaient de longs offices, écrits sur des feuilles de palmier; et les religieux français qui avaient suivi le P. Tachard, eurent de la peine à imiter le régime austère des talapoins, dans les monastères desquels ils s'étaient d'abord établis, afin d'apprendre d'eux la langue haute de Siam. Il paraît, en effet, qu'outre le bali qui est la langue sacrée, on distingue la langue vulgaire de celle que parlent les grands. Nous avons déjà remarqué avec combien de soins on distinguait, à la Chine, les caractères mêmes qui devaient être exclusivement employés dans les placets à l'empereur; dans l'Inde, le prakrit était le dialecte des femmes ; peut-être on trouverait, dans nos langues vivantes, de nombreuses nuances d'expressions; et l'on ferait un dictionnaire entier de celles qu'un style élevé réprouve.

Le sceau dont le roi de Siam marqua l'espèce de consécration qu'il fit de plusieurs de ses sujets et de leur postérité, pour le service des PP. européens, représentait Bouddha, la couronne fermée sur la tête, un sceptre dans sa main; un serpent lui servait de siége : le travail de cette gravure ne suppose aucun progrès de l'art.

Les anciens faisaient de longs voyages pour aller chercher la sagesse en Egypte et au fond de l'Orient; au dix-septième siècle, et dans le cours du suivant, des sages d'Occident, au contraire, portèrent la sagesse plus parfaite et la science plus éclairée dans cet Orient reculé, où leur pompe fut toute religieuse.

Le P. Tachard amena des mandarins siamois comme des ambassadeurs près du souverain pontife. Le roi de France, aussi, avait reçu une ambassade siamoise; et les Siamois, à leur retour, parlèrent des Français comme d'êtres supérieurs, et de la France elle-même comme d'un monde. On ne peut nier l'importance de rapports alors si nouveaux entre une riche partie de l'Asie et l'Europe, et surtout la France; ces rapports étaient établis par des hommes qui s'y présentaient pauvres, avec la seule puissance de la parole et du savoir : c'est peut-être une chose merveilleuse que la manière dont les Français, indépendants, surent honorer partout et servir leur patrie. A l'époque dont je parle, des officiers français avaient été appelés pour commander des troupes siamoises; et le ministre tout-puissant à Siam était alors un Français d'origine, l'infortuné et célèbre Constance.

Louvo, résidence du roi, était appelée la ville des pagodes (1); des flambeaux y brûlaient sans cesse, des prières y étaient récitées à toute heure; le ministre Constance avait fait décorer une chapelle chrétienne pour les religieux venus de France; des tableaux non mal peints étaient l'ouvrage d'un Japonais; toute liberté fut accordée aux missionnaires pour l'usage de leurs instruments, pour leurs observations et pour leurs recherches scientifiques.

L'Europe a reçu tous ces travaux; la contrée qui en fut le théâtre ne pouvait y participer; mais elle savait ce qu'ils méritaient d'estime. A défaut de théories, elle avait des formules que le savant Cassini parvint à appliquer et ne put parvenir à comprendre.

L'année solaire était connue chez les Birmans; et Buchanan l'y a trouvée (2) : elle commence le dix-huit avril, elle comprend trois

---

(1) Laloubère.
(2) *Recherches asiatiques*. 6ᵉ vol.

cent soixante-cinq jours, et elle admet sans doute des intercalations; la semaine est de sept jours distingués, comme ailleurs, par les noms des planètes.

C'est l'année lunaire, toutefois, qui règle les fêtes des Birmans; et le grand travail des intercalations a surtout pour objet, de faire concorder les époques marquées d'après le cours des deux astres ; l'ère birmane n'est pas bien fixée: dans le royaume d'Ava, comme à Siam, on compte de l'an 638 de notre ère, époque où, selon Laloubère, Siam vit régner son premier roi, siècle qui correspond à l'ère des Arabes. L'ère de Bouddha cependant datait à Siam, au temps du voyage de Tachard, de l'an 544 avant l'ère de Jésus-Christ : c'était l'époque de Sommona-Codom, et le siècle aussi de Zoroastre ; l'année siamoise, numérée 2231, répondait à notre an 1687. Laloubère a reconnu aussi l'usage du cycle asiatique, composé partout de soixante ans, et dans lequel les mêmes noms d'années se répètent chacun cinq fois; car douze noms seulement sont admis dans la composition du cycle.

L'astrologie, plus que l'astronomie, fut toujours un sujet d'étude dans la presqu'île orientale de l'Inde ; le problème des carrés, qu'on y appelle magiques, communiqués par Laloubère, a été résolu, sans doute, par le savoir de

Cassini. Mais d'ailleurs, ces applications minutieuses de l'astrologie rappellent, chez les Birmans, les superstitions de la Perse; et les Birmans, tout chargés d'amulettes, se font tatouer les jambes, d'après les lois de la chiromancie.

Les constellations des Birmans sont au nombre de soixante-huit; les figures qui les représentent rentrent dans l'ordre peu élevé des symboles que l'antiquité a presque généralement choisis, pour figurer les signes célestes; les dessins du zodiaque birman ressemblent, pour l'exécution, à ceux des papiers de la Chine.

Le préjugé des castes s'amortit, ou cesse entièrement, partout où règne le culte de Bouddha; il en résulte des chances favorables au développement de l'esprit. Le major Symes, ambassadeur de la compagnie du Bengale, attestait, en 1795, que tout Birman sait lire et écrire la langue vulgaire; Laloubère, un siècle plus tôt, avait fait la même remarque.

Les fêtes sont éclatantes dans cette lointaine presqu'île; le P. Tachard y avait admiré les illuminations et les feux d'artifice : ce genre de luxe, ou de plaisir n'est pas celui du reste de l'Inde; c'est bien plutôt avec les réjouissances chinoises, comme la fête des lanternes, qu'il doit avoir le plus de rapport. Le major Symes vit à Ava des fusées, dont les cylindres comportant sept ou huit pieds de longueur sur trois de circonférence, étaient liés à des bambous de vingt pieds : on les tire en plein jour.

Ces fêtes sont mêlées, quelquefois, d'actes religieux. L'ambassadeur anglais vit, sous les murs d'un temple, des luttes solennelles, où de belles pièces de coton servirent de prix aux modestes vainqueurs; il vit, à de certaines époques moins sérieuses, l'usage autorisé des combats tout joyeux, où l'on se lançait des œufs, et où réciproquement l'on s'arrosait d'eau de rose. Dans les grandes solennités, chaque district se fait représenter par des troupes d'hommes et de femmes ; on les voit défiler sur des chars, ornés de plumes de paon, et de queues de vaches du Thibet ; au milieu de ce concours immense, il ne se commet pas un désordre.

Les représentations dramatiques, dont l'Inde, sous le règne de Vicramadytia et depuis, nous a laissé de si beaux modèles, se donnent en plein air et en plein jour, parmi les Birmans, et cependant, au milieu des lampes et des flambeaux. Le major Symes eut l'occasion d'admirer un de ces spectacles : les costumes des acteurs paraissaient magnifiques; les acteurs étaient des Siamois; et ce peuple, alors vaincu, passait pour savoir, mieux que ses vainqueurs, cultiver les arts de la paix. Il est vrai que le nom de Siamois n'est point celui que ce peuple se donne ; et malgré le despotisme auquel il dut sa longue misère dans la plus riche des contrées, en présence des Birmans vainqueurs, le Siamois s'intitule *Tai*, mot qui signifie homme libre.

La pièce que vit représenter le major Symes était tirée du poème de Valmiki, c'est-à-dire, du Ramayana. Le détail qu'il en donne prouve, malgré quelques noms altérés, à quel point les traditions de ce livre sont scrupuleusement consacrées. Rama combat le chef des démons qui retient Seeta, son épouse, sous le pouvoir d'un enchantement. Rama, blessé d'une flèche empoisonnée, apprend des sages qu'une gomme salutaire peut le guérir; mais l'arbre dont la gomme découle est situé sur une montagne inaccessible à tout mortel. Honymaan, chef des singes, entreprend de trancher la montagne en deux parts; il apporte sur son épaule le bloc où l'arbre s'est élevé. Honymaan guérit Rama, détruit l'enchantement qui arrêtait Seeta, et la pièce se termine par des chants et des danses.

Les mimes, les bouffons, ne sont point bannis de la scène birmane; Laloubère, pendant son séjour, n'avait pas vu d'autres acteurs; mais, dans le nombre de ceux-ci, il parle d'un sauteur qui se précipita d'un point élevé, et s'abaissa doucement à terre, à l'aide de deux parasols attachés à sa ceinture : c'était l'idée du parachute.

Les courses en ballons, espèces de bateaux, sont un des plaisirs de cette contrée; les chasses y sont hardies. Au temps du P. Tachard, le parc, où le roi de Siam prenait ce dangereux plaisir, était une forêt de plus de vingt lieues d'étendue, remplie de rhinocéros et d'autres monstres redoutables.

On illumine à la retraite des eaux, car les grands fleuves inondent le territoire ; on illumine à la récolte ; mais la musique mêlée à toutes ces fêtes, celle des instruments surtout, paraît dépourvue d'harmonie ; on la nomme cependant le langage des Dieux : là, comme dans toute l'Asie, on ne sait point noter la musique. Les bayadères ou balladières, qui dansent et chantent dans les pompes sacrées, ont obtenu le suffrage de l'ambassadeur major Symes ; mais l'on conçoit comment une simple mélodie, accompagnée de pas lents et cadencés, peut, dans une atmosphère de fleurs et au sein de la plus belle nature, suffire à l'imagination.

Les temples presque seuls, dans toutes les contrées, échappent aux étroites dimensions que le besoin de l'homme et ses minces proportions imposent aux édifices destinés à son seul usage. Dans celles où le climat demande peu d'abri, et où la végétation, dans son luxe, se charge partout de l'ombrage, l'architecture ne peut avoir que des formes légères, et ne doit consister qu'en des décorations. Dans les royaumes de Siam, d'Ava, de Pégu, on élève des cabanes de bambous, sur des pilotis, près des eaux ; les habitants de ces cabanes aériennes sont préservés de tout danger, soit de l'humidité du sol, soit des reptiles qui peuvent s'y rouler. Cependant, la ville de Pégu, quoique ruinée en 1757 par le Birman Alompra son vainqueur, annonce une solide construction dans l'étendue d'une vaste enceinte.

J'ai parlé ailleurs des pyramides ou terrasses, que tous les cultes ont édifiées, quand les montagnes n'ont pas servi l'instinct qui dirige, vers les lieux hauts, l'adoration de l'être suprême. Le temple du Dieu d'or, ou de Shoe-Madou, au Pégu, étonna Symes par sa magnificence ; il s'élevait comme un vaste kiosque au-dessus d'un double tertre ; et d'autres temples, dorés de même, pouvaient le disputer à celui-ci. La statue de Gaudma à Ava, colossale et d'un seul bloc, était surchargée de dorures.

Le royaume de Pégu a perdu ses chroniques, à la destruction de son opulente capitale : la poésie y supplée à l'histoire ; les Birmans la cultivent ; ils ont des vers rimés, et composent des poèmes. Les hauts faits d'Alompra, le créateur récent de cet empire, en sont le texte le plus fréquent ; les livres ont d'ailleurs du prix pour les Birmans. L'empereur a donné ses soins à la formation d'une bibliothèque : on y trouve des faisceaux de feuilles de palmier, gravés à l'aide d'un poinçon, enfermés en des boîtes de laque ; quelquefois, un papier tissu de fibres de bambou, vernis et doré soigneusement, est couvert de beaux caractères noirs ou de vignettes précieuses; il se trouve aussi des ouvrages conservés sur des feuilles d'ivoire, et d'autres en caractères blancs, détachés sur des feuillets noirs.

Cette magnificence n'annonce point encore un bien grand progrès littéraire. Cependant, dès le temps où Laloubère vint à Siam, le monarque de ce pays s'était montré épris d'instruction. L'histoire de Quinte-Curce avait été traduite par ses ordres et pour son usage; il faut toujours qu'on réponde Alexandre, à qui demandera qu'est-ce que la gloire? Ce temps, au reste, était celui où nos sages religieux venaient porter dans ces empires le flambeau du savoir; et le tableau des hautes vérités que lui seul peut faire ressortir, c'était le temps des Tachard, c'était aussi celui des Laloubère, des Forbin, des Constance; mais les Anglais se contentent d'exploiter les pays où ils s'établissent : ils ne sèment pas où ils recueillent; et les contrées qu'ils envahissent sont bientôt comme les forêts où la coignée ne cesse de retentir qu'à leur entière destruction.

Les mesures légales, dans la presqu'île, se calculent le plus souvent sur la capacité de la noix du coco, et sur l'épaisseur du grain de riz; et quelquefois le cauris sert de monnaie d'échange. Le monopole des souverains, que la cupidité excite, a éteint toute prospérité.

Quoi qu'il en soit, au reste, de leur domination, les Anglais, depuis quelques années, ont singulièrement concouru aux découvertes les plus précieuses. M. Milne, enlevé récemment à la religion et aux lettres de l'Orient, avait fondé une imprimerie chinoise et malayane à Malaca : il y publiait même un recueil périodique, sous le titre modeste du *Glaneur indo-chinois*. Canton devait aux Anglais une imprimerie importante, dont on craint que le dernier incendie n'ait occasionné la destruction. Une grammaire de la langue pali a été composée dans la terre classique de Ceylan, et sera bientôt publiée par la société de Calcutta. Des travaux ont été entrepris à Pinang et sur le thai, langue siamoise, et sur l'un des dialectes du Pégu. Au reste, Laloubère nous avait rapporté la légende de Tevetat, et des observations sur la langue pali; cette langue, selon ce savant voyageur, comprenait trente-trois consonnes, le siamois en contenait trente-sept; et les voyelles, dans ces deux alphabets, n'étaient guère que des signes, destinés à les modifier. Il semblerait que la langue mandarinique chinoise, et le thai des Siamois, auraient entre eux de frappantes relations, sans parler de l'espèce de chant qui en rapproche la prononciation.

Le docteur Leyden a enrichi le recueil des *Recherches asiatiques* de mémoires intéressants, sur les langues des nations qu'il nomme indochinoises, et qui se trouvent situées entre le Bengale et la Chine : il a cru pouvoir marquer le passage du système monosyllabique de la langue chinoise aux langues polysyllabiques, et diversement compliquées, qui sont admises dans l'Inde. Je ne puis pourtant m'empêcher d'ajouter que le plus grand synologue du siècle a refusé d'admettre en principe que la langue chinoise méritât en effet la qualification de monosyllabique.

Le royaume d'Hyramba ou de Katchar est l'un de ceux que l'on a compris sous la dénomination d'indo-chinois : on y parle le bengali, mais le pays est absolument sans lettres. Les savants de Seram-Pore s'efforcent d'y introduire les caractères bengalis, pour établir des communications dont l'écriture est l'unique véhicule; ni la mythologie, ni les usages indous ne paraissent anciens chez ce peuple; mais on reconnaît sur ses drapeaux le singe, toujours énigmatique, consacré dans le Ramayana.

Lorsqu'au commencement de la période moderne, soumise maintenant à notre étude, l'Océan subjugué eut, sans retour, livré l'Inde aux avides Européens, déjà l'Inde subissait l'oppression des Arabes; déjà les Mongols, plus barbares, y avaient fondé un empire; et pourtant comparable aux jeunes yoguis qu'elle abrite sous ses ombrages, et dont rien ne saurait troubler les méditations ni l'extase, l'Inde restait passive entre tant de rivaux, ses dévastateurs tour à tour; et son immense population ne faisait que resserrer ses groupes. Les chevaliers portugais, dans leur simple rudesse, ne connurent qu'eux-mêmes à Goa; et tels que les Croisés, à la cour des Comnènes, concentrant en eux le Portugal, ils inaugurèrent sa puissance. Albuquerque soutint la croix avec son épée victorieuse, partout où quelque résistance lui révéla un ennemi; mais rarement ce fut un Indou. Bientôt ce seront les Portugais eux seuls, que les Bataves attaqueront dans l'Inde; les Anglais y vaincront les Bataves enrichis; les Portugais alors seront comme étrangers au partage d'une contrée, autrefois leur conquête; la race chrétienne qu'ils ont identifiée à l'Inde, cette tribu que le soleil, en la colorant de ses feux, a de nos jours comme adoptée, s'émeut pourtant encore au nom de Portugal; ce nom pour elle est un titre d'honneur, et l'expression de la patrie.

Ce sont les sultans musulmans que les Européens séduisent, bien plus encore que les rajahs, et qu'ils entraînent dans leurs querelles : c'est dans leurs cours que les Européens font mouvoir d'énormes intrigues, selon l'intérêt de leurs pays : enfin depuis une suite de siècles, et surtout depuis le seizième, les peuples de l'Inde ne sont plus que les habitants de la terre féconde, où le préjugé cruel des castes les divise, et tout à la fois les retient; plus de lettres pour ces nations. La langue des poètes est oubliée; le samscrit est comme embaumé dans les écrits cachés, entre les ruines des temples. Ackbar illustrera son règne par de mémorables ouvrages, mais dans la langue des Persans, et au profit des enfants de Mahomet. Aurengzeb prétendra rivaliser d'orgueil avec le roi le plus grand en Europe, mais il sera toujours Tartare et Musulman. Ce sera le grand Mongol, que le féroce Nadir-Schah viendra accabler à Delhi. La cité périra ! La lutte n'aura été qu'entre ces deux tyrans. Les Anglais, peu à peu, mineront, par la base, le colosse d'empire ébranlé ; ils trahiront l'un après l'autre les khans, les sultans, les nababs ; mais à la fin laissant à part, et comme dans un ordre inférieur, les conquêtes et leur violence et jusqu'à leur déloyauté, ils sentiront, grâce au génie d'Hastings, qu'il est une supériorité morale, que les armes ne peuvent donner, et qu'elles ne peuvent non plus disputer ni ravir.

La société de Calcutta et son fondateur William Jones nous ont enseigné le secret d'une poésie, dont les accents n'avaient jamais été traduits. L'allégorie souvent y garde son mystère ; mais les images qui y abondent brillent de toute leur vérité : telle une grotte où l'écho ne répète que des syllabes; mais d'immenses palmiers l'ombragent, et l'austère sagesse l'a jadis habitée.

Les plus puissants Mongols n'obtinrent presque aucune part à ces nobles secrets. Les brames cédèrent avec lenteur et répugnance aux recherches les plus curieuses. Ackbar, au commencement de notre dix-septième siècle, fut forcé de tromper un brame pour lui faire expliquer quelques points de doctrine qu'il se proposait d'éclaircir. Il fallut toute l'autorité du redoutable Hastings, pour produire au jour le symbole, où les brames furent contraints d'opérer la fusion de leurs dogmes et de leurs systèmes.

Le point de vue est changé nécessairement pour nous; jusqu'à l'époque du seizième siècle nous l'avions fixé en Asie, et dans chacune des contrées qui faisaient l'objet de notre étude; alors nous y pouvions recueillir des productions spontanées, ou tout au moins les résultats d'une culture qui leur fut propre. Aujourd'hui que l'Europe a pris une possession morale partout où elle a pénétré, aujourd'hui que des lumières d'un ordre supérieur ont absorbé les lueurs des antiques flambeaux, c'est de l'Europe, c'est à son jour que nous devons considérer ces mêmes contrées et spécialement celles de l'Inde.

Le célèbre Mahmoud fut l'un des conquérants modernes qui, les premiers, entrèrent dans l'Indoustan. La religion qu'il y apporta éleva des mosquées, entre les hautes pagodes et entre les profondes cavernes que l'allégorie remplissait de tant d'images ténébreuses, emblêmes bizarres des attributs personnifiés de l'être unique et tout-puissant. Les mosquées s'élevèrent, mais l'Indou continua ses longs pélerinages; il sentit que le vague de ses notions natives renfermait un mystère qui consolait son cœur; rien pour lui ne fut d'ailleurs d'un véritable attrait dans un culte allié avec la barbarie; et autour de lui la nature ne demandait même pas une pensée; les arbres se courbaient pour former des berceaux; les fleurs exhalaient des parfums d'ambroisie; partout le confluent des limpides ruisseaux servait de temple à la prière que l'heure du soir commandait; errer jusques au Gange, rapporter de son eau sainte, aller jouir des fêtes célébrées dans les sanctuaires lointains, pour un Indou, c'était tout le bonheur, c'était tout l'objet de l'existence. Un peuple de pélerins ondulait tous les ans sur l'immense surface de l'Inde; ce balancement périodique s'y opère encore en partie, tandis que de toute part l'Européen avide amasse, enlève, et hâte son retour. Ainsi, dans l'Océan, des myriades aquatiques parcourent à la file le vaste empire des flots, guidées par la loi même à laquelle elles obéissent, tandis que des marins intrépides et savants ont besoin de leur courage, pour voguer au-dessus de ses abîmes, qu'ils interrogent à tout moment l'étoile et ne songent qu'à gagner le port.

Le commencement du onzième siècle vit Mahmoud le Gaznevide, accomplir douze expéditions cruelles dans le beau pays de l'Indoustan. Lahore fut dévastée, et quarante mille captifs furent arrachés à Delhi.

Le Guzarate fut le théâtre de la douzième invasion de Mahmoud : le temple de Sumorat fut détruit complètement; temple antique, temple révéré, où des pélerins sans nombre venaient pour adorer, et qui chaque jour était lavé avec de l'eau sacrée du Gange, malgré l'éloignement du fleuve.

C'est à compter de cette époque terrible, qu'une langue nouvelle fut créée, comme par force, dans l'Indoustan (1); les relations inévitables des vaincus avec les vainqueurs contraignirent la parole à y concourir des deux parts. Déjà, dans l'Indoustan, il existait une langue : l'indowi y était l'idiome national; cette langue était-elle antérieure au samscrit, dont en effet elle ne dérive pas? Elle l'avait, en tout cas, remplacé dans l'usage de la vie sociale; cette langue, mêlée partout de mots samscrits et bientôt de mots arabes ou persans, fut modifiée d'abord nécessairement par Mahmoud et par ses guerriers; cette espèce de langage commun, combiné par le seul besoin, fut appelé la langue du camp, et elle devint l'indoustani. Les Musulmans l'écrivent en caractères arabes, car, à l'exception des Oigours, les Musulmans de toute

---

(1) Garcin de Tassy.

nation écrivent généralement les langues avec les caractères du Coran, et l'on possède même des livres espagnols écrits, du temps des Maures, avec ces caractères. Au contraire, dans tout l'Orient, tous les sectateurs des religions qui ne tiennent point à l'islamisme écrivent l'arabe même avec les caractères de leur propre écriture. Les Indous généralement tracent l'indoustani avec les caractères dits dévanagaris, mais peut-être on pourrait demander s'ils écrivent.

Une sorte de patois, qu'on nomme langue maure, s'est formé depuis long-temps entre les hommes d'Europe, et les hommes illettrés de l'Inde; mais on ne peut pas dire que ce soit une langue.

Il existe des poèmes et même des histoires, composés en indowi, et surtout en indoustani : on y traduit des ouvrages du samscrit, comme du persan; cette littérature est toute musulmane : la bibliothèque de Tippoo en renfermait la plus grande partie.

La maison de Ghor parvint à renverser les héritiers de Mahmoud, et toute la race gaznevide. Mahmoud-Ghori fut maître de Delhi, en 1184; et Benarèz, aussi, subit bientôt sa loi. Les successeurs du prince de Ghor furent autant de Mamelucks ou d'esclaves militaires, élevés par leur vaillance et par la faveur de leurs maîtres; l'un d'eux, Turc de naissance, essaya d'attirer Saady et de le faire venir à sa cour; mais le philosophe, déjà vieux, se contenta d'envoyer ses ouvrages.

Je ne me propose point de retracer la succession des guerres dont l'Indoustan ne cessa point d'être le déplorable théâtre. La postérité de Tamerlan s'affermit à Delhi, vers le seizième siècle. Les Patans ou Afghans furent repoussés par elle, et elle sut en triompher; mais dans le cours des dernières luttes, quelque rayon de lumière était venu éclairer les ténèbres d'un long carnage. Baber avait usé de quelques moments de paix, pour composer des commentaires qui, sous le règne d'Ackbar, furent traduits du turc zagatai en persan. Humayoun, son fils, entraîné par l'astrologie, avait mis quelque application à l'étude réelle des astres. Après de nouvelles crises, après de nouveaux combats, Humayoun descendu pour un moment du trône, parvint à s'y réintégrer; Ackbar, son fils, lui succéda. Le Cachemire, le Bengale, les quatre états du Décan, tout, à la mort d'Ackbar, en l'an 1605, avait été soumis au sceptre des Mongols.

Les mémoires de Baber sont l'une des productions les plus curieuses, dont on puisse goûter la lecture (1); rien n'égale la naïveté des récits de l'impérial auteur : il raconte, ou plutôt il ne

---

(1) Leyden et Erskine.

fait qu'indiquer les grandes choses qu'il a faites; c'est dans les détails qui concernent la vie privée qu'il a voulu surtout s'étendre, et qu'il a paru se complaire.

Baber était de race tartare; il était né près des déserts, en 1483, et il mourut empereur à Delhi, en 1530 environ.

De grands troubles avaient suivi la mort du puissant Tamerlan, arrivée à Otrar en 1405; Samarcande se trouvait alors la capitale de l'empire que ses exploits avaient fondé. Dans la lutte des princes de la race des Timour, le célèbre Ulugh-Begh avait conservé Samarcande; cet océan de science et de lumière, ainsi que l'ont appelé les poètes, avait fini par y périr victime de son propre fils.

Roi de Farghana à l'âge de 12 ans, et petit-fils de Tamerlan, comme tous ceux qui s'arrachaient les lambeaux de son héritage, Baber était déjà maître de Samarcande, qu'il avait à peine 15 ans; il prend soin de marquer, d'après les observations d'Ulugh-Begh, la latitude de cette ville à 39° 37', et sa longitude, prise de l'île de Fer, à 99° 16': on attribuait sa fondation à Alexandre. Les plus belles campagnes environnaient cette ville; Ulugh-Begh y avait fondé un monastère, un collége, des mosquées, des bains magnifiques, et surtout un observatoire.

Les jardins de Samarcande étaient, au temps de Baber, peuplés de cyprès, d'ormes, de peupliers; on y avait élevé des kiosques, des pavillons où l'on voyait, représentées en peinture, les victoires de Tamerlan dans l'Inde, et dont plusieurs murailles étaient revêtues en porcelaine de la Chine.

Baber perdit et reprit Samarcande : il eut, durant le cours de sa vie, sans cesse les armes à la main. On ne saurait assez s'étonner du courage, de l'habileté, des trahisons peut-être, et des merveilleuses péripéties que tant de guerres civiles virent éclore et développer. L'Italie, au moyen âge, ne développa guère plus de talents et d'efforts que les régions lointaines de l'Asie, à l'époque de notre auteur. Les poètes célébraient les succès de Baber; lui-même il était poète; il mêle à son récit les vers qu'il compose ou qu'il cite; dans le nombre, je cite moi-même ceux que Baber ajoute à l'aveu d'une défaite : « Celui qui ceint son glaive avec la main de la précipitation, mordra quelque jour cette main avec la dent du regret; » mais comment n'eut-il pas engagé la bataille? « Les huit étoiles étaient, ce jour, exactement entre les deux armées; le jour suivant, elles penchaient vers l'ennemi, et elles lui auraient été favorables pendant un grand nombre de jours. »

Ce malheur me paraît le dernier des grands revers que Baber ait jamais subis; il se trouvait alors si accablé que son âme était devenue son unique société; son cœur, son unique confident. Il reprit courage, toutefois, et il prouva bientôt ce que dit le poète persan : « L'homme de Dieu partagera le moindre morceau avec le pauvre, et le roi n'aura pas plutôt englouti un royaume qu'il en convoitera un nouveau. » Comblé de succès, Baber disait avec un poète turc : « Dieu donne peu ou donne beaucoup ; personne que lui n'a de pouvoir dans sa cour. » Le poète historien, qui nomme tant de poètes, n'a pas manqué de citer les musiciens habiles à jouer du luth, ou à composer de beaux airs ; et de si agréables délassements ne l'empêchaient pas, en certains cas, de faire des chasses immenses à la manière tartare.

Une partie importante des mémoires de Baber est celle de ses descriptions ; et l'on remarque en lui une sorte de passion pour les plus belles productions de la nature. Il faisait venir à Samarcande les melons parfumés de Bokharat ; il faisait recueillir les plus belles tulipes, et il en réunit jusqu'à trente-deux espèces ; il enrichit Caboul des bannaniers, des cannes à sucre qu'il avait trouvées à Lahore ; les fleurs, les fruits et les animaux mêmes, sont décrits dans les mémoires de Baber, de manière à y faire autorité au regard des naturalistes.

Maître d'Agra, Baber y fit de beaux jardins et y construisit un palais ; il ne paraît pas que, de son temps, aucune sympathie se fut encore établie entre les habitants de l'Indoustan, et ceux qui l'avaient envahi ; Baber trouvait le peuple vaincu dénué de beauté d'esprit, de politesse, de toute sociabilité; privé d'architecture, il ne possédait même, ni acqueducs, ni canaux; sa richesse était métallique ou composée de pierres précieuses, et il ne formait guère qu'un peuple d'artisans.

Baber mourut victime de l'amour paternel ; il dévoua sa vie pour celle d'Humayoun son fils, tombé dangereusement malade; et le ciel reçut son vœu : il connaissait pourtant le prix de l'existence ; convalescent déjà d'une maladie grave, il s'était écrié : Je n'avais pas encore su que la vie fut une si douce chose !

Ackbar tient une grande place dans l'histoire de l'Indoustan, car Baber y parut à peine; il ambitionna plusieurs gloires, et les joyaux de son diadème ne furent pas tous ensanglantés.

Musulman, le sultan Ackbar fut étranger au fanatisme. Le Dabistan est plein des discussions illimitées que le scepticisme du souverain se plaisait à éveiller près de lui (1) : le doute, a dit un sage de l'Inde, le doute a submergé le monde ; mais celui-là résoudra le doute, qui aura étudié le monde (2). On trouve, dans le

---

(1) *Mémoires de la société de Bombay.*
(2) *Recherches asiatiques.* 16ᵉ vol.

Dabistan, un dialogue entre un Juif et deux Musulmans de deux sectes fort opposées, l'un est sunnite ou sectateur d'Omar, l'autre schiite ou sectateur d'Ali; les diverses questions sont posées de manière à ce que toutes les solutions en paraissent également vaines. Le deuxième dialogue est établi entre un Chrétien et un Mahométan; l'un invoque le pouvoir du prophète qui fendit la lune; l'autre la preuve testimoniale que personne, jamais, n'a vu la lune fendue.

Le dix-huitième siècle, en vérité, n'a l'initiative sur aucune des opinions dont il a voulu édifier une philosophie nouvelle; un des dialogues composés sous les auspices du grand sultan compte, pour interlocuteurs, un philosophe, un brame, un Musulman, un parsis, un Juif, un Chrétien. Le philosophe terrasse de faibles adversaires, et il proclame que les vertus, leur constante pratique, en vue de plaire à Dieu non à l'homme, et la résignation à la volonté de Dieu, forment la religion véritable. Les pratiques religieuses, ajoute-t-il, ne sont rien; mais au milieu de tant de hardiesse on voit poindre l'idée d'attribuer à Ackbar lui-même une inspiration prophétique; car en essayant de ruiner les prophètes et les prophéties, le sultan essaya de consacrer cette formule : Il n'y a de Dieu que Dieu, et Ackbar est le calife de Dieu. Ce ne fut jamais que pour s'en attribuer les débris, que les despotes, dans tous les siècles, ont attaqué la puissance lévitique de quelque nom qu'elle ait été revêtue. Ackbar, en fondant le déisme, voulait être le chef de la foi. Les sectateurs d'Ali secondèrent ses efforts, par haine contre les sunnites ; Ackbar s'occupa peu de la religion des Indous. L'idéal de cette religion, dépouillé des allégories, se rapproche du pur déisme. Cependant Ackbar fit défense, et d'immoler des animaux, et de laisser brûler les veuves, coutume cruelle qui a subsisté de nos jours et qui peut-être se pratique encore. Plus audacieux, mais non pas plus puissant sous ce nouveau rapport, Ackbar voulut ôter à la religion musulmane le rang de religion de l'Etat : il voulut faire quitter la barbe aux Musulmans ; il tenta de faire une secte, et de tourner les idées du vulgaire vers une sorte de sabéisme ; mais une croyance purement systématique n'a jamais pu se répandre et s'établir. Quarante années après Ackbar, quand le Dabistan fut composé, tout ce travail était oublié ; et cependant des sectes sans nombre se partagent partout l'islamisme, et s'associent partout aux rêves exaltés d'un idéalisme en délire, comme aux rigueurs sans mesure des plus rudes austérités.

Ackbar fit publier lui-même, en langue persane, ses instituts, c'est-à-dire, le recueil des lois qu'il avait faites, et des différents règlements que son nom avait autorisés. Des conquérants, tels que le grand Ackbar, ont toujours quelque chose de vaste dans le génie : leurs yeux ne distinguent pas les lignes intermédiaires; leurs œuvres, trop souvent, manquent par les détails; mais c'est toujours au-delà des limites connues, que leur puissance pose les limites qu'elle pense devoir prescrire.

Le sarcophage d'Ackbar, bâti en marbre près d'Agra, ne fut orné que de son nom; on y lisait ce mot seul : Ackbar.

L'Ayen-Ackbery fut l'ouvrage d'Aboul-Fazil, visir et conseiller le plus intime du sultan; les noms de ces personnages passent unis ensemble à la postérité. Aboul-Fazil, dans ce monument que sa plume nous a laissé, rend aux Indous le témoignage de la pureté de leur croyance religieuse, et de celle de leur désintéressement terrestre. L'auteur arabe du Dabistan rapporte, à leurs systèmes philosophiques, à leur logique déjà analysée, les idées principales émises par Aristote qui les aurait ainsi reçues de Calisthènes.

On trouve encore dans l'Inde des écoles philosophiques; on enseigne dans quelques-unes l'éternité de la matière aussi bien que celle de l'esprit. La figure de ce monde est nécessairement périssable; mais les atômes, qui en sont les éléments, ne peuvent périr; ce sont, on le voit, autant de questions que les antiques écoles de la Grèce avaient également traitées; et dont Socrate plus tard écarta la vaine discussion : la cuve des Danaïdes en peut offrir l'emblême.

Les mémoires de l'empereur Djehanghir, fils d'Ackbar, renferment d'assez longs détails sur quelques événements du règne de ce grand prince, et particulièrement sur ses dernières années. Le chagrin assaillit le trône magnifique d'Ackbar. L'auteur ne craint pas d'avouer que ce fut lui qui fit assassiner le favori de son père, Aboul-Fazil, le rédacteur de l'Ayen-Ackbery, et parce qu'il accusait ce philosophe musulman de détourner son maître des voies pures de l'islamisme, et de l'encourager à provoquer la fusion de toutes les religions connues ; il répète pourtant, et avec complaisance, ce qu'Ackbar lui disait souvent. Dieu, dont il était l'ombre sur cette terre, répandait ses bénédictions sur toutes ses créatures, sans distinction. Cinq parts du genre humain, sur six, étaient étrangères à l'islamisme ; fallait-il donc tout mettre à mort ?

Ackbar mourant donna, au fils qui allait être son successeur, des instructions pleines de sagesse et de tolérance ; Djehanghir les rapporte tant en prose qu'en vers ; et j'y trouve cette belle idée, de faire rayonner les ombres de la nuit, par la ferveur de la prière du soir.

C'était à un pélerinage, entrepris autrefois par le sceptique Ackbar, que Djehanghir avait dû la naissance ; le souvenir, ou plutôt la pensée qu'il en conserva, exerça une longue influence sur les dispositions de Djehanghir; il interdit l'usage de toute espèce de viande dans ses états, le jour anniversaire de sa venue au monde; il fit recueillir, par une commission savante, jusqu'à cinq cent vingt-deux noms de Dieu : le rosaire d'Ackbar n'en contenait que la moitié; il renversa le grand temple de Benarèz dont les idoles étaient en or massif, et il bâtit à la place une mosquée.

Djehanghir construisit de vastes hôpitaux : il bâtit même des villes, il embellit Agra, il en étendit les jardins; et ce fut lui qui fit planter la route, de Lahore à Agra.

Partout l'auteur de ces mémoires vante sa propre bonté : il vaut mieux, disait-il, avoir réjoui le cœur d'un seul individu, que de laisser après soi la charge d'un mulet en or ou en bijoux; et cependant, sans parler du reste, il fit en une fois écraser quatre mille Rajpoutès rebelles, sous les pieds de ses éléphants.

Les mémoires de Djehanghir sont entremêlés de vers, comme ceux de l'empereur Baber; mais sous tous les rapports, ils sont loin de les égaler : ils donnent plutôt l'idée originale de l'existence d'un grand Mogol, que celle des événements de son règne. Il avait trente-huit ans, quand, par un jour heureux, il monta à Agra, sur le trône de son père; le soleil se leva au moment qu'il s'y assit; ce fut d'un favorable augure, car, Salomon lui-même n'avait-il pas placé son trône sur les vents? Le trône, la couronne, exécutés du temps d'Ackbar, étaient d'une excessive richesse. La fête de l'inauguration dura quarante jours et quarante nuits. La magnificence du cortége répondait à tout le reste. Il est difficile de croire que les descriptions de l'auteur ne soient pas, le plus souvent, d'une extrême exagération ; il annonce douze mille éléphants de guerre, vingt mille de moindre taille ; il compte par cent mille les soldats en campagne ; partout il énumère des rubis, des diamants, et toujours des sommes prodigieuses.

Tant de merveilles et de richesses ne purent prévenir les désastres que l'empereur eut à subir, dans un voyage qu'il entreprit vers les belles contrées du Cachemire ; la pompe en était fabuleuse, un froid subit détruisit tout : les chevaux, les chameaux, les éléphants, le plus grand nombre des hommes, tout périt ; et c'est après la relation de ce désastre, et celle d'un très-court séjour en des plaines que le printemps embaumait de safran et de mille fleurs, que Djehanghir cesse d'écrire.

Les voyages de Tavernier, dans le cours de la deuxième moitié du dix-septième siècle, nous offrent le tableau des empires de l'Inde qu'il visita plus d'une fois. Dès cette époque, les Anglais, introduits dans cette contrée par le mariage du roi Charles II, qui leur avait donné Bombay, faisaient battre une monnaie d'or : les Hollandais en faisaient autant ; les Portugais l'avaient pratiqué avant eux. Presque toutes les monnaies d'ailleurs frappées dans l'Inde étaient, à ces temps, musulmanes; les rajahs tributaires venaient généralement s'acquitter en nature; et, dans ce riche pays, des coquilles sans valeur servaient de signes d'échange.

Tout encore était magnifique autour de ce trône mongol, considéré si long-temps en Europe comme l'expression de toute richesse; alors les routes prolongées de Lahore à Delhi, de Delhi à Agra, étaient plantées d'arbres superbes; cette dernière cité renfermait une place immense, où le prince quelquefois se plaisait à des combats entre ses éléphants. Le trésor renfermait une célèbre treille d'or, de rubis, d'émeraudes; mais Tavernier fut étonné de ne pouvoir y compter qu'un petit nombre de ceps.

Je ne puis m'empêcher de remarquer que, dans le nombre des présents offerts par Tavernier à un si opulent monarque et qui en furent accueillis, il se trouvait une rondache dorée, sur laquelle deux sujets avaient été sculptés : l'un représentait le dévouement de Curtius, l'autre, les événements du siége de La Rochelle : le cardinal de Richelieu avait commandé cet ouvrage.

C'était une contrée de diamants que Tavernier visitait, en parcourant les Indes, il y a bientôt deux cents ans. Golconde, Visapour, les livraient dans leur sable, entre les roches à fleur de terre. Le Pégu et Ceylan étaient alors en renommée pour les pierres précieuses de couleur.

Le grand Mogol possédait sept trônes inestimables dans sa capitale somptueuse. Tavernier compta plus de cent huit rubis, chacun de plus de cent karats, sur un seul de ces trônes; le dais était un ciel de perles et de diamants, soutenu de colonnes pareilles, et un paon', tout en pierreries, complétait la décoration. Le possesseur farouche de ces brillants trésors, souillé de sang pour les obtenir, vivait auprès comme un anachorète, et du salaire qu'il retirait de quelque ouvrage grossier, travaillé de ses mains, et vendu pour fournir aux frais de sa subsistance; accablé de vieillesse, il récitait souvent ces vers d'un poète persan : « Pour qui approche de la centaine, la mort prend seulement la forme de la vie. »

Les nababs alors, comme depuis, employaient des Français, soit comme médecins, soit comme ingénieurs; et ces fonctions diverses, en leur assurant tout crédit, leur assuraient aussi toute puissance. Tavernier se vit accueilli avec l'empressement le plus touchant, par un chirurgien sans études qui employait le cuivre des idoles indoues à fondre des canons pour le nabab musulman de Carnate; ce personnage avait servi comme jardinier chez un général hollandais.

Le récit de Tavernier nous indique des usages que le temps et les révolutions les plus cruelles n'ont point entièrement effacés : les vaches, les paons, étaient et sont encore un objet de respect religieux ; les singes aussi étaient sacrés, comme ils n'ont pas cessé de l'être ; il est des villes de l'Inde dont ils semblent former toute la population. Les profanes Européens prennent seuls le droit de les repousser ; et s'ils veulent pour quelque intérêt condescendre au vœu des Indous, ils s'abstiennent de toute violence. Tavernier remarqua un hospice, dans une pagode, fondé pour ces êtres hideux. Je ne sais si l'on a vérifié, depuis ce temps, que les singes formaient deux races ennemies que l'on pouvait exciter à la guerre, en disposant à leur portée des tonnes de riz et des bâtons ; mais toute la fable de Ramayana, dont le dénouement est leur ouvrage, était encore populaire dans l'Inde, à l'époque de Tavernier.

L'inquisition de Goa allumait ses bûchers avec plus de fureur encore que les inquisitions d'Europe. Tavernier, protestant, transigea avec elle, en évitant de porter, même pour son usage, aucun des livres interdits. Un capucin, le P. Ephraïm, n'avait pas été si heureux : les efforts tentés, même en France, pour son salut, eussent peut-être été inutiles ; le sultan de Golconde, qui lui devait ce qu'il avait appris des belles sciences mathématiques, fit retentir des menaces formidables, et il obtint sa liberté.

Les bûchers de Goa sont éteints : ceux des

veuves de l'Inde ont à peine cessé de s'embrâser ; et chacun de ces fréquents et affreux suicides a jusqu'ici appelé vainement le secours de l'humanité.

Ces tribus qui parcourent l'Inde, en transportant à dos de bœufs les subsistances que réclament, ou les provinces, ou les armées, Tavernier les trouva dans le cours de ses voyages ; Anquetil du Peron les rencontra aussi ; il admira ces marches patriarcales qui étaient celles d'un peuple immense, nomade, errant à la faveur du luxe de la création ; on peut encore, je crois, en rencontrer dans l'Inde.

Tavernier, à son retour de l'Inde, vint relâcher sur un rocher qui devait un jour être célèbre ; il se trouvait un vaisseau négrier dans le port de l'île de Sainte-Hélène, et, pendant une seule nuit, deux cent cinquante esclaves s'y précipitèrent dans les flots.

Nous devons à Bernier, un médecin français, la relation des guerres désastreuses d'Aurengzeb contre ses frères qu'il vainquit, tandis que leur vieux père Chah-djehan vivait encore. Bernier suivait alors le malheureux Dara, ou Darius, l'aîné des quatre fils de Chah-djehan, l'arrière petit-fils de l'empereur Ackbar ; le prince Dara semblait avoir retenu de lui cette indifférence religieuse qui, sous l'apparence musulmane, lui permettait de se faire, en quelque sorte Indou, entre les pundits qu'il comblait de ses dons et de ses faveurs; et chrétien, entre les Franguis qu'il cherchait à se concilier, et parmi lesquels il trouvait des chefs pour son artillerie. Le grand Ackbar, avec sa tolérance, inspirait la confiance à ses sujets divers: Dara, faible et vaincu, n'avait pas gagné celle qui produit le dévouement; et Aurengzeb, maître de sa personne, le fit périr audacieusement comme kafir ou infidèle; ce terrible Aurengzeb affectait en effet une dévotion sévère; et ainsi que je l'ai dit, au milieu des délices, sa vie fut celle d'un fakir.

Je ne puis décider à quel point l'esprit se familiarise avec l'odieuse hypocrisie, qui fait servir le langage de la philosophie à masquer des triomphes odieux; nous avons un fragment d'une lettre d'Aurengzeb, adressée à son père qu'il tenait prisonnier: « Les plus grands conquérants, dit-il, ne sont pas toujours les plus grands rois; un barbare peut faire des conquêtes, et ces grands corps mal affermis tombent ordinairement d'eux-mêmes: celui-là seul est un grand roi qui s'acquitte dignement de son auguste métier, et qui fait rendre la justice exactement à ses sujets. »

Bernier nous fait connaître combien, en de pareilles guerres, il appartient au chef d'être l'âme de son parti; Dara, monté sur un grand éléphant, remportait déja la victoire; un traître le décida à descendre de l'éléphant pour se placer à cheval et poursuivre son ennemi; à peine l'éléphant était-il déchargé, que l'armée de Dara prit la fuite; telle on avait vu la déroute des légions de Guatimosin, au Mexique, quand ce vaillant chef, afin de mieux combattre, quitta la place où il leur servait de ralliement.

Le voyage de Cachemire fut fait en dix-huit mois par Aurengzeb délivré de ses rivaux; Bernier l'accompagna, il en décrit la pompe : des astrologues avaient réglé l'heure et le jour du départ, et Bernier nous ajoute que nécessaires partout, comme l'air, l'eau et les fleurs, on les voit, sur la place même de Delhi, satisfaire aux questions multipliées des hommes, et même à celles des femmes qui, sous des voiles épais, viennent aussi les interroger.

Le cortége d'Aurengzeb ne saurait se nombrer : les éléphants, les chameaux, les chevaux, les esclaves, les porteurs, les escortes armées, surpassent tout ce que l'on pourrait concevoir. Chaque jour on trouvait un campement préparé; on conduisait, par faste et par orgueil, des rhinocéros et des lions; des chiens et des panthères devaient servir aux chasses, et plus de deux cent mille hommes devaient s'y employer. La chasse royale du lion n'appartenait qu'au prince; le roi des animaux, pris entre des filets, recevait le coup mortel de la main du monarque qui le suivait sur son éléphant.

Le Cachemire, dès-lors, fournissait les tissus

composés de ce duvet précieux que donnent les chèvres thibétaines.

Effrayé du malheur et de la destruction qui, déjà de toutes parts, assaillaient l'Indoustan, notre compatriote en a cherché la cause; et sans se prévaloir encore d'une philosophie dogmatique, il trouva cette cause dans l'absence des droits de propriété individuelle. Le souverain se considérait comme unique propriétaire; il conférait, ou laissait envahir des parties de son territoire à titre de fiefs, de bénéfices, ou de concessions quelconques. Bernier s'écriait dans son naïf accent : « Détruire la propriété, c'est ouvrir le grand chemin à la ruine et à la destruction du genre humain, à la ruine même des rois, et à celle des états. »

Le gouvernement absolu des successeurs de Genghiz-Khan n'avait pas été sans douceur; et nous aurons occasion de rapporter, à leurs règnes dans l'Inde, quelques établissements de magnificence ou d'utilité scientifique. Les successeurs de Tamerlan parurent n'exercer l'empire qu'au profit des seuls Musulmans; le persan, parmi eux, fut la langue de la cour, et l'arabe la langue savante; le luxe prodigieux des héritiers d'Ackbar sera, en tous les temps, signalé dans l'histoire. L'essence de roses fut aperçue et recueillie, pour la première fois, dans un bain d'eau-rose, préparé pour l'épouse favorite du sultan Chahdjehan, au milieu d'une rotonde de fleurs.

L'invasion terrible de Thamas-Kouli-Khan détruisit la ville de Delhi, où plus de cent vingt mille personnes furent égorgées en sept heures; cette déplorable intervention, fruit des intrigues d'un ministre ambitieux, dépouilla le trône mongol de ses éclatantes richesses, et en ruina même les débris. Un pillage, hors de toute comparaison dans les annales des désastres, suivit ce débordement féroce. Un sceptre souillé de sang fut remis ensuite aux mains du petit-fils d'Aurengzeb, éperdu de tant de malheurs; mais à compter du passage de cette comète destructive, comme disent les historiens de l'Inde, les seiks, les rohillas, les jates et d'autres tribus indigènes, étendirent leur pouvoir; les Mahrattes accélérèrent leurs progrès; le Bengale se sépara, et le territoire de Delhi composa, presque uniquement, l'empire du Grand-Mogol.

Les premières relations de l'Angleterre, et celles de la France dans l'Inde, avaient précédé cette époque : deux compagnies des Indes furent fondées à la fois, en l'année 1601, par Henri IV et par la reine Elisabeth. Bombay, comme je l'ai dit, fut apporté en dot à l'Angleterre, par l'épouse de Charles II; la compagnie acheta Madras, d'un prince mahratte; et dès 1675, l'établissement des Français à Pondichéri avait été consolidé par son habile directeur, nommé alors François Martin.

La splendeur française éclata dans les Indes,

vers le milieu du dix-huitième siècle surtout ; et la gloire, dont nos marins se couvrirent dans la guerre de l'Amérique, s'associa dignement à celle que nos Dupleix et nos Bussy y avaient déjà recueillie ; l'audace, la probité, les talents de nos Français, la franchise de leur caractère, son heureuse flexibilité, leur eussent donné l'empire moral et positif dont l'immortel Dupleix avait posé les bases : l'ignorance des gouvernements, les bornes assignées par des conceptions pédantesques et dédaigneuses, détruisirent de si vastes plans. Il faut au cœur quelque philantropie, aux idées quelque bienveillance, à l'homme quelque confiance dans l'homme qui vient à lui, pour que l'esprit atteigne son développement; il faut que de grandes pensées, en un mot, soient comprises, pour qu'elles reçoivent toute leur exécution. En France, la médiocrité imprime, plus qu'ailleurs, à toute chose, une sorte de mort : la médiocrité, quelque forme qu'elle revête, pressent, devine souvent la supériorité ; mais elle la redoute et la tue ; chez nous, l'art ne consisterait qu'à bien juger les hommes, et à tracer pour eux de larges et belles directions.

Dupleix était simple employé de la compagnie française, quand il en éleva tout à coup la prépondérance à la hauteur de son génie. Créé nabab par l'empereur mogol, il se rendit l'égal des princes : devenu rajah au Bengale, il eut le malheur d'être jaloux lui-même, et de la gloire, et des succès du fondateur de l'île de France; il appartenait à nos chefs suprêmes de prononcer comme le destin, entre ces deux nobles rivaux; ils les détruisirent l'un par l'autre.

La politique de Dupleix avait consisté spécialement à prévenir, entre tant de princes et d'états qui composaient et se partageaient l'Inde, l'oppression tyrannique du vainqueur; elle avait consisté à soutenir les alliés de la France dans toutes leurs diverses fortunes; mais la puissance qui s'élevait ainsi, et par une force réelle, et par le concours des talents, elle appartenait à Dupleix, elle appartenait à la France; et protecteur des faibles, le digne rajah français était l'allié des forts.

Cette influence, haute et morale, soutenue de toute l'énergie militaire de nos Français, était neuve et irrésistible. Dans une contrée comblée de biens et de richesses, nos Bussy, nos Genty, étalèrent par fois un luxe nécessaire; mais, comme dans les mers des tropiques ces vaisseaux triomphants qui tracent un sillon de feu dans la phosphorence des flots, aucun ne daigna s'y enrichir. Le titre de Français; c'était pour tous une noblesse; un trait d'intelligence, un acte de courage, marquait bientôt un prince dans leur nombre; tout était imprévu dans le détail de leurs directions; tout était enivrant dans l'importance et le succès de leurs opérations spontanées : l'héroïsme y brilla partout; l'Europe l'ignora ou y fut étrangère. Cette gloire fut pour elle comme ces cailloux de Golconde qui, sans la taille du lapidaire et l'artifice du joaillier, n'eussent point orné les diadèmes.

L'accroissement de la puissance mahratte s'était associé au mouvement ascendant de nos destinées dans l'Inde. Hyder-Ali se fit souverain de Mysore, et ses progrès furent les nôtres. Suffren servit sa gloire, et en fut servi à son tour; Tippoo-Saïb, en 1788, eut l'idée grande et neuve, du moins dans son objet, d'envoyer jusqu'en France une ambassade solennelle; il demandait trois mille Français: le souverain de la Cochinchine en avait demandé moins encore. La révolution imminente répandait dès-lors, sur la cour et sur l'ordre social entier, la teinte sombre et enflammée qui pronostique un grand désastre; mais n'était-ce pas une providence qui, en ce moment, nous ouvrait l'Inde et sa carrière illimitée? N'était-ce pas une providence qui découvrait encore pour nous, presqu'à la fois, l'immense contrée d'Anam ou Cochinchine? Les Bataves, même à nos portes, appelaient au dehors quelques-uns de ces êtres ardents qui, comme certains gaz élastiques, ont besoin de quelque issue, sous peine de faire explosion. La liberté semblait, en suppliante, venir conjurer les malheurs qui devaient éclater en son nom.

L'admiration qu'éprouvèrent les ambassadeurs, en parcourant la France et sa merveilleuse capitale, leur fit presque oublier qu'au prix de tout le commerce de ses vastes états, le sultan n'avait rien obtenu de leur étrange mission, et qu'il en demeurait exposé au ressentiment de l'Angleterre (1). Les récits de leur voyage excitèrent, on peut le présumer, un sentiment jaloux dans l'esprit ulcéré de leur maître, et le dépit farouche de Tippoo les condamna aux éléphants.

Mais après cet acte barbare, le souverain de Sering-Patnang vit le danger où la puissance des Anglais devait nécessairement l'entraîner. Les ruines qui l'entouraient lui faisaient voir de tous côtés la trahison dans leur alliance. Bientôt attaqué ouvertement, il fut contraint de céder une part de ses états, et même de donner ses enfants pour otages.

Hyder, père de Tippoo, simple soldat arabe, entraîné au fond de l'Inde à la suite de Thamas victorieux, Hyder avait gagné le titre de rajah de Mysore, après s'en être fait régent ; il n'était point lettré ; mais quoique Musulman, il était tolérant ; les idées utiles et élevées lui devenaient propres dès qu'il pouvait les avoir saisies. Tippoo, comme lui, brave guerrier, et plus que lui instruit et d'un commerce aimable,

---

(1) Genty.

ne posséda ni l'énergie persévérante, ni la prudente sagesse de son père; il prit le titre de sultan, sans apprécier celui de rajah mieux assorti aux notions d'un peuple d'Indous : sans doute, il dédaignait d'appuyer sa puissance sur l'opinion d'un peuple qu'il avait asservi ; mais l'ordre social tout entier n'est qu'amalgame et que mélange.

La cour de Tippoo fut long-temps un séjour véritablement enchanté (1). Le prince dirigeait lui-même la machine du gouvernement; il attachait du prix à la conversation ; le soir on représentait pour lui quelque scène dramatique exécutée par les plus jeunes et les plus jolies bayadères; magnifique dans son appareil, dans ses palais, jusque dans ses présents, Tippoo goûtait, dans toute leur plénitude, les jouissances du luxe et de l'abondance ; il était beau de le voir chaque jour recevoir le salut de ses nombreux éléphants ; on lui amenait aussi des tigres couverts de longs manteaux et de chaperons de brocart.

Lorsque la république fut établie en France, lorsque des revers récents eurent aliéné sans retour Tippoo et les Anglais, le sultan ne put voir sans un singulier intérêt l'espèce de club ou de comité qui s'inaugura, dans sa capitale même,

---

(1) *Histoire de Mysore*. Michaud.

le 5 mai 1797, et que tous les Français qui se trouvaient dans l'Inde s'étaient empressés d'y fonder ; l'arbre de la liberté fut planté de leurs mains, et le sultan reçut d'eux le titre de citoyen. Un horloger devint son conseil ; et un corsaire de l'île de France, nommé Ripaud, se présenta et fut reçu comme un ambassadeur français.

La naïve bizarrerie de quelques circonstances peut, sans doute, exciter aisément le sourire ; mais le patriotisme, bientôt, y fait succéder l'expression de l'admiration et presque de l'attendrissement. N'est-il pas prodigieux que quelques hommes obscurs, sans titre que celui de Français, sans lumières que le sentiment de leur pays, de ses intérêts, de sa gloire, et les hautes illusions que fait naître en des âmes fortes le beau nom de liberté ; n'est-il donc pas prodigieux, dis-je, que, loin de leur pays, ces hommes eussent nommé une députation pour obtenir les secours du gouvernement de l'île de France? Les créoles n'eurent pas assez de vues pour apprécier le prodige qu'il leur appartenait maintenant de faire éclater; les préjugés, les ignorances, d'arrières pensées peut-être, arrêtèrent l'effet de cet élan. On peut juger de l'importance qu'il eut acquise, en se rappelant que l'année suivante l'expédition des Français en Egypte allait rattacher tant d'efforts à la puissance de la mère-patrie. Alors aussi, un Français du nom de Raymond, était maître d'une portion d'empire dans le grand pays du Décan; la compagnie anglaise se vit près de périr; mais le marquis de Wellesley, se faisant une dictature au nom de ses talents et d'un danger sans remise, mit le siège devant la capitale républicaine de Mysore. Le désespoir et la valeur du sultan, l'intelligence et l'intrépidité des Français ses auxiliaires, rien ne put dérober le sultan à son sort; il perdit la vie sur la brèche; Sering-Patnang fut emportée d'assaut.

Cette puissance anglaise, alors si imposante et cependant si ébranlée, prit, depuis cette époque, un essor qu'on ne pouvait prévoir. Clives, l'émule de Dupleix en avait été le promoteur; mais les directions des facteurs des deux grandes puissances rivales avaient alors été bien opposées. Aucun sentiment généreux ne guida les Anglais dans l'Inde; trop de fois le monopole odieux des agents de l'Angleterre causa, dans la plus fertile des contrées, des famines épouvantables; regardé comme l'auteur de celle qui la première fit des milliers de victimes, Clives, mis en jugement, fut acquitté à Londres; il se tua de remords sur l'or et les diamants.

Hastings fut le successeur de ce farouche Clives; il marcha sur ses traces; mais les énormités dont il devint coupable seront oubliées quelque jour par l'insouciante postérité; il obtint d'immenses succès; et c'est à lui que les lettres orientales ne cesseront pas de rapporter l'ère qui commence pour elles à Calcutta.

Dans ce chapitre, destiné surtout à l'examen des travaux littéraires, et en général à l'étude des efforts de l'esprit humain, il n'était pas sans intérêt de suivre les progrès des diverses puissances qui secondèrent l'envahissement de l'esprit européen, dans une si belle part de l'Asie. Nous nommerons Hastings dans ce qui nous reste à dire ; mais le grand nom de W. Jones y obtiendra notre premier hommage.

L'influence musulmane s'abaissa graduellement avec la puissance des Tartares, malgré le turban que portent les sultans, assis encore sur le divan des antiques rajahs des provinces. Les princes mahométans avaient encouragé les études astronomiques; plusieurs d'entre eux aussi employèrent leurs soins, et même leurs richesses, à l'embellissement des cités; Aurengzeb fonda des écoles; depuis le règne d'Ackbar cependant, depuis cette grande époque où la philosophie parut se réveiller et reproduire le jeu de ses inépuisables arguments, on ne voit guère paraître dans l'Inde, ni d'ouvrages, ni d'auteurs qui soient dignes d'être cités : c'était sous le règne d'Ackbar qu'Aboul-Fazil, ministre et confident de ce prince, avait composé son histoire et réuni de précieux documents. L'historien de l'Indoustan, Férishta, né à Delhi vers le commencement du dix-septième siècle, vécut et écrivit sous le règne du fils d'Ackbar. Tous les deux, je l'ai dit, écrivirent en persan.

Le gouverneur Hastings avait, ainsi que nous l'avons vu, provoqué la découverte des antiques monuments de la langue sacrée de l'Inde; il avait fait rechercher l'origine des lois de ce pays; les Français, depuis long-temps, s'y étaient occupés, et des Puranas, et des Védes; mais les premières notions répandues sur tous ces objets égarèrent plutôt la science européenne qu'elles ne servirent à l'éclairer. On s'empressa de conclure avant d'avoir pu recueillir assez de données, pour connaître; toutefois, comme il arriva au sultan qui découvrit le Kalila en suivant un vieillard qui devait lui montrer un trésor, ce fut au détour de sentiers mal frayés que l'édifice mystérieux du génie de l'Inde apparut tout à coup aux regards de ceux qui en cherchaient la trace; et W. Jones éleva à Calcutta le phare brillant qui l'indiquera toujours.

Ce fut en 1783 que sir W. Jones, créé chevalier, passa dans l'Inde en qualité de légiste ou de juge. Déjà les muses orientales lui avaient dû plus d'un triomphe; l'arabe, le persan surtout, objet de ses premières études, avaient dévoilé sous sa plume les charmes d'une poésie voluptueuse, comme celle d'Anacréon, et mystique dans le sens que voulait lui prêter une dévotion extatique. A peine au bord du Gange, W. Jones s'occupa de la compilation des lois indoues et musulmanes ; il apprit le samscrit ; ses travaux immortels, rappelés déjà en mille passages de cet écrit, le seront mille fois encore. Un pundit lui adressa des vers dont le sens est à peu près : « A vos regards, sans doute, beaucoup d'êtres doivent paraître entièrement semblables à moi ; aux miens, aucun ne paraît semblable à vous que vous-même : il existe de nombreux bosquets de fleurs qui s'entr'ouvrent pendant la nuit ; mais la fleur élevée au-dessus d'elles ne voit rien comme la lune, sinon la lune elle-même. »

La société de Calcutta fut établie par W. Jones. Un collége fut bientôt fondé près de la société de Calcutta ; et l'imprimerie du Bengale a déjà publié des textes importants, dont peu d'années auparavant on ne soupçonnait pas l'existence.

Je ne pourrais citer ici tous les savants dont la gloire s'associe chaque jour à celle de W. Jones et de ses collaborateurs : je ne puis nommer non plus tous ceux à qui, même avant cette époque, l'Europe devait déjà des travaux précieux sur l'Inde.

La France, dès long-temps, et nous l'avons reconnu, avait donné ce noble signal. Les bibliothèques de la France étaient riches dès long-temps des trésors littéraires amassés dans l'Inde comme ailleurs par tous les agents de sa puissance, même par les braves guerriers qui, sans les expliquer, révéraient, comme sacrés, les monuments des âges. Nos missionnaires, sous le beau nom de brames du Nord, avaient annoncé l'Evangile et rassemblé, près de l'autel où tous les mortels sont admis, quelques-uns des infortunés que les castes déshéritaient des simples droits de l'humanité.

L'étude approfondie des langues avait aussi honoré leurs travaux; les dictionnaires, les grammaires de divers idiômes de l'Inde, avaient été déposés par leurs soins dans les archives européennes; nous possédions des traductions, ou latines ou même françaises, extraites au moins des Puranas : un missionnaire apostolique enfin, le P. Paulin de Saint-Barthélemy, avait donné au milieu de l'Europe, dès 1790, un essai de grammaire samscrite; et le premier peut-être, il avait entrevu le rapport de la langue sacrée de l'Inde avec celle des Romains; mais la création de l'Angleterre devait faire tout oublier. La société de Bombay, celle de Batavia, les établissements de Malaca et tant d'autres encore, où les missionnaires religieux de l'Angleterre ont su multiplier aussi les centres de leurs pieux travaux, les correspondances établies par les savants de Baltimore, tout est le fruit de la grande société du Bengale; deux chaires cependant, l'une de samscrit et l'autre de chinois, ont été ajoutées depuis 1814 à l'enseignement public des langues de l'Orient à Paris ; de savantes illustrations ont fait encore une fois de cette capitale le centre européen des études philologiques relatives surtout à l'Asie. La Société asiatique de Paris, la première fondée en Europe, s'est étendue dès les premiers moments, comme la renommée de ses fondateurs; une société de même nature s'est depuis peu établie à Londres; Vienne voit publier les *Mines de l'Orient*; heureuse émulation qui comble l'intervalle des âges et porte, sur tant de monuments enfouis, le flambeau qui les rend au jour! Telle cette ville grecque, ensevelie sous les poussières embrasées d'un volcan et où pénétrant par hasard, notre siècle eut à contempler tout un siècle, comme surpris durant le sommeil : le théâtre, le forum, les temples, les demeures, les vestiges d'un jour plein d'action, dont une seule nuit nous aurait séparés, tout enfin s'est reconnu ensemble dans sa naïve réalité.

La poésie tient la plus grande place dans les antiques monuments de l'Inde; nous en avons donné la preuve dans les chapitres précédents. Le drame de Sacountala, chef-d'œuvre de grâce descriptive, peinture touchante des plus doux sentiments, est, sans comparaison, le beau des présents que nous pouvions recevoir de l'Inde, et c'est W. Jones qui l'a fait.

Ce chef-d'œuvre a long-temps été la seule production dramatique de l'Inde, dont l'Europe ait eu connaissance; mais une composition de ce genre ne pouvait pas être isolée. Les travaux de M. Wilson ont, depuis peu d'années, comblé ce vide littéraire : il a donné les titres de plus de soixante drames connus; il en a traduit six, entre les plus remarquables; ce précieux recueil comprend des pièces composées en une suite de siècles : il en est une que le traducteur attribue au célèbre Kalidasa; une autre est seulement du deuxième siècle de notre ère, d'autres sont du dixième, du douzième et même du seizième siècle : elles sont toutes en samscrit, entremêlé de prakrit, langage que M. Wilson regarde comme une modification artificielle de la langue samscrite pure.

Ce savant traducteur ne saurait se persuader que l'Inde ait eu un théâtre public, où tout le peuple fut admis, comme il l'était dans les villes grecques; mais il pense que tous ces drames qui commencent par des bénédictions étaient, ainsi que ceux de la Grèce, représentés à l'occasion des fêtes religieuses; il insiste d'ailleurs sur ce que le samscrit n'était plus, s'il l'avait jamais été, la langue populaire des Indous : il croit que la langue académique, dans laquelle ces drames étaient toujours écrits, ne pouvait être comprise et goûtée que par les classes les plus hautes. Quelle que soit sur ce point l'opinion des savants qui peuvent en juger, il est incontestable que les représentations dramatiques des Indous durent être d'autant plus rares qu'elles eurent plus de solennité.

L'art dramatique a été enseigné dans plusieurs poétiques de l'Inde, avec toute la subtilité d'une dialectique sévère; les genres, les caractères des pièces, y sont soigneusement énumérés et définis; ces drames, offerts à notre étude, consistent quelquefois en des scènes de mœurs : quelquefois, le merveilleux aérien y domine; les nymphes, les génies, les fées même y paraissent. Ce qui me surprend davantage, ce sont les expressions délicates de l'amour, dans un pays où les femmes sont réduites à la dernière abjection; mais c'est par l'adoption d'une seconde épouse que se terminent d'ordinaire les intrigues amoureuses des époux inconstants : la première des épouses nomme l'autre sa sœur, et conserve son droit d'aînesse.

Les dévotions spéciales et habituelles sont exprimées sur cette scène de la manière la plus expresse. Les Dieux aiment, est-il dit, ce qui leur est offert d'un esprit humble et respectueux dans l'action et dans la pensée; mais les cérémonies sont faites par les brames.

Les comparaisons, très-fréquentes dans le langage poétique des auteurs, sont presque toutes empruntées des grands effets de la nature : les images les plus familières sont souvent empruntées des fleurs. « Le chagrin est comme un feu dans le cœur de l'infortuné, mais un feu impuissant; il brûle et ne consume pas.

« Que le jeune homme vertueux craigne les charmes de la coquette; ce sont de tristes fleurs; elles croissent sur les tombeaux. »

Le théâtre change si souvent dans une suite de scènes que rien ne lie, qu'on doit presque en conclure que la décoration n'éprouvait en effet aucun changement réel aux regards de l'assistance; c'était à l'imagination du spectateur de suppléer aux accessoires; et je ne doute pas qu'il n'en ait été de même parmi nous, dans les essais du seizième siècle, où l'art dramatique, dans l'enfance, avait besoin de l'histoire d'une passion, faute de savoir en exprimer la crise.

Le Chariot d'enfant, tel est le titre de la première des pièces traduites par Wilson. Le savant traducteur croit cette œuvre du deuxième siècle de notre ère : un brame plein de mérite est tombé dans la pauvreté, pour avoir trop suivi ses penchants généreux; il aime une courtisane dont il est également aimé; cette femme, appelée Vasantesana, réunit tous les dons de l'esprit et de la figure aux qualités les plus dignes d'estime; elle possède de grandes richesses. Un personnage, ignoble à tous égards quoique beau-frère du roi, est devenu épris d'elle : irrité de ses refus, il la fait tomber dans un piége; il l'étrangle de ses propres mains, puis il accuse le brame de cette barbarie. Le brame se défend mal; on le condamne à être empalé : des bourreaux, pris dans les dernières des classes, et cependant humains au fond du cœur, le conduisent au lieu du supplice; mais les proclamations sont longues; le jeune enfant du brame a le temps de venir l'embrasser; son épouse qui n'a paru, ni pour le défendre, ni pour le consoler, a fait préparer un bûcher, et se dispose à mourir après lui; heureusement Vasantesana a été rendue à la vie par les soins d'un esclave autrefois libéré par elle, et devenu moine bouddhiste mendiant : elle va venir en personne pour confondre l'accusation. Un inspiré, à peine entrevu jusqu'alors, détrône sur ces entrefaites le monarque de la contrée. Le brame délivré n'exerce aucune vengeance; son épouse fidèle reçoit la courtisane comme sa compagne à l'avenir; et le nouveau roi, en lui donnant un voile, dégage Vasantesana de son humiliante condition.

Une foule d'incidents sont mêlés à cette fable : le brame principal a près de lui un brame d'un ordre inférieur, du moins selon sa manière d'exister; mais ce parasite un peu grotesque est un ami sûr et constant. Vasantesana remplit d'or le chariot de l'enfant de son ami : elle remet tous ses bijoux, comme un dépôt, entre ses mains; elle épuise la délicatesse pour prévenir la ruine du brame. L'effet ne répond point pourtant à son désir ; car les bijoux sont dérobés, et pour en restituer au moins l'équivalent, le brame accepte et livre le collier que lui abandonne son épouse.

Cette pièce assez longue, et remplie d'intérêt, semble offrir l'Inde tout entière dans ses charmes, dans ses contrastes, dans ses horreurs : c'est un tyran, subalterne sans doute, mais imbécile, mais féroce; c'est un brame condamné au supplice du pal, c'est un tribunal tout inique, c'est enfin un prince détrôné : sectateur de Bouddha, un mendiant nous y fait voir que l'école de Diogène en Grèce, et de certains ascétiques en Europe, eurent dans l'Inde des modèles, ou peut-être des imitateurs, mais assurément des émules. Le brame presque bouffon, qui accompagne partout le héros de la pièce, jouit en certains cas des prérogatives de sa caste; et on le voit dévoué à son ami, jusqu'au bûcher même qu'il affronte. L'intéressante Aspasie de l'Inde, la belle Vasantesana, est un prodige de sentiment; et on la voit bonne et touchante, jusque dans le secret de sa maison, et pour les esclaves qui l'entourent; car, ainsi qu'il est dit par l'un des personnages, la femme est constamment guidée par la nature; et un sage de nos jours a reconnu qu'elle en était toujours plus près. Il y a un grand charme de poésie dans plusieurs des scènes, animées par la présence de Vasantesana, et entre autres dans celle où, surprise par la pluie avec sa confidente, elle vient, sans le savoir, réclamer un abri aux portes des jardins du brame : il se trouve un fort beau passage dans la scène où le prince odieux qui veut la mort de Vasantesana, essaie de décider un de ses serviteurs à commettre ce crime ; il lui demande ce qu'il craint ? Il lui demande enfin qui le verra?... Toute la nature, répond le serviteur, tout le domaine de l'espace, les génies, les bocages, la lune, le soleil, les vents, toute la voûte étoilée, toute cette terre qui nous soutient, l'enfer et ses terreurs, et la conscience enfin.

Le drame intitulé *Vikrama*, ou *Puruvaras* et *Urvasi*, ou autrement le Héros et la Nymphe, est d'un tout autre caractère : il est tiré des Puranas.

Urvasi est une apsara, c'est une nymphe du ciel. Le traducteur fait observer que le nom gracieux d'apsara exprime, en samscrit comme en grec, celui d'Aphrodite, une création de l'écume des mers. La nymphe a encouru la disgrâce d'une divinité d'un rang au-dessus d'elle ; et elle doit, pendant quelque temps, devenir l'épouse d'un mortel sur la terre ; bientôt éprise du roi Puruvaras, elle réussit à l'enflammer, et elle oublie tout pour lui seul.

Cette pièce attribuée au célèbre Kalidasa est une sorte de pastorale, où les demi-Dieux sont en action ; elle renferme des scènes d'un amour si vif et si pur, qu'on pourrait le dire éthéré. Puruvaras, ainsi que je l'ai dit, était célèbre dans les Puranas; il était de la race lunaire par son père, de celle du soleil par sa mère; peut-être quelque jour, aurons-nous à remarquer l'origine de ces noms de races lunaire et solaire donnés dans l'Inde aux antiques dynasties (1), et qui ne faisaient qu'indiquer la considération qui leur était portée, comme aussi leur rang respectif.

Urvasi, nymphe du ciel, a des pouvoirs de fée; elle se rend invisible selon sa volonté; mais ayant franchi un espace que se réservait un génie plus puissant, elle se trouve changée en une vigne chargée de pampres: son royal amant, son époux, la cherche en vain de tout côté; tombé dans le délire, il vient chanter des hymnes, des complaintes, des invocations, même à toute la nature. Les vers de Métastase sont peut-être moins doux que ceux de ces couplets indous que la mélodie accompagne; ce mélange dramatique de dialogues et de chants n'est pas une des moindres singularités que le travail de M. Wilson nous revèle; car dans le drame déjà connu de Sacountala, la reine seule chante une romance, et seulement derrière la scène; mais il me semble que, chez les Grecs, les chœurs étaient souvent chantés.

Des scènes de mœurs vulgaires se mêlent à celles où figurent tant d'êtres de nature supé-

---

(1) Abel Remusat.

rieure. Urvasi a su pénétrer avec sa fidèle compagne dans les jardins du roi Puruvaras; elle a gravé sur une feuille de palmier l'expression de l'amour qu'elle éprouve. La reine est survenue, elle a trouvé cette feuille; en vain le monarque son époux voudrait calmer sa jalousie, en vain il se jette à ses pieds, elle le quitte avec mépris; rien, ce me semble, ne doit plus surprendre qu'une scène de cette espèce, imaginée et figurée dans l'Inde. Plus tard pourtant la reine reparaît; elle est vêtue de blanc; elle n'est parée d'aucun joyau, ses suivantes portent des fleurs : elle regrette son emportement, elle rend au roi sa liberté, elle s'éloigne de lui sans retour; Urvasi se découvre alors, et le roi, à l'instant, la reçoit pour épouse.

C'est après cet hymen, c'est au milieu de ces douceurs que la nymphe, jalouse à son tour, s'égare dans les régions du génie malfaisant; une influence magique détruit l'enchantement de sa métamorphose, et la rend à Puruvaras.

Durant le cours de ce drame singulier, on pénètre un moment dans la demeure d'un sage; on y voit ses disciples occupés nuit et jour à l'entretien du feu sacré : c'est à ce sage hermite appelé Bharata que le poète attribue l'invention du théâtre : il suppose que les Dieux avaient eux-mêmes voulu faire représenter un drame en leur présence, et que la nymphe Urvasi, oubliant tout à coup le rôle qu'elle récitait, n'avait pu prononcer que le nom de Puruvaras.

Je ne puis entrer dans le détail de tous les événements qui terminent cette idylle céleste : on y voit des cérémonies, on y constate des traditions qui devaient tenir à l'histoire légendaire, et des princes, et du pays : on apporte de l'eau du Gange, on entend les accents des bardes, et l'on peut ajouter que les plus vives images, que la plus brûlante poésie, font sentir le climat de l'Inde.

Le drame intitulé *Malati et Madhava* rivalise de renommée avec celui de Sacountala; on nomme l'auteur Bavabhuti : il a dû vivre au huitième siècle près de la ville d'Oudjeïn et à la cour du roi Boja.

Rien de si compliqué que cette pièce, où l'amour, la féerie, les circonstances communes, se mêlent pour former l'intrigue; l'amour, les fleurs, le climat, tout respire dans cet ouvrage.

La passion qui en est l'objet a pris naissance dans les jardins de Cama, de cet Amour de l'Inde; et pendant la célébration de ses fêtes voluptueuses : toutes les jeunes beautés s'y rendent; la princesse Malati y était venue elle-même, assise sur son éléphant, entourée de ses eunuques armés. On voit dans toute la pièce un échange de guirlandes; on voit des images tracées avec un talent qui étonne; car tous les portraits sont ressemblants, quoique rapidement crayonnés ; déjà Sacountala nous avait fait apercevoir ces essais de l'art dans l'enfance, et restés d'ailleurs sans progrès.

Tant d'incidents remplissent les neuf actes de ce drame célèbre, que je suis tentée de le regarder comme un recueil d'imitations ; et malgré le merveilleux de féerie qui le distingue, j'y trouverais peut-être aisément des rapports avec des traits de la mythologie grecque, tels que le sacrifice d'une vierge royale pour appaiser le courroux d'une divinité. Quoi qu'il en soit, on trouve, confondus dans le drame des Malati, d'une part des prêtres et des prêtresses de Bouddha, de l'autre des prêtresses et même des prêtres de génies, plus ou moins affreux et cruels, et dont plusieurs sont féminins et pourraient se retrouver peut-être dans les goûts des contes arabes, et dans les ogres de nos contes. Quelques scènes de déguisement amènent des incidents d'un genre si bizarre, que nos théâtres, je pense, ne les souffriraient pas. Cependant l'imagination et la poésie, qui distinguent ce drame si long, lui assurent un prix singulier ; les descriptions des jardins de l'Amour, les guirlandes échangées, les expressions passionnées, y sont brillantes et brûlantes encore sous le voile de la traduction.

La pièce intitulée *Outtara-Rama-Tchinta* est une suite de l'histoire de Rama, et elle est toute mythologique : on l'attribue, comme la précédente, au poète Bavabhuti ; on la rapporte au huitième siècle : on peut la regarder comme une compilation des traditions consacrées dans le poème du Ramayana et dans une suite de légendes. Rama a retrouvé Seeta : elle a subi l'épreuve du feu, ils sont heureux, elle est enceinte ; mais Rama est instruit des soupçons conçus par le peuple, à cause du long séjour de la reine à Lanka ; il la quitte à regret dans le temps de son sommeil ; il la fait mener au loin et perdre dans les bois : elle met au monde deux jumeaux ; la Déesse du Gange les reçoit. Valmiki, retiré dès long-temps entre les ascétiques d'une épaisse forêt, se charge de leur éducation ; et Seeta se réunit elle-même à des femmes consacrées aussi à une vie tout ascétique. Je ne dirai pas comment une suite de circonstances merveilleuses rapproche Rama de ses enfants et de leur mère, qu'il n'a pas cessé de chérir. Le sage Valmiki fait représenter un drame dont plusieurs êtres célestes sont les acteurs; et ce sont les déesses du Gange et de la terre qui rendent Seeta à son époux.

La pièce intitulée *Mudra-Rackshasa*, autrement l'Anneau du ministre, paraît dater du douzième siècle; elle est entièrement politique. Sandracotte, ou Chandragupta, né dans une classe inférieure, est devenu roi de Palybothra. Son ancien gouverneur, devenu son ministre, regarde, comme une condition de l'affermissement de sa couronne, l'adhésion et les services mêmes du ministre du fils de celui qui avait été roi et qui était appelé Nanda. L'intrigue n'a pas d'autre objet que cette espèce de conciliation, et le succès couronne l'entreprise.

Les détails relatifs aux mœurs sont multipliés dans ce drame : ainsi, parmi les agents de tout genre que le ministre de Chandragupta met en œuvre, on en voit un qui parcourt le pays en montrant ou vendant des figures d'Yama, Dieu qui ressemble au Pluton des Grecs; un autre est un mendiant bouddhiste; un autre fait danser des serpents sur les places.

On ne peut douter que dans l'Inde, comme à Athènes, il ne fut attaché des notions d'augure aux mots fortuitement prononcés; il y a quelque chose de supérieur au matériel de la vie, dans ces idées universelles, et d'oracle, et de prévision.

Resnavali, ou le Collier, termine cet important recueil; et cette pièce aussi passe pour être du douzième siècle; on y voit les mœurs déjà peintes. Je distingue pourtant un incident nouveau : une perruche, ou quelque autre oiseau parleur, répète des mots qui éveillent la jalousie de la reine épouse; mais son esclave Resnavali est effectivement une princesse : une fée bienfaisante la protège, elle devient reine du deuxième rang; cette pièce, comme les autres, est toute pleine de scènes séduisantes d'amour : des vers pleins de délicatesse y expriment des sentiments aussi tendres que passionnés ; enfin ce sont partout des bocages ravissants, ce sont partout des fleurs parfumées et brillantes : on y célèbre l'asoca qui s'épanouit en touffes de bouquets innombrables, dès que le pied d'une belle femme a touché son écorce ; c'est un enchantement que cette poésie.

Les drames, dont M. Wilson ne fait qu'indiquer le sujet, se rapportent presque tous aux traditions mythologiques consacrées dans le Ramayana, ou dans quelques-uns des Puranas : il s'en trouve un dont le singe Honymaan est surtout le héros : ce drame est en quatorze actes ; on le rapporte au dixième ou au onzième siècle ; il en existe du treizième, il en existe du seizième, et l'un de ces derniers passe pour avoir été destiné à la célébration des fêtes du printemps ; il en existe enfin du dix-septième siècle même. Il me semble toutefois que les sujets d'aucune de ces productions ne sont modernes, et que le mérite de leur exécution décline, à mesure qu'on approche de nos jours. Mais il est bien à remarquer que la poésie de toute espèce, et presque toutes les compositions en samscrit dont nous avons la connaissance, appartiennent au nord de l'Inde, et qu'elles ont eu pour théâtre Oudjein, ou autrement Ayodhia.

L'apparition récente du théâtre samscrit

semble avoir dévoilé une Inde toute nouvelle. Les grands poèmes connus jusqu'ici étaient une expression de ces temps héroïques d'où, comme d'un nuage qui se colore à l'horizon, chaque peuple a vu s'élever et resplendir son astre au matin de son existence. Sacountala, drame à peu près unique, du moins à nos regards, semblait appartenir à une autre région que celle où nous avons l'habitude de vivre ; et ce qu'on y découvrait de la terre n'offrait que des bocages fleuris, vrai paradis des demi-Dieux et des nymphes : dans le théâtre maintenant présenté à l'Europe, la fiction met en scène, sans doute, des êtres supérieurs à ceux de notre nature, mais elle y produit avec eux des êtres vraiment existants ; et l'idéal fait place à la réalité.

Mais ce qu'il y a de réel, dans le tableau des mœurs que le théâtre indou nous expose, est justement ce qui m'y paraît de plus étrange et de plus merveilleux ; car sans vouloir parler de rien qui soit vulgaire, on y voit la musique, les vers et la peinture à tout instant mis en usage ; les femmes y sont l'objet d'une sorte de culte, lorsque le Dieu Cama a lancé un de ses traits. Que sont devenus dans l'Inde, et Cama, et les arts ?

S'est-il donc opéré, dans les mœurs qui furent celles de l'Inde, un genre de révolution qui les ait rendues plus farouches, et qui y ait mis la misère. L'Inde, depuis un siècle, dévorée par d'affreuses famines, ne nous fait voir qu'un peuple d'ouvriers soumis, que des troupes de malheureux, vouées chacune et enchaînées à une seule fonction servile. Les brames, tombés de leur trône d'honneur, disparaissent et s'anéantissent. Les bûchers s'élèvent pour les veuves, condamnées à un suicide que l'on qualifie volontaire : vestige dernier, vestige odieux, d'un samanéisme en délire; encore des fêtes cependant; mais où la foule, les fleurs, une pompe encore religieuse, constituent la magnificence.

On paraît croire chez les Européens qu'une caste inférieure devenue dominante par l'épuisement des autres castes, pourra, avec le temps, rajeunir et renouveler l'Inde : si l'augure se réalise, les Soudras en feront une Europe; mais les temps en sont encore loin. Il me semble un champ cultivé en céréales opulentes, pour le succès desquelles, les herbes, les fleurs mêmes, sont arrachées soigneusement : la culture cesse, les herbes poussent, quelques fleurs émaillent le sol; un avide troupeau anime le paysage en venant fouler la campagne; on y verra sans doute une pelouse verdoyante, mais donnera-t-elle jamais d'abondantes moissons?

J'ai indiqué ailleurs, sans doute, les systèmes d'après lesquels les Indous ont donné une mesure au temps, et en ont marqué les époques; mais ces calculs sont presque imaginaires. L'époque du douzième siècle, celle des premières invasions des redoutables Musulmans, semble avoir reculé le passé dont presque tous les monuments s'effacèrent alors pour toujours.

Les connaissances astronomiques semblent restées dans l'Inde aux premiers éléments, et faute sans doute, comme ailleurs, d'y être devenues vulgaires : les ambassadeurs envoyés par un des monarques de l'Inde, à l'empereur Claude en Italie, ne purent, ainsi que nous l'avons déjà dit, obtenir audience qu'en Espagne; et parvenus à son extrémité, ils perdirent sous l'horizon l'astre de Canope qui leur était sacré; mais comme par compensation, ils reconnurent avec surprise que le char de sept étoiles s'élevait toujours devant eux, M. Wilford s'est appuyé de ces circonstances pour marquer les limites du savoir acquis dans les Indes (1). Les Romains gardèrent le souvenir des noms que ces ambassadeurs donnaient aux périodes d'accroissement et de décroissement de la lune : c'était pour eux le jour de pitris, c'était pour eux la nuit de pitris; ces deux quinzaines obscures et lumineuses (2) partageaient le mois en deux parties, et se subdivisaient en quinze : les Védes n'ont indiqué aucune supputation relative à l'année solaire; mais les trois cent soixante jours, et les trois cent soixante nuits de l'année lunaire,

---

(1) *Recherches asiatiques.* 9° vol.
(2) *Mémoires de Madras.*

étaient appelés les fils et les filles du soleil; et les vingt-sept constellations que parcourt la lune, étaient appelées ses épouses.

M. Colebrooke a comparé le texte de l'antique Suria-Siddantha, avec celui du Liliawaty moderne (1) : il n'a point douté que les astronomes indous n'eussent des notions assez précieuses sur la précession si lente des équinoxes, et sur le mouvement des planètes; mais le savant anglais inclinait à penser que les Indous avaient connu l'astronomie des Grecs, avant que les Arabes et le premier d'entre eux, Albategnius, eussent fait faire un pas à la science : le zodiaque de l'Inde est presque entièrement grec.

Le Liliawaty, ouvrage du douzième siècle, suppose la connaissance et l'usage des chiffres que les Arabes ont reçus de l'Inde, et que nous avons empruntés d'eux; il peut sembler bizarre qu'un pareil instrument ait si peu avancé la science des Indous; un voile mystérieux, a dit Delambre, couvre toujours la science mathématique des Orientaux : il est à craindre que ce voile ne puisse jamais être levé.

On ne peut s'empêcher de regretter, pour les Grecs, le secours merveilleux du chiffre, quand on songe aux opérations que tenta le génie d'Ar-

---

(1) *Recherches asiatiques.* 12ᵉ vol.

chimède; l'un de ses traités, l'Arenaire, a pour objet spécial de porter, et les nombres, et la numération, aussi loin que l'esprit pourrait s'en faire un jeu : les signes d'expressions manquaient à Archimède, et son génie ne pouvait y suppléer. J'ignore l'époque où l'Inde a connu ou reçu le chiffre, mais je ne puis le supposer antérieur au temps d'Archimède.

Delhi eut un observatoire attribué aux premiers descendants de Porus; l'époque de cette fondation pourrait appuyer le système qui attribue aux Grecs une part principale dans les vestiges d'astronomie qu'on retrouve chez les Indous.

L'observatoire célèbre de Delhi fut relevé en 1725, par les soins de la race mongole; le rajah d'Ambhera, nommé Jaya-Singha, présida à sa construction; et le gnomon qu'il fit alors dresser, et qui subsiste, est d'une prodigieuse grandeur. Chargé par l'empereur de porter la réforme sur le calendrier, l'illustre astronome dressa soigneusement les tables sur lesquelles se fabriquent encore tous les almanachs de Delhi. On ne doute pas que Jaya-Singha ne fut de croyance musulmane; il avait étudié Hipparque, Ptolémée, tous les astronomes orientaux, et quelques-uns de ceux qui, tels que le célèbre Lahire, honoraient alors l'Occident. Le P. Manuel, un de nos missionnaires, lui avait donné des leçons : le livre de Jaya Singha est écrit en langue persane; et ce fut d'après l'ordre exprès de son monarque que, liant autour de ses reins la ceinture de la résolution, il se livra à de si grands travaux; mais ces travaux sont-ils effectivement le patrimoine de l'Inde?

A l'imitation de nos savants qui, dans ces derniers temps, surent porter à la précision l'importante mesure des arcs du méridien, plusieurs Anglais, aux époques les plus récentes, ont transporté dans l'Inde l'appareil de la science française, et ont mesuré des degrés et même en longitude, sous des latitudes diverses. Des triangulations ont lié les deux côtes, dans la presqu'île occidentale : on a su établir des comparaisons minutieuses entre les mesures prises dans l'Inde, et les mesures exécutées vers la même époque parmi nous. Un arc de dix degrés en latitude enfin, depuis Puma, située près du cap Comorin, vers le huitième degré, jusqu'à Danmergidda, au-dessus du dix-huitième, a été mesuré par le major Lambton, avec des soins inappréciables; et si la diffusion des travaux et des lumières qui en jaillissent est le plus grand moyen des progrès, on pourrait croire que le monde intellectuel est à l'aurore d'un jour nouveau.

Trop étrangère à ces belles applications de quelques-unes des lois éternelles, je ne m'étendrai pas sur un grand nombre de travaux de science que les annales de l'Inde européenne me découvrent à chaque instant; je ne puis taire pourtant les travaux, dont la mesure précise des montagnes y a été le sujet difficile. On ne peut concevoir l'excès de courage dont il faut que soient animés ceux qui préparent à la science des renseignements nouveaux, et dont le mérite essentiel est surtout dans l'exactitude; c'est la chaîne à la main qu'on parcourt, qu'on gravit des contrées non frayées, des monts inaccessibles (1). MM. Moorcrofdt et Hearley parvinrent jusqu'au Thibet, en mesurant et comptant leurs pas durant une route si périlleuse. Les légendes s'effacent devant un pareil dévouement. Plusieurs objets, au reste, entraient dans le plan de ces intrépides voyageurs; mais ils ne devaient point se confondre : le commerce y avait placé l'intérêt de posséder les chèvres, dont le duvet acquiert tant de prix sous la navette du Cachemire. Les géographes, les philosophes peut-être, voulaient déterminer la place des sources divines du Gange; les missionnaires français les avaient indiquées; mais les voyageurs d'Angleterre avaient méconnu ce secours. Partout au reste, et même dans les déserts que MM. Moorcrofdt et Hearley parcoururent, partout des sites consacrés religieusement par un autel, ou même quelquefois par un temple, prouvèrent qu'avant

---

(1) *Recherches asiatiques.* 12^r vol.

aucun Européen, l'Indou pieux et social les avait parcourus ; ces solitudes immenses en perdaient le caractère et l'idée d'isolement qui fait l'effroi de la nature.

La montagne de Meru, le séjour des Dieux, le pivot du monde, selon l'antiquité indoue, se retrouve dans l'Hymalaya : les brames, au sixième siècle, et selon le rapport du voyageur Cosmas Indopleustes, pensaient qu'une ligne tirée de la Chine à la Grèce traverserait Meru comme le centre du monde. Des expériences barométriques récentes ont permis de constater que les monts de l'Hymalaya surpassaient en hauteur toutes les montagnes du globe. En comparant ses résultats à ceux que M. Web, dans l'Inde, avait tirés de ses travaux, le savant qui avait mesuré les cratères du Cotopaxi sut déduire les grandes lois des neiges perpétuelles, et fixer les limites qui leur sont imposées, relativement au niveau du sol, toujours indiqué par la mer.

Le séjour de l'Inde a fourni aux savants de l'Angleterre des trésors d'observations : les influences soli-lunaires, sous les tropiques, se font sentir périodiquement sur tout le système de l'homme, surtout quand il est ébranlé par quelque espèce de maladie (1). Le docteur Balfour les y a étudiées, et il n'a pu douter que, moins

---

(1) *Recherches asiatiques.* 8.ᵉ vol.

sensibles sous d'autres climats, ces influences ne s'y exerçassent encore dans les paroxismes des fièvres : faut-il s'enorgueillir, faut-il s'humilier, en contemplant cet être faible qui, dans ses sueurs, dans ses frissons, est un objet directement atteint par l'action magnétique de ces grands corps qui accableraient toute la terre, s'ils devaient l'approcher de la moindre distance?

L'oscillation diurnale et septenaire du mercure dans les baromètres, a été reconnue surtout sous la température de l'Inde (1). Des expériences sur les réfractions terrestres y ont été tentées avec un avantage particulier; le lieutenant Warren en a su rapporter la plus grande variation à celle de l'humide, dissous dans l'atmosphère. Les barbes d'un gramen de l'Inde ont fourni, au lieutenant Katter, l'hygromètre le plus parfait.

Le jardin de Calcutta réunit ou doit réunir les richesses végétales les plus rares et les plus précieuses. L'Europe en a reçu des catalogues intéressants; quelques-uns de ces végétaux, encore peu connus en Europe, offrent à la médecine des ressources décisives; M. Roxburg en décrit plusieurs dans les Recherches asiatiques.

Il est digne d'observation que ce savant botaniste ait entrepris de faire peindre toutes les fleurs que son jardin particulier renferme, par

---

(1) *Recherches asiatiques.* 9ᵉ vol.

des peintres de l'Inde même; mais, sans doute, il voulait une imitation minutieuse, plutôt que l'idéal d'un tableau.

C'est surtout sous le rapport de leurs consécrations religieuses que les arbres, dans l'Inde, ont été célébrés : il en est un dans l'île de Kebir-Bear près Bombay qui couvre, en une suite d'arcades, jusqu'à quatre acres de terrain, et que les voyageurs disent élevé comme une colline (1) : il passe pour avoir germé du curedent qu'un saint, autrefois, avait laissé tomber à terre : un temple a existé jadis sous ces berceaux; les pélerins y viennent encore. Le palmier, presque seul peut-être, ne paraît pas être dans l'Inde l'objet d'une consécration; mais ce végétal est pour l'Inde comme la providence elle-même. Les Anglais, néanmoins, songent moins à multiplier le palmier, qu'à propager l'arbre du Teck propre aux constructions maritimes; et depuis qu'ils l'ont découvert dans la presqu'île orientale, ils en font près de Calcutta des plantations très-étendues.

Brama, dans l'Inde, n'a pas de temples voués sans partage à son culte, mais les forêts lui sont spécialement consacrées : il existe un rapport de sympathie morale entre les végétaux, qui embellissent la terre, et l'homme pour qui leur

---

(1) *Nouvelles annales des Voyages.*

harmonie semble uniquement exister; d'autres rapports peut-être s'attachent à leur histoire : ainsi, quelque tradition d'un des premiers états du globe a pu déterminer l'universalité de la consécration du lotus, par la plus haute antiquité : c'est sur les eaux que le lotus étale ses pampres de verdure, c'est dans les eaux qu'il prend naissance; et ses fleurs mystérieuses se montrent ou se dérobent, selon que le soleil se lève ou disparaît.

C'est une des plus antiques allégories de l'Inde, que l'épanouissement du lotus sur la poitrine de Brama, endormi et voguant sur la mer de lait, couché sur les replis du serpent Adyssechen. Les bouddhistes de la Chine, dans leur cosmogonie, font reposer le premier des vingt étages, dont ils font autant d'univers, sur une fleur de lotus appelée fleur des pierres précieuses; et comme cet étage occupe sur le lotus la place du pistil ou de l'ovaire, on désigne le système entier des vingt étages d'univers, par le nom de graines des mondes(1). Cette dénomination, qui nous semble d'abord hardie, ne doit pas élever nos pensées jusqu'à la création éventuelle et future de planètes ou de soleils, qui n'attendraient que l'impulsion pour rouler aussi dans l'espace. La graine de mondes est l'expression figurée, selon

---

(1) Abel Remusat. *Journal des savants*.

l'organisation du lotus, d'un système tout imaginaire, et qui, tel que le treizième étage qui en fait partie, s'il est porté par des fleurs de lotus, n'est soutenu avec cette corbeille que par des tourbillons de vent de toutes couleurs.

La philosophie de l'Inde n'a été véritablement sondée que depuis un petit nombre d'années; le courageux Anquetil, qui rapporta de Surate les derniers monuments du Zend et les liturgies de Zoroastre, Anquetil avait traduit également l'Oupnekah; ce travail littéral, présenté en latin barbare, avait besoin pour être apprécié de l'analyse lucide qui en fut donnée en français; cette analyse lui prête une sorte de logique qui ne lui appartient pas; mais elle n'y ajoute ni un système, ni une idée; nous avons dû parler de ce précieux extrait des Védes, qu'Anquetil sut tirer des manuscrits persans. Halhed en publiant, dès le siècle dernier, les lois, ou plutôt la morale sociale et dogmatique de l'Inde, sous le nom de code des Gentoux, avait joint aussi un fragment de cet Oupnekah dont il avait eu connaissance. Les lois de Menou, publiées plus récemment encore par W. Jones, ont également le caractère propre aux codes de l'antiquité : elles sont un recueil de préceptes moraux et religieux, soit à l'usage de ceux qui exercent le pouvoir à peu près comme un sacerdoce, soit à celui des sujets qui leur doivent obéissance ; ce sont des exhortations réduites quelquefois en réglements; mais seulement en ce cas pour les pratiques secondaires; l'histoire qui sert de base à ce pacte moral, parce qu'il est religieux, lui imprime, comme nous l'avons vu, le sceau d'une sanction divine; il renferme le résumé des traditions de la création et de toutes leurs allégories.

Les lois sont encore maintenant une des quatorze grandes sciences honorées parmi les Indous (1). La législation de l'Inde n'a point toujours été et n'est pas maintenant uniforme ; les brames ont obtenu au nord une prééminence plus marquée que dans les parties méridionales. Le midi de l'Inde a des institutions plus anciennes que celles qui y ont été introduites par le nord. Les Indous étudient toutefois sur ce sujet quelques livres assez modernes ; ils y retrouvent leurs lois, c'est-à-dire, ces réglements qui dérivent, chez tous les peuples, d'un sentiment commun du juste et de l'injuste, et ainsi d'une base de droit, dont le principe est le même chez tous.

La haute philosophie est comprise dans les Védes : elle se lie, dans l'Inde comme ailleurs, à tout ce que l'antiquité a jamais révéré dans la religion ou les lois ; mais les recherches modernes ont appris à l'Europe, qu'il existait dans l'Inde plusieurs sectes philosophiques ; or,

---

(1) *Mémoires de Madras.*

entre les systèmes qui les ont divisées, les uns se rattachent absolument aux Védes ; les autres passent pour entièrement incompatibles avec ces livres consacrés.

Parmi les orthodoxes, le Pourva-Mimansa tend presque exclusivement à appliquer, à l'interprétation des Védes, les règles de l'art de raisonner. L'Outara-Mimansa autrement Vedenta, cherche, dans les Védes mêmes, une psychologie qui va jusqu'à nier l'existence de la matière. Le Nyaya repose essentiellement sur des règles de dialectique presque semblables à celles qu'Aristote a fixées; le Kanadi renferme une doctrine atomistique, mais ce dernier système n'est qu'à demi-orthodoxe. Il en est de même du Sank'hia subdivisé en deux parties, le Sank'hia proprement dit, et le Yoga : ces deux parties d'un même système, et la première surtout, ont le plus grand rapport avec la doctrine des Djains et des sectateurs de Bouddha; une foule de traités, et d'opinions hétérodoxes, viennent plus ou moins s'y rattacher.

Les traités de philosophie réputés hérétiques sont nombreux, et ils contiennent surtout les dogmes de la secte des Djains. Les auteurs attachés au système du Sank'hia ne craignent pas de les citer souvent. Sank'hia, selon les uns, veut dire nombre et raisonnement ; d'autres définissent le Sank'hia la découverte de l'âme au moyen de l'analyse. Kapila passe dans les écoles pour le fondateur du Sank'hia. Il serait permis de mettre en doute si l'existence de ce personnage fut réelle ou mythologique : il a passé pour le fils de Brama, et même pour une incarnation de Wishnou ; mais l'œuvre qu'on lui attribue est de plusieurs siècles plus moderne. L'Inde n'a pas de chronologie.

On a distingué trois écoles nées de celle du Sank'hia ; l'une semble théiste, elle reconnaît un Dieu suprême ; l'autre est athée, en ce sens qu'elle n'admet ni créateur, ni providence, mais seulement des êtres supérieurs à l'homme, et pourtant soumis comme lui au changement et à la transmigration : cette doctrine est celle des Djains. La troisième école considère la nature comme une illusion ; et l'on ne saurait affirmer que la cosmogonie des Puranas fut opposée à cette idée bizarre.

Eviter la transmigration, et ainsi une seconde existence ici-bas, semble le but principal de l'enseignement philosophique. La vraie science, a dit Kapila, peut seule nous délivrer du mal : une foule de Dieux secondaires ont parcouru des périodes successives : le temps, nous dit l'auteur, est difficile à vaincre.

La connaissance de la vérité résulte de vingt-cinq principes : c'est d'abord la matière éternelle prise en masse et que l'on connaît par ses effets ; elle produit et n'est pas produite ; et c'est en elle que réside l'origine plastique des choses ; puis, c'est l'intelligence, c'est la triade indoue, c'est le produit de la nature modifiée, qui se manifeste en une seule personne et trois Dieux ; c'est en troisième lieu la conscience, l'égotisme ou le sentiment du moi, enfin ce sont les principes des éléments, et aussi les organes, entre lesquels trois sont appelés les jardins, et dix, les portes. L'âme éternelle immatérielle est le vingt-cinquième principe ; mais la secte théiste écarte l'individualité de l'âme, et la confond dans l'essence d'Iwara, Dieu le maître du monde.

La création qui résulte de l'union des âmes avec les corps comprend tous les êtres vivants, et depuis le moindre insecte jusqu'aux esprits de l'ordre le plus élevé.

Le plus court moyen pour parvenir à la délivrance de l'âme, c'est la dévotion à Dieu, la répétition, la méditation du mot *om*, son nom mystique.

Toute cette métaphysique est nécessairement confuse, malgré la subtilité des distinctions, et peut-être à cause de cette subtilité, et de la différence des systèmes. Je n'entrerai pas dans de plus longs détails sur la dialectique raffinée propre surtout à l'école du Nyaya : celle du Mimansa interprète surtout les Védes, relativement aux applications que la pratique peut tirer des doctrines qui y sont contenues.

M. Colebrooke, auquel on doit les plus

savants mémoires sur cette matière encore si neuve relativement à l'Europe (1), M. Colebrooke considère les Djains comme ayant été primitivement Indous, parce qu'ils admettent les quatre castes ; mais les Djains sont tous d'une même caste : celle des shatrias ou vaïsyas.

Les bouddhistes, dans l'Inde, se confondent plus ou moins avec les Djains. On doit croire que les gymnosophistes professaient aussi leur doctrine ; ils partagent les êtres de tous les règnes de la nature en animés, et en inanimés. Cette distinction s'est trouvée dans les forêts de l'Amérique ; elle y caractérise une des langues principales : ces deux grandes divisions se subdivisent à l'infini dans l'Inde.

Quelque moralité, quelques notions au-dessus des considérations communes, résultent constamment de toute étude philosophique : selon les sages de l'Inde, connaître, c'est approcher de la vérité; atteindre le repos dans l'extase, c'est arriver à la félicité finale ; toute erreur est obscurité, tout contentement est acquiescement, ou autrement résignation; la bonté est en toutes choses la plus imminente qualité : dans le feu, elle produit le mouvement ascendant de la flamme; dans l'homme elle fait la vertu.

Le monde humain est intermédiaire entre le

---

(1) Ab. Remusat. *Nouveaux mélanges asiatiques.*

monde supérieur bon en lui-même, et le monde obscur inférieur. L'assemblage des objets sensibles n'a d'autre but que de démontrer l'existence de l'âme : l'être sensitif, c'est l'âme; l'âme est témoin et spectatrice, elle est solitaire et passive. La nature est comme une danseuse qui se développe en présence de l'âme; quand elle a été vue, elle se retire; tout ce qui passe est réfléchi par l'âme, mais comme l'image par le cristal, sans lui appartenir, sans la souiller.

L'esprit est l'instrument qui effectue l'appréhension de la peine, du plaisir, de toute sensation intérieure; son existence est démontrée par l'unité de la sensation; il n'est qu'un esprit pour chaque âme.

Assurément, on peut bien l'affirmer, il n'est qu'un esprit pour chaque âme; mais n'est-il pas également vrai que l'humanité tout entière est douée aussi d'un seul esprit? La dialectique et ses subtilités ont partout, et toujours amusé cet esprit; mais on doute, si la Grèce les avait reçues de l'Inde, ou bien si l'Inde les lui doit. Nous avons essayé de suivre les gnostiques dans leurs extrêmes distinctions, les Musulmans, dans les nuances de leurs sectes, et jusque dans celles du suffisme qui n'en est que la quintescence. La scholastique du moyen âge, les poèsies, les romances européennes de ce temps, tout atteste le besoin de ces exercices brillants où l'esprit se suffit et s'aiguise en lui-même; et l'on pourrait tracer une ligne aérienne de travaux invisibles, et cependant réels, produits successivement par les intelligences, en remontant du roman de la Rose, aux énigmes de Salomon.

C'est depuis peu d'années que les monuments de l'Inde ont été produits à nos regards. Les cavernes, où se conservent tant d'images emblématiques d'objets sans doute sacrés jadis, sont autant de sépulcres dont aucun charme encore n'a pu suffire à évoquer les ombres; cependant, les arts de l'Europe multiplient les représentations: Sonnerat, Solwins, Daniell, et plus récemment miss Graham, ont bravé les ardeurs d'un climat dévorant, et nous ont donné des tableaux où les rochers de la Salcette et d'Eléphantis, où leurs portiques massifs et cependant hardis, sont représentés avec un grand talent.

Les arts sont nuls maintenant parmi les indigènes : les femmes sans instruction, les femmes sans dignité, ne peuvent donner aux arts aucun encouragement. La barbarie musulmane les proscrit; et l'avide commerce étranger, qui réduit tout à l'industrie, n'est pas propre à les faire éclore. L'Inde n'a point de routes, les pélerins y vont à pied; les grands, en palanquins, n'ont besoin que de sentiers étroits; et le transport des subsistances est devenu comme le patrimoine d'une tribu patriarcale qui promène et conduit, dans toutes les directions, ses innombrables bœufs de charge. Ces nomades, au reste, marchent accompagnés de bardes héroïques, la guitare à la main; leurs improvisateurs célèbrent les guerriers qui sortirent de la tribu; cette mélodie pastorale et nécessairement monotone est cependant la seule qu'on entende dans l'Inde, en exceptant les chants religieux des bayadères.

L'architecture, dans l'Inde, n'élève plus de pagodes, elle ne décore plus de rochers : à peine quelques mosquées, à peine quelques palais, ont-ils, dans les siècles derniers, réclamé quelque emploi de ses règles et de son génie. Aujourd'hui, le Mahométan n'a presque plus à édifier dans l'Inde; et les villes autrefois renommées ne sont plus que des ruines sans échos.

Autant l'Européen se glorifie, de nos jours, quand un vestige d'antiquité vient récompenser sa recherche, autant au seizième siècle, et dans l'Inde particulièrement, les Portugais se firent une religion de masquer partout les bas-reliefs qu'ils ne songeaient point à comprendre, et dans lesquels ils concevaient seulement quelque expression diabolique; cette superstition a conservé toutefois des monuments du plus grand prix : le fanatisme musulman mutilait plutôt et brisait, et plus spécialement les visages. L'intolérance portugaise ne s'occupait que d'ensevelir; et tout ce qu'elle a ainsi caché s'est retrouvé presque intact.

Je ne saurais indiquer toutes les interprétations auxquelles ont donné lieu les monuments de l'Inde; je ne saurais en offrir les nombreuses descriptions. La grotte de Carli pourrait donner l'idée d'une cathédrale gothique (1); mais il est bien bizarre de voir les chapiteaux, ou plutôt la frise des pilastres, ornés de figures d'éléphants montés chacun par un cornac : il est même un autre édifice, où ce sont des singes en file qui remplissent les bas-reliefs au-dessus des colonnes. La grotte de Carli a paru consacrée au culte des Djains : parmi eux, le héros s'élève jusqu'au rang des divinités, ainsi qu'on l'admit dans la Grèce, tandis que chez les brames, c'est la divinité qui condescend à s'incarner, et qui ne dédaigne aucune forme.

Les rochers, de Mahabally près de Madras, paraissent plus spécialement consacrés à Krishna (2), c'est-à-dire, à Wishnou, dans sa huitième incarnation. L'histoire d'Arjoun et des fils de Pandou, rapportée dans le Mahabarat, se lie à celle de Krishna : les parois sculptées en font foi; les tombes des fils de Pandou, au reste, sont semblables à celles qu'on trouve en Tartarie, et ne diffèrent en rien des monuments celtiques.

La pénitence d'Arjoun est le sujet particulier

---

(1) Miss Graham.
(2) Idem.

d'une des sculptures de Mahabally. L'idée de la pénitence et de ses austérités semble fondamentale dans l'Inde; et les efforts de l'ennemi, qui redoute de voir l'ascétique atteindre jusqu'au rang des Dieux, n'y paraissent pas moins consacrés. Les légendes samscrites sont comme la paraphrase du chapitre de la Genèse, dans lequel on voit l'ange des ténèbres conspirer la chute d'Adam.

L'Inde compte de nos jours un grand nombre de contemplatifs, et dont l'état moral finit par ressembler à la démence : ce climat ardent, où l'imagination exerce une si énergique puissance, exalte des fakirs, au point de leur faire endurer des supplices qui se prolongent presque autant que leur vie, mais qui leur obtiennent un respect égal à celui qu'on rend à la divinité. M. Duncan nous a donné, dans les Recherches asiatiques, le portrait et l'histoire de deux de ces hommes singuliers (1); tous deux habitaient Benarèz : l'un s'était imposé de tenir les bras croisés au-dessus de sa tête, l'autre se tenait couché sur un lit de pointes de clous ; ce dernier était un brame qui, depuis l'âge de dix ans, s'était livré à la méditation ; le premier, au même âge, avait fui la demeure de son père : dans l'attitude cruelle qui le rendait illustre, ce pénitent avait visité

---

(1) *Recherches asiatiques.* 5.e vol.

Ceylan, puis, remontant à la mer Caspienne, il avait été à Moscou; il avait parcouru la Perse, et était revenu d'Ormuzd par le Cachemire et le Thibet : on pourrait demander de quelle manière les objets devaient s'allier dans les idées d'un pareil voyageur, et comment ils pouvaient se colorer à ses yeux.

Les grottes d'Ellora, découverte moderne, offrent, dans le désert profond qui les recèle, des cavités immenses ornées avec une magnificence qui doit encore les distinguer (1). La destination des grottes d'Ellora eut sans doute plus d'un objet, et leur décoration eut diverses époques. M. Sykes a pensé que les ornements de ces grottes indiquaient, dans plusieurs, le culte de Bouddha, en d'autres celui de Brama, de Wishnou, de Siva; il y reconnut les scènes des fameuses légendes de Rama; il supposait enfin que plusieurs de ces sculptures pouvaient être attribuées au rajah de Dowletabad, vaincu depuis par les Musulmans, à la fin du treizième siècle : quoi qu'il en soit, le portique principal est chargé de bas-reliefs de tout genre; et de lourdes figures d'éléphants y remplissent les intervalles des colonnes : si les gravures des bas-reliefs principaux ont été faites avec exactitude, l'exécution de plusieurs de ces sculptures est

---

(1) *Recherches asiatiques*. 6.º vol.

supérieure à celle des autres monuments indous ; j'y vois entre autres un autel rond et cannelé, dont le bord inférieur porte sur des figures assises les jambes croisées, et qui tiennent lieu de caryatides ; cet autel est surmonté d'un grand vase de belle forme, d'où sortent des feuilles qu'on prendrait pour celles de l'acanthe : deux femmes sont debout, drapées depuis les hanches ; elles tiennent un flambeau au-dessus de leurs têtes, et par la main, un joli enfant nud : on croirait qu'on décrit un monument de la Grèce.

Les ruines des cités ne sont dans l'Inde que des décombres ; celles dont l'existence n'eut d'autre base que la prospérité d'une race, ou celle d'un conquérant qui les éleva par caprice, ont été éphémères comme eux. La ville de Bijapour pourtant, découverte en 1811, a mérité de sir James Makintosh le beau nom de Palmyre du Décan (1).

Benarèz est comme un amas de temples et de monuments, dont les pundits les plus savants ont peine à démêler la consécration primitive, et dont ils ne peuvent même expliquer toutes les inscriptions.

Comme dans toutes les villes antiques, comme dans toutes celles de l'Orient, les rues de Benarèz sont étroites et tortueuses ; et les pièces

---

(1) *Recherches asiatiques.* 3ᵉ vol.

d'eau stagnante, que renferment plusieurs pagodes, y exhalent dans l'atmosphère des vapeurs trop souvent fétides.

Benarèz, néanmoins, est pour les Indous la ville sainte; elle a servi d'archives aux trésors de leur langue sacrée, et c'est dans ses murs que les brames en ont surtout conservé le dépôt; sa nombreuse population se compose de six cent mille âmes, dont à peine un dixième professe l'islamisme. Aurengzeb affecta d'y bâtir une mosquée plus élevée que toutes les pagodes; mais cet acte de tyrannie ne prouva que son irrésistible puissance.

Delhi, bien plus que Benarèz, a subi les injures d'une cruelle destinée : cette ville, dont le nom samscrit *Indraput* signifie séjour d'Indra, passait pour plus ancienne que l'époque d'Alexandre : dans le cours du dix-septième siècle, le sultan Chah-djehan fonda le nouveau Delhi des matériaux les plus précieux de l'ancien : les ruines de cet ancien Delhi abandonné sont d'une affligeante étendue; leur circonférence a sept lieues: des jardins délicieux, des habitations de plaisance en embellissent encore les environs; on y reconnaît aussi un canal de trente lieues de longueur ouvert jadis par Ali-Marden-Khan; le nouveau Delhi, ou Chah-djehan-abad, n'a pas plus de deux lieues d'enceinte; il renferme de belles mosquées, de magnifiques palais, de vastes jardins. Chacun des palais de l'empereur contient une cour où cent éléphants peuvent être reçus : les sérails doivent contenir jusqu'à trois cents femmes par prince, avec toute la suite nécessaire.

La salle du grand conseil, au rapport de Guillaume Franklin, offre sur une frise de marbre blanc cette inscription en écriture persane : « S'il y a un paradis sur terre, c'est ici qu'il existe, c'est ici. » Les beaux jardins de Chah-djehan ne sont plus pourtant ce qu'ils furent au jour de l'inauguration que ce prince en fit par une fête, après les avoir décorés. L'empire mongol a suivi le destin de ceux qu'il avait subjugués ; il a comme expiré sous le joug des Anglais.

Quelques mosquées se conservent à Delhi ; elles portent des inscriptions : ces édifices construits en pierres, d'un rouge foncé, ou bien en marbre blanc et noir, ont leurs dômes, ornés de lames en cuivre doré.

C'est dans les environs de cette ville deux fois fondée que se rencontre un antique monument appelé Laty-Feyrouz-Chah, ou la canne du roi Feyrouz ; cette colonne est chargée de plusieurs inscriptions en caractères inconnus ; il en est une pourtant dans la langue samscrite, écrite en dévanagari, elle date de l'année 1164 de notre ère. Deux siècles environ plus tard, Feyrouz-Chah, Musulman austère, fit masquer cette colonne par de hauts bâtiments qui la dérobèrent aux regards.

Oudjein, la ville de Rama, subsiste avec quelque prospérité; mais les palais qu'elle conserve sont tous modernes et ont été fondés par des souverains musulmans; la description que l'on pourrait en faire ne rappellerait en rien celle qu'en donne le Ramayana.

Bombay est une ville presque entièrement européenne et qui contient deux cent mille âmes; les parsis, dans ce calcul, n'entrent que pour huit mille au plus; les Musulmans, pour un nombre pareil; les Juifs, pour moitié à peu près, et la population s'y trouve ainsi formée de Portugais et de natifs. Les Anglais, ses souverains, y déploient tout leur luxe, et l'esplanade, chaque jour, est couverte de coursiers et de voitures, comme en Europe : tout surprend le voyageur à l'instant qu'il débarque; les costumes si variés, les teintes si diverses des visages qu'on aperçoit, produisent la plus vive impression. Les maisons des riches sont splendides; les pauvres demeurent non loin de leurs vastes parois, sous des huttes de cocotiers.

Miss Graham, à laquelle on doit une relation pittoresque et intéressante de ces contrées, n'a pu les parcourir sans camper le plus souvent; elle a donné le dessin tout-à-fait oriental du kiosque de bambous, drapé de voiles de mousseline, qui lui servait de tente pendant ses excursions.

Maintenant les dames anglaises affrontent

même les fatigues du voyage de l'Hymalaya : elles ne redoutent point la chasse au tigre; elles montent sur des éléphants; mais c'est une dame française, madame de Freycinet, qui la première s'est associée à un voyage de découvertes, et l'île Rose lui doit son nom.

Calcutta est située d'une manière imposante : le Gange coule sous ses murs, et d'immenses forêts couronnent son horizon; ces forêts, le tigre les habite, et les pèlerins ne cessent pas de les parcourir; ce Gange, divinisé dans sa source et dans tout son cours, des crocodiles vivent dans ses eaux, et, de toutes les parties de l'Inde, des pèlerins viennent y puiser, trop heureux s'ils pouvaient mourir sur ses rivages et s'y plonger en expirant.

C'est au milieu de cette nature si magnifique et si redoutable que l'Europe, transportant son édifice social comme un modèle et tout monté, se présente sous un aspect d'autant plus neuf, qu'à chaque instant il faut ensemble et reconnaître et oublier le déplacement que tout a subi. Lord Valentia assista à un bal; plus de trois cents personnes y étaient réunies; et la variété naturelle des costumes eut pu faire comparer cette fête au bal masqué d'une grande cour.

Lord Valentia parcourut le Bengale; son cortége pouvait monter jusqu'à deux cent quatre-vingt-sept personnes, tant les subdivisions des castes subdivisent aussi les fonctions. Il visita les sultans, les rajahs, les uns ouvertement détrônés, les autres enchaînés sur leur divan, dans l'intérêt de la compagnie souveraine. La puissance de la compagnie créée par la violence, et étendue par un droit sophistique, présentait un buisson tout hérissé d'usurpations ; l'accroissement du dividende était le but unique de ses opérations ; mais le respect accompagnait toujours les relations des chefs anglais avec les souverains leurs esclaves ; un seul peut-être s'y méprit, et le marquis de Wellesley, l'ayant fait rentrer dans le devoir, par une leçon de son interprète, un des courtisans répondit : « Le vent de la royauté avait soufflé sur lui ; il n'a pas su bien démêler si c'était sur ses pieds, si c'était sur sa tête. »

La famille de Tippoo-Saïb était dans une captivité qu'aucun espoir ne pouvait adoucir ; douze fils, huit filles, étaient demeurés après lui ; quatorze enfants déjà étaient nés de son fils ; et toutes les entreprises tentées pour la délivrance de ces princes avaient été réprimées et punies par la compagnie souveraine, comme des crimes et des trahisons.

Un nabab encore opulent offrit des fêtes au vicomte Valentia ; Lucknow en son honneur vit un combat toujours goûté dans l'Inde, celui du tigre et de l'éléphant.

Les Anglais ont fait disposer un télégraphe à

Calcutta, pour l'usage de leur commerce; mais cette grande ville anglaise ne possède pas un théâtre; et Odessa, dont la prospérité est d'une date si récente, en a déjà réuni trois. Les Anglais, de nos jours, ont des imprimeries au Bengale; ils en ont à Malaca, ils en ont même à Hobartown, dans la terre de Van-Diémen; et l'Inde, où leur grandeur ne connaît point de limites, l'Inde ne leur doit encore aucun de ces plaisirs libéraux qui naissent des talents et des arts, et qui rendent l'être social, et meilleur, et plus heureux.

Les fêtes, chez les Indous, ont un objet sacré, et leur magnificence tient surtout à la scène que leur prête la nature, aux fleurs qu'elle y prodigue, à la multitude qui s'y presse. La musique ne peut cependant y obtenir de grands effets; car s'il est vrai que la gamme de sept notes y soit distinctement connue, on comprend que le tambour d'Europe ne saurait y être en usage, à cause du parchemin qui le couvre : l'instrument à vent serait relégué dans les castes que le mépris accable, puisque la bouche aurait à s'appliquer sur les parties déjà souillées de son souffle. Les instruments à cordes se réduisent, dans l'Inde, à ceux qui ne se composent que de cordes de métal, comme le sistre des prêtres d'Isis.

La promenade annuelle du char de Jagrenat, autrement Siva, ou Routren, est une des fêtes les plus fameuses : le cortége, presque en délire, sort d'un temple que décorent deux cent soixante-seize arcades en granit. Tout rappelle dans ces fêtes, et les plus hautes traditions marquées en grandes lignes sur l'horizon des âges, et les tableaux rapprochés et brillants que la Grèce nous fait admirer et chérir. Les draperies dont on revêt les images, le soin de les baigner dans quelque fleuve sacré, ou de les arroser de l'eau du Gange, tandis que chaque jour, et l'huile et le beurre imprégnés de parfums sont employés à leur onction; tout, dis-je, ramène la pensée, et à la pierre où Jacob versa de l'huile pour la consacrer dans le désert, et aux hymnes que Callimaque composa pour la solennité des bains de Pallas.

La fête de Kali ou Dourga a surtout pour objet le bain sacré de l'image de la Déesse; dans la pompe qui l'accompagne, des hommes vêtus en femmes se mêlent aux danses et aux chants; peut-être on trouverait aisément, dans cette pratique, un rapport curieux avec les mœurs efféminées des ministres de la grande Déesse.

Miss Graham a parlé d'une fête de la mouçon qui peut-être est locale à Bombay, mais qui, sans doute, présente un beau et grand spectacle. La multitude s'assemble, et, au lever du soleil, un brame jette à la mer une noix de coco dorée; des milliers de noix de coco sont bientôt lancées à la suite, et peut-être elles vont, portées par les courants, féconder les îles nouvelles que d'imperceptibles travaux élèvent en masses de corail, sur les rochers au sein des flots.

Il s'est perpétué dans l'Inde un usage du même genre et qui tient de l'augure : une jeune fille quelquefois lance, au courant d'un fleuve, une lampe qui brûle dans une coque de fruit ; son cœur suit timidement la direction de cette nef légère ; elle y attache une destinée.

Les femmes, dans l'Inde, sont donc encore susceptibles d'affections tendres. Cependant, fiancées dès le berceau, veuves quelquefois avant d'avoir connu l'hymen, privées du privilége d'en rallumer le flambeau, tenues dans l'abaissement le plus complet et le moins contesté, aucun art, aucun genre d'études, ne vient soulager leurs ennuis. Soixante-quinze millions de femmes, dans l'Inde, sont étrangères même aux plus simples lettres, les seules bayadères exceptées (1) ; et il est trop certain que le malheur, qui les attend dans la carrière de la vie, a fait, de l'infanticide envers les filles, une sorte d'usage parmi les Rajpoutes, aux environs de Benarèz.

Le suicide sacré, qui entraîne au bûcher tant

---

(1) *Recherches asiatiques.* 4ᵉ vol.

de veuves, ou contraintes, ou séduites, avait été soumis à quelques restrictions par les monarques musulmans ; mais il n'avait, jusqu'à ces derniers temps, rencontré aucun genre d'obstacle de la part des Anglais et de leur suprême puissance. Bernier dit qu'il se refuse à raconter l'histoire des *suttis* ou brûlements dont il fut le témoin : le récit en serait trop long. Cependant il fallait de son temps, pour accomplir le sacrifice dans les états des Musulmans, une permission de leurs chefs. Bernier vit de jeunes enthousiastes se précipiter sur le bûcher avec une résolution qui ressemblait à la fureur ; d'autres perdaient courage au moment décisif, et des brames cruels les poussaient dans la fosse embrâsée ; quelques-unes cependant avaient alors été sauvées par de malheureux parias, dont elles devenaient les compagnes ; car les Indous, dèslors, ne les regardaient plus comme vivantes, et les Mongols n'auraient osé les recueillir. Les détails que nous donne le voyageur français prouvent bien que le bûcher est un supplice atroce, quand un dévouement extatique n'en a pas fait un trône de gloire. Les filles de l'Inde sont nourries dans ce cruel préjugé de devoir et d'honneur. On a peine à concevoir pourtant comment l'hymen peut avoir des autels, quand c'est une sentence, et non pas un serment, qu'on y entend prononcer.

La veuve qui s'immole, selon les notions recues, assure le salut de l'époux qu'elle perd, et même celui de sa famille. On exalte de mille manières l'imagination de la victime; pompeusement parée, traitée en héroïne, presque adorée comme une sainte, elle est portée au milieu d'un triomphe; le bûcher la frappe d'effroi, et elle y est traînée mourante. Une pyramide monumentale marque, pour les temps à venir, la place du glorieux sacrifice.

On a calculé qu'au Bengale, en l'an 1815, trois cent soixante-dix-huit femmes subirent l'horreur du bûcher; et en 1816, le nombre s'en éleva jusqu'à quatre cent quarante-deux (1). Les dames anglaises, pour tout témoignage de pitié, se transportaient quelquefois non loin de ces théâtres odieux, et quelquefois elles recueillaient une pauvre fugitive : on en cite une qui devint, il n'y a que peu d'années, l'épouse de son libérateur, et qui reçut le baptême de salut; mais de tels événements sont presque sans exemple.

Une nation, qui de temps immémorial a borné, presque aux végétaux, les aliments à son usage, semblerait devoir conserver un caractère de douceur incompatible avec de si déplorables excès; cependant chez ce peuple, un fanatisme sanguinaire a souvent décidé les plus

---

(1) *Journal des voyages.*

célèbres philosophes à se précipiter tout vivants dans les flammes, pour obtenir plutôt l'unification ou l'absorption de tout leur être dans le tout infini de la divinité et de l'amour. De nos jours encore, les voyageurs nous font connaître un rocher appelé Kedarnath, élevé de plus de onze mille pieds, presque verticalement au-dessus de Calcutta (1) : un temple se trouve à son sommet, et l'unification est le prix du dévouement de ceux qui y montent pour s'en précipiter. Trois femmes venaient d'affronter les périls de cet autre Leucade, quand un Anglais le visita, mais sans aucun autre dessein : aucune des femmes n'avait péri au moment de la chute, mais toutes allaient en mourir.

Les sacrifices sanglants ont eu leurs règles très-précises, et rien ne prouve plus positivement à quel point la pratique en devait être fréquente (2). Nous avons déjà traité ce sujet qui dévoile dans le cœur humain un abîme tout plein d'effroi. Le brame ne pouvait immoler ni homme, ni lion, ni tigre ; l'immolation était le privilége ou le devoir d'une autre caste : la victime, en ce cas, devait être sans tache; on devait l'amener parfumée de sandal, parée de fleurs, et c'était une victime humaine. Peu d'an-

---

(1) *Recherches asiatiques.* 5.° vol.
(2) *Journal des voyages.*

nées se sont écoulées depuis que les agents d'un rajah, qui conserve quelque puissance dans une des contrées du Bengale, furent arrêtés par des postes anglais dans l'instant qu'ils enlevaient un homme, afin d'en faire la victime que leur maître sacrifierait, dans l'espérance de mettre un terme à la stérilité de son épouse favorite.

Le dherma est une preuve nouvelle, et de l'espèce de férocité que les mœurs indoues n'ont jamais dépouillée, et de l'énergie que les caractères empruntent quelquefois de certains préjugés.

Le dherma est une épreuve, par laquelle l'opprimé peut contraindre tout oppresseur à céder devant lui, quel que soit le degré de sa puissance. Ainsi un brame se place à la porte de celui dont il a éprouvé un refus; l'existence de ce brame est sacrée; s'il arrivait qu'il mourût de faim sans avoir changé d'attitude, l'auteur d'un tel malheur serait un sacrilége; et ainsi le brame, capable de persister jusqu'aux derniers termes de la vie, est certain de tout obtenir.

En 1788, on vit des brames, à Benarèz, faire violence aux Anglais mêmes (1); ces brames avaient érigé un énorme bûcher; ils y avaient placé une vache et menaçaient d'y mettre le

---

(1) *Recherches asiatiques*, 4.ᵉ vol.

feu. Depuis cette époque, d'autres brames ont immolé, en manière d'imprécation contre un offenseur détesté, l'un la veuve de son fils, l'autre sa fille enfant, et deux autres leur mère, sans que la mère, la jeune veuve, l'enfant peut-être, accusassent la cruauté de celui qui leur ôtait ainsi la vie.

L'Indou qui prend les armes, et qui, sous le nom de Cipaye, concourt avec le plus brillant courage au succès du parti européen qu'il sert, l'Indou, sous le costume de l'Europe, l'Indou, qui manie l'arme à feu ou le redoutable cimeterre, paisible hors des combats, et jusqu'à l'apathie, garde ses préjugés au risque de tous les maux ; il refuse tout aliment préparé par une caste étrangère à la sienne ; car il perdrait de fait celle à laquelle il tient ; aucune nécessité ne lui serait une excuse. Embarqués sur un navire étranger, les Cipayes jettent à la mer la portion frugale de riz qui allait faire leur repas, si le souffle, si le regard du moindre Européen, a pu seulement l'atteindre ; et cependant aucun emportement n'accompagne jamais ce témoignage, ou de scrupule, ou de mépris.

Nous reviendrons spécialement sur les mœurs, et de l'Inde, et des autres contrées, dont nous voulons scruter les monuments divers ; c'est de l'Europe maintenant que nous y plongeons nos regards. Considérée ainsi, l'Asie se découvre à nous comme une terre spontanément féconde, long-temps chargée de fruits et de fleurs, et sur laquelle celui qui élève aujourd'hui un palais répand le sable en arrachant les moindres brins de verdure. L'Asie n'a conservé, sur la surface du globe, aucune des supériorités qu'assigne l'intelligence, mais son sein les a toutes créées ; et le temps, juste envers elle, doit sans doute les lui rapporter, et ainsi les y renouveler un jour.

Les guèbres ne sont point Indous ; et cependant c'est dans l'Inde que leurs faibles débris paraissent composer encore une nation. Depuis l'époque surtout des proscriptions d'Abbas, Suraie, leur asile, est devenue surtout leur ville sacrée ; c'est là que leurs destours conservent le dépôt de la liturgie de Zoroastre et des monuments de la langue zend, que l'illustre Anquetil du Peron sut conquérir au monde savant. L'envie refusa d'abord à ce courageux Français les hommages dus à ses travaux; elle a fait place depuis long-temps à l'admiration la plus juste.

Si le célèbre Hyde, et si d'autres savants avaient déjà procédé, dans la Perse, à la recherche de fragments épars, tant sur les livres de doctrine que sur la langue qui en renfermait le trésor, si déjà l'abbé Foucher, si déjà l'abbé Mignot, avaient traité ce double sujet avec une sagacité qui tenait de la divination, la traduction complète, et du Zendavesta, et des ouvrages qui y sont accessoires, vint éclairer merveilleusement ce qu'elle ne put pas confirmer ;

et les paroles mystérieuses des fêtes d'Eleusis furent interprétées comme autant de mots zends, comme autant de mots samscrits : nous nous sommes étendus ailleurs sur cette importante matière, et nous ne voulons ici que suivre, dans ses progrès, le jour qu'il appartient à notre siècle de répandre sur le passé, comme peut-être sur l'avenir.

Il est précieux de retrouver, entre les traditions dogmatiques des parsis, plusieurs des opinions reçues par les Musulmans. Les parsis placent un chien devant un pauvre mourant, afin qu'il veille sur les esprits malins qui se disposent à l'assaillir. C'est le chien, mais le chien céleste, qui doit, selon les Musulmans, arrêter toutes les âmes sur le pont redoutable, où l'ange pèse leurs moindres actions. Un mélange de toutes ces notions a pu créer les influences caniculaires qui prirent naissance en Egypte, et produire Anubis, et par suite le Cerbère des Grecs. Mais ce qui doit surtout ici nous occuper, c'est la perpétuité de certaines pratiques dont un peuple plein de vigueur, d'intelligence et de courage, supporte de nos jours les étroites et antiques entraves. A Surate, à Bombay, la crainte de souiller les éléments fit quelquefois hésiter les parsis à éteindre les incendies. On les voit éviter de se servir des armes modernes, afin de ne pas souiller le feu qu'elles font jaillir ; ils plantent des arbres par devoir, et ils répugnent à couper l'arbre qui peut encore donner des fruits; ils exterminent, quand ils le peuvent, l'odieuse couleuvre d'Ahriman; et pourtant le négoce et certaines industries entrent mieux dans leurs goûts que les travaux de l'agriculture. Plus Européens d'ailleurs que toutes les castes de l'Asie méridionale, la force de leur complexion les place bien au-dessus des créoles anglais, que le climat énerve aisément. Leurs mœurs sont généralement régulières; ils s'entr'aident et n'ont point de pauvres. Bombay compte plus de six mille parsis : on les voit, dans cette grande cité, se réunir sur l'esplanade, et saluer par des cris le lever du soleil. Les femmes ne prennent point de part à l'hymne du matin; mais, comme celles des patriarches, elles vont, de leurs mains, chaque jour, puiser l'eau pure des fontaines.

Les seiks, dans le Penjab, ont composé un peuple essentiellement guerrier. Peut-être est-il à observer qu'en Orient, et surtout dans l'Inde, toute agrégation de nation se fonde sur l'opinion religieuse. Mais, en effet, chez ces nations, l'exercice de la puissance est si complètement absolu, que tout ce qui tendrait jamais à s'y soustraire doit être réduit en poussière ou s'en détacher sans retour. L'existence des seiks fut celle d'une véritable secte (1); et le fondateur

---

(1) *Recherches asiatiques.* 11e vol.

de cette secte, Nanac-Schah, se montra à Lahore comme un réformateur, vers la fin du quinzième siècle.

Nanac avait suivi les leçons de Kabir, philosophe ou samanéen, révéré à ce point, que les Musulmans exaltés ont voulu voir en lui un disciple de leur prophète (1). Kabir a laissé des adages, dont quelques-uns ne sont pas sans prix; je me borne à une citation : « Où le sandal acquiert ses parfums, le bambou croît pendant une suite d'âges, et ne saurait en acquérir. » Une sorte de déisme fut annoncé par Nanac-Schah, dont une dévotion extatique faisait toute l'inspiration : l'un des Gourous, ses successeurs, fit des guerriers de ses disciples; les seiks ne connurent plus de caste, et leur chef les appela sinhs, c'est-à-dire, lions redoutables.

Les seiks ont eu des héros; mais l'espèce de république, qu'ils formèrent pendant trois cents ans, est maintenant en partie dissoute, et justement, par suite d'un dissentiment religieux : les uns, fidèles aux institutions d'Hargovind et de Gurugovind, gardent leur attitude guerrière, et suivent aveuglément les dogmes comme les lois que ces chefs ont imposées; les autres, revenus aux directions de Nanac, sont, ainsi que leur premier maître, simplement pieux et pacifiques.

---

(1) *Recherches asiatiques.* 16ᵉ vol.

Ce fut toujours dans le cas d'un soulèvement religieux que la puissance musulmane eut à redouter des adversaires, dans la contrée qui fait l'objet de notre étude : la secte roshénienne, ou des illuminés, fut élevée par Bayazid, à peu près vers l'époque d'Ackbar. Bayazid-Ansari, Arabe d'origine, était Afghan de naissance; ses prosélytes furent des Afghans, dont il fit une tribu guerrière, déterminée à tout dominer par l'épée.

Ce sectaire a écrit, et sa doctrine a des rapports avec le suffisme exalté; l'idéalisme de leur chef éblouit sans doute les Afghans : c'était comme le jeu brillant d'un prisme où le rayon qui se décompose fait éclater diverses couleurs. Les Afghans mirent leur foi en lui, mais ils ne songèrent point sans doute à le comprendre : Bayazid, dès l'enfance, s'écriait : Je vois les cieux, je vois la terre; où est Dieu?

Dans ses ouvrages, il établit que rien n'existe hors Dieu; hors de l'être de Dieu, ce qui est n'a point d'être; le monde matériel n'est rien que la pensée de Dieu. Ame de tout, Dieu se cache dans l'humaine nature, et comme le sel dans l'eau, et comme le germe dans la plante. La philosophie germanique a reproduit de nos jours ces systèmes abstraits; mais en Allemagne, ils n'occupent que l'école; chez les Afghans, ils furent le ralliement d'une secte; et, tels que les airs de musique dont la puissance est toute dans l'impression qu'ils causent, ils échauffèrent des guerriers, et les animèrent au combat.

L'Afghanistan, à proprement parler, est situé au-delà de l'Indus, relativement à Delhi et à l'Inde. Le dix-huitième siècle en vit sortir des hordes forcenées, qui arrachèrent le trône de Perse à la dynastie des sophis, et firent une ruine déplorable de la capitale et de l'empire. Aujourd'hui, la contrée qui leur servit de berceau, partagée entre plusieurs tribus soumises à différentes lois, est le siège du royaume de Caboul et de quelques autres souverainetés.

Le Beloutchistan, et le Sindhy, sont deux parties de cette immense contrée que Pottinger et Christie ont découverte, à quelque égard, quand, en 1809, la compagnie anglaise les y envoya comme ses ambassadeurs. Le génie d'un grand conquérant avait épouvanté les dominateurs de l'Indoustan. Les deux voyageurs diplomates crurent devoir emprunter quelque déguisement ; ils se rendirent à Kelat comme les agents d'un riche Indou entrepreneur des remontes anglaises.

Notre Europe a peine à concevoir l'existence de telles sociétés : Kelat est une grande ville fermée de fortifications et entourée de beaux jardins ; plus de cinq cents des plus riches maisons y appartiennent à des Indous que ce commerce y attire sans cesse ; mais aucun d'eux n'y fixe sa famille, malgré la tolérance dont leur religion y jouit; ils conservent entre eux le dialecte indou du Penjab. Long-temps, Kelat eut pour chefs des Indous; maintenant les chefs sont Musulmans, et ils prennent le titre de khans.

Les Grecs ont appelé Indo-Scythes les habitants de ces contrées : de nos jours, on y trouve le bizarre mélange du luxe et des déserts, du brigandage et de l'hospitalité, de la barbarie et de l'existence de certains pouvoirs modérateurs; et l'état désastreux d'une pareille société nous fait voir, dans tout son danger, le désordre de la force aveugle, là où l'autorité est cependant la plus absolue, et tout à la fois la plus vieille.

Deux nations principales partagent ce grand pays où la population est néssairement peu nombreuse; les Beloutchis parlent une langue qui ressemble au persan, les brames une langue qui ressemble à l'indou du Penjab.

Leurs mœurs d'ailleurs ont peu de différence; ce sont celles des Arabes : ils ont d'immenses troupeaux et sont toujours armés; chaque tribu a son chef, et il se fait entre eux des expéditions collectives pour acquérir, et des esclaves qu'ils traitent avec douceur, et des richesses dont ils n'estiment que ce qu'elles ont de plus matériel.

Les villes éparses sont comme des îles dans ces déserts, où le mirage trop fréquent cause, au voyageur altéré, le supplice affreux de Tantale.

Aucune littérature ne fleurit au milieu de ces plaines sablonneuses; cependant la tradition de Roustem s'y rattache à des pierres énormes, posées dans une même direction; et la distance qui les sépare passe pour la mesure des bonds de son coursier : à peine quelques chants amusent-ils les loisirs de tant de pâtres belliqueux. A Kelat, un Mollah arrivé du Kirman procura, aux deux voyageurs, la plus flatteuse des diversions, en leur répétant le poème persan d'Yousouf et de Zuleikha.

La province de Sindhy, quoique favorisée par le cours de l'Indus, n'offre le plus souvent qu'un désert; Hyderabad maintenant en est la capitale. L'invasion effroyable du féroce Nadir-Schah a dévasté toute la contrée; la ville de Tattah qui fut peut-être jadis la Pattala de Néarque ne compte pas aujourd'hui vingt mille âmes dans son enceinte; elle avait, à l'époque du passage du Nadir, plus de soixante mille métiers chargés de précieux tissus, et un nombre infini de banquiers et de marchands.

Une ambassade s'avançait vers Caboul, et quittait Delhi pour s'y rendre pendant que Pottinger se portait à Kelat. Le cortége, qui marchait à la suite de M. Montstuart-Elphinstone, déployait un faste conforme à son but et à son objet, et tel encore que l'état du pays devait le rendre indispensable (1). Douze ou treize éléphants et plus de six cents chameaux portaient les hommes et les bagages, et surtout les provisions d'eau. Les espaces qui séparent l'Hyphases de l'Acésine, et même l'Acésine de l'Indus, sont trop souvent absolument déserts ; le melon d'eau seul y végète pour la consolation du voyageur doublement épuisé de l'illusion du mirage. L'Indus, lui seul d'ailleurs, est toujours navigable; et les autres fleuves du Penjab ne sont guère que des torrents. Les Anglais transportèrent leur provision d'eau dans des outres ; mais le préjugé des Cipayes de leur suite les obligea d'enfermer, dans des vases de cuivre, l'eau qui leur était destinée.

C'est une succession bien étrange d'impressions que celles qu'offrent de pareilles contrées. Des villes s'élèvent entre les sables; et, dans ces villes, les maisons ornées de stuc, meublées de satins de la Chine, de tapis somptueux, sont entourées de vergers et de jardins, et embellies de fleurs et de parterres que rafraîchissent de petits ruisseaux. L'urbanité persane y règne ; et chez un riche commerçant en soieries, au sein d'une prospérité née de la civilisation, on s'entretient, sans montrer de surprise, d'une tribu assez voisine, à laquelle on doit supposer

---

(1) Montstuart Elphinstone.

des habitudes cannibales : il est bien vrai que l'Afghanistan compte, dans une population de plus de vingt-quatre millions d'âmes, une foule de peuples divers ; le royaume de Caboul n'en fait qu'une partie, et les tribus qui reconnaissent la domination de son souverain ne lui sacrifient pas toute leur indépendance.

L'indépendance effectivement, plus encore que la liberté, se conserve parmi des chefs dont les tribus forment autant de républiques assez puissantes. Les Afghans résistèrent aux armes de Genghiz-Khan ; mais un descendant de Timour, Baber, parvint à s'emparer de Caboul, et réunit cette espèce d'empire à celui dont il avait fixé le siége à Delhi; les Afghans non soumis, retirés dans les montagnes, s'en échappèrent pour ravager la Perse et y couronner leur sultan. Thamas brisa ce sceptre encore inondé de sang; l'empire de Delhi ressentit ses fureurs, et le royaume de Caboul, sorti de l'oppression, reconstitua son existence.

C'est une tradition générale parmi les Afghans, que leur origine se reporte aux tribus mêmes d'Israël par Afghan, petit-fils de Saül. Les captifs dispersés au temps de Salmanasar se seraient réunis plus tard à leurs frères de l'Afghanistan.

Les mœurs, chez cette nation, sont généralement pastorales ; mais la culture non plus ne leur est pas étrangère ; le pillage est pour eux un droit féodal et guerrier. Devenus Musulmans, après avoir été sectateurs de Bouddha, les peuples de l'Afghanistan ont pour loi celle de Mahomet que divers usages modifient : ils ont des assemblées qu'ils appellent Jurgha; le chef qui les préside récite une prière, et répète ce vers en pusthou : « Les événements sont à Dieu, la délibération est accordée à l'homme. »

A cet aspect de fierté mâle qui distingue l'habitant du royaume de Caboul, si le voyageur qui arrive de l'Europe trouvait encore des motifs de le plaindre, celui qui vient de l'Inde se sent pour lui tout plein d'estime, et sympathise à son bonheur.

Entre les tribus pastorales, celle des Dourannées est la plus imminente en richesses, en bravoure guerrière, et même en civilisation : leurs traits sont beaux, et tout en eux atteste de nobles patriarches.

Leurs chefs, comme ceux de toutes les tribus, se tiennent toujours près du roi; les maisons qu'ils occupent sont vastes et sont simples, et cependant enrichies du luxe oriental.

Le peuple de l'Afghanistan habite les villes, de préférence dans les parties orientales de la contrée : la civilisation qu'il y déploie paraît surtout empruntée de l'Inde. Les Afghans de l'Occident habitent surtout la tente; mais c'est essentiellement chez eux que l'on rencontre le plus d'aptitude à goûter les plaisirs paisibles des vers, du chant, même de la danse; la civilisation de ces pays paraît retenir une nuance persane.

Les villes principales comptent jusqu'à cent mille âmes, telle celle de Peshaver, celle de Caboul, celle de Candahar. Les fleurs de toute espèce, les roses en abondance, parfument les demeures et enlacent les vergers ; car partout où le commerce choisit un entrepôt, une source de prospérités ne tarde jamais à jaillir. Le Cachemire, de nos jours, est soumis aux Afghans et spécialement aux Douranniens, et sa ville principale compte deux cent mille âmes.

La langue de l'Afghanistan est le pushtou : le peuple s'y donne le nom de Poushtou; celui d'Afghan appartient à la langue persane, celui de Patan, à la langue indoue ; et les Arabes lui donnent celui de Solimanien, en mémoire sans doute de la tradition d'Israël.

Le pushtou tire ses racines, ou du moins ses substantifs matériels, d'une langue encore inconnue, mais avec laquelle le zend et le pelvi paraissent avoir d'intimes rapports : le persan et l'arabe ont introduit beaucoup d'expressions dans le pushtou. Les Douranniens lisent tous l'arabe pour leur instruction religieuse; mais les maisons sont souvent décorées d'adages écrits en persan; et c'est en caractères persans que la langue pushtou s'écrit : elle n'a d'écrivains célèbres que depuis cent ans.

L'instruction est appréciée dans toutes les

parties de la contrée; les Mollahs, toujours révérés, s'emploient surtout à la répandre, et l'arabe est toujours enseigné par leurs soins. La ville de Peshaver a fondé un collége; les femmes, plus avancées que celles de l'Inde, ne craignent pas de s'appliquer à la lecture; mais l'écriture, sous leur main, semblerait une immodestie.

L'amour, quoi qu'il en soit, anime les poèmes pushtous, il subsiste dans les mœurs des tribus les plus pastorales. Le voyageur anglais vit un jeune amoureux se mettre en route pour l'Inde, dans l'espérance de s'y faire une fortune, et d'obtenir, par ce moyen, le consentement du père de celle qui lui était chère; il emportait le serment de son amie, et il en avait reçu pour gage, ou peut-être pour talisman, l'aiguille qui lui avait servi à noircir ses longues paupières.

L'un des poèmes les plus fameux est celui d'Andam et de Dourkanée : les divisions de leurs familles respectives ont séparé ces deux amants. Forcée à un hymen trop contraire à ses vœux, mais constante dans sa vertu, Dourkanée soulage ses ennuis par la culture de deux fleurs, dont l'une porte son propre nom, et l'autre le nom chéri d'Andam. La fleur d'Andam pâlit; l'époux, furieux de jalousie, annonce la mort du malheureux Andam : Dourkanée tombe et expire aussitôt. Andam vivait pourtant; mais le destin de son amie lui ravit aussi l'existence, et, ainsi que dans l'histoire touchante de Tristan et de la belle Isenlt, deux arbres croissent et s'enlacent sur le mausolée des amants.

M. Montstuart distingue jusqu'à neuf poètes originaux, dans la pléiade littéraire de Caboul; il omet ceux qui se sont bornés à enrichir leur littérature propre de traductions étrangères.

Rehman est l'un des plus célèbres; on lui oppose pourtant Kouskhaul, khan de la tribu des Kuttucks, dont il fut aussi le Tyrtée, et qui affronta Aurengzeb; ce poète guerrier a placé son histoire dans un des poëmes qu'il a laissés : il vante ses trois derniers ancêtres qui ne descendirent au tombeau qu'après s'être rougis de leur propre sang. Durant trois ans, prisonnier des Mongols, Kouskhaul fit une belle élégie sur les infortunes qu'il subissait; il la termine par ces mots : « Je remercierai toujours Dieu de deux choses : je suis Afghan, je suis Kouskhaul, je suis Kuttuck. » Le barde scandinave, au milieu des tourments que lui prodiguaient de barbares vainqueurs, s'écriait : Je meurs en riant.

La poésie des Afghans ressemble plus souvent à celle de nos troubadours; ainsi que les chants de nos ménestrels, ainsi que la vieille romance anglaise ou bretonne de Merlin, les compositions en pushtou commencent par la description de la saison qui succède à l'hiver. « Depuis le retour du doux printemps, dit quelque part Kouskhaul, la contrée est devenue comme un jardin de roses : l'anémone, l'iris, le jasmin, l'asphodèle, le narcisse, la grenade, étalent les couleurs dont brille le printemps; la tulipe éclatante les efface encore de ses feux; les filles se parent de roses, les garçons couvrent leurs turbans de fleurs, le musicien accorde son luth; il cherche un accord harmonieux. Viens, ô toi qui portes des coupes, remplis, remplis la mienne, et laisse-moi, rassasié de vin et d'une rêverie enchanteresse. » De pareilles images offrent l'imitation de la poésie persane; on y retrouve les accents d'Hafiz; mais bientôt le poète reprend un thême guerrier : les épées brillent comme la tulipe embrâsée de feux; le fer se teint de rose en s'imbibant de sang, les montagnes tressaillent, la terre est ébranlée des secousses d'un combat terrible, la mémoire de Kouskhaul ne doit jamais périr.

On doit à Kouskhaul-Khan, et en vers sans doute, une histoire des Afghans depuis la captivité de Babylone. Le goût des vers est universel en ce pays, et les derniers rois de Caboul attachaient leur orgueil à des succès poétiques.

La prose pushtou ne s'emploie que pour traiter des lois, de la religion, de la guerre; et les sujets savants se traitent en langue persane.

L'alchimie séduit les Afghans, et le surnaturel exerce un grand empire sur leur esprit; leur imagination mobile, mais toujours élevée, n'est pas non plus tout-à-fait insensible à ces impressions généreuses, dont la chevalerie d'Europe fit la loi de nos guerriers; la femme qui envoie son voile au défenseur qu'elle a choisi s'est assuré en lui un protecteur : si, dans l'excès de sa détresse, l'épouse du roi de Caboul eut envoyé son voile à l'ambassadeur des Anglais, il est douteux que les principes consacrés dans cette région eussent permis à ce dernier de rester neutre entre les partis, et surtout d'opérer sa prudente retraite, et de laisser triompher l'heureux compétiteur.

L'histoire des Afghans serait sans doute moins connue, si elle n'eut été écrite en persan; cette langue, presque universelle dans la plus grande partie de l'Asie, est de nos jours presque familière à l'Europe. Le Persan Néamet-Ullah, qui vivait à la cour de l'empereur Djehanghir, écrivit cette histoire dans la première moitié du dix-septième siècle de notre ère. Les événements relatifs à la race mongole y sont surtout rapportés en détail. Les Afghans avaient occupé le trône impérial de l'Indoustan pendant une partie du dix-septième siècle. Bannis de cette contrée, ce fut au dix-huitième siècle qu'ils se rejetèrent sur la Perse; et lorsque les exploits de Thamas-Kouli-Khan les en eurent enfin expulsés, ils couronnèrent encore, à Candahar, Ahmed-Shah-Duramy, l'un de leurs chefs; et ce nouvel empire est celui qui s'est maintenu jusqu'à nos jours.

Cette existence monarchique n'étouffe point chez eux, ainsi que nous l'avons vu, le sentiment de la liberté : des troubles, des alarmes, du sang, dit un Afghan; point de maître.

L'auteur persan remonte (1), pour établir la filiation de la tribu afghane, jusqu'au paradis terrestre; il suit jusqu'au déluge, et d'après le Coran, la succession de nos premiers pères. Noé était déjà pénétré de l'islamisme, mais sans doute que la trace s'en était égarée; Dieu l'enseigna lui-même à Sara, fille de Nemrod, et elle épousa Abraham.

Ismaël ne se trouve point nommé dans la série des patriarches.

On peut en négliger la suite, en remarquant toutefois que Goliath, appelé Jalut, combattit sur un éléphant.

Saül, ou autrement Talut, qui s'était dévoué pour son peuple et pour l'expiation de ses péchés, laissa deux épouses enceintes : l'une d'elles mit au monde Afghana; et David, qui régna l'espace de cent vingt ans, servit de père à cette famille.

Ce serait après l'invasion d'Israël, au temps de Nabuchodonosor, que la postérité d'Afghana, ou Afghan, se serait retirée en Arabie; le célèbre Kaled en serait descendu.

Ce serait après les triomphes de Kaled, et les progrès de l'islamisme, que les enfans d'Afghan,

---

(1) *Histoire des Afghans.*

entraînés par Pathan leur chef, dont ils auraient tous reçu le nom, se seraient jetés sur le pays de Ghor : ils y portèrent l'islamisme; et maîtres de Delhi, après plusieurs siècles d'exploits, ils fondèrent la ville d'Agra, au seizième siècle de notre ère.

Behlol avait le premier porté le sceptre de l'Indoustan; Sekunder, son successeur, acquit plus de gloire encore; et l'historien rapporte que la possession d'une lampe merveilleuse, dont les génies étaient esclaves, lui fut quelquefois attribuée. Le sultan Ibrahim, son fils, céda aux armes de Baber. Sheer-Khan fut plus heureux; il vainquit Humayoun; mais Islam-Schah périt dans une bataille décisive : quand le maître des planètes ouvrit, nous dit l'auteur, la fenêtre de l'Orient, les armées étaient en présence, et l'action fut bientôt enflammée. Plus tard, l'empereur Ackbar éloigna les Afghans des confins de son vaste empire. « Dieu seul est éternel, s'écrie l'historien, et tout le reste est vanité. »

SUITE DE LA SIXIÈME ÉPOQUE.

DE LA PERSE.

On ne saurait assigner, avec exactitude, les limites de l'empire de Perse, et surtout durant la période que nous essayons de parcourir ; mais en dépit des modifications que la conquête ou l'invasion lui ont tour à tour fait subir, la Perse, comme dans tous les âges, est dans notre âge la reine de l'Asie, du moins jusqu'à l'Indus et presque jusqu'au Gange. Faut-il, pour le passé, rappeler, et Ninive, et cette grande Babylone, dont l'ombre, après vingt siècles, est encore imposante, et cette Persépolis, dont les ruines sont une sorte d'énigme proposée par l'histoire à la philosophie ? Madain, ou bien Ctésiphon, Bagdad plus tard, et Ispahan enfin, en ont successivement renouvelé les splendeurs. Xerxès, avec sa multitude armée, va submerger toute la Grèce ; s'il se retire, c'est comme la vague immense dont l'écume a blanchi le rocher. Alexandre et la Grèce s'élancent sur l'Asie ; mais la tiare orientale de Darius vaincu aura le droit d'enorgueillir encore le front du fils du Jupiter. Les Séleucides cessent-ils d'être dignes du nom de Grecs et de successeurs d'Alexandre? Arsace, avec les Parthes, ressaisit tout à coup un sceptre indépendant; Ardeschir-Babecan ne l'arrache aux Arsacides qu'au nom primitif des Persans; et les califes régneront un jour non loin des enceintes fameuses où Nemrod fonda une éternelle puissance. Vainement les Tartares triomphent des Abassides, vainement les sophis s'abîment devant les Curdes audacieux, la Perse est souveraine et domine toujours.

Nous devons répéter ici que le zend antique, et l'antique samscrit, ont entre eux de ces rapports que la philantropie se plaît toujours à reconnaître. Le pelvi en fut une modification; le persan actuel, mélangé d'arabe et même d'indoustani, est dans l'Asie la langue intermédiaire. On entend le persan dans la plus grande partie des vastes régions orientales; la plupart des meilleurs écrits, soit des Arabes, soit des habitants de l'Inde, ont été traduits en persan.

On ne voit que rarement les Asiatiques étudier les langues de l'Europe; mais depuis quelque temps, l'Européen cultive avec ardeur les principales langues de l'Asie. Le persan, parmi nous, devient presque vulgaire. Cette langue, simple dans sa facture, est poétique dans ses tours, harmonieuse dans ses expressions.

Nous avons vu comment les vastes contrées de la Perse avaient toujours servi de passage et d'entrepôt au commerce de l'Inde, de l'Egypte et de la Syrie, et même plus tard de la Grèce. Quand Bysance, quand Théodose, eurent subi le joug ottoman, quand Sélim eut fermé l'Egypte au négoce des Vénitiens, la route nouvelle des tempêtes, ouverte au nom de l'espérance, ne fit que changer, dans la Perse, les centres de prospérité. Le degré des relations de l'Europe avec elle fut celui de ses succès dans le commerce actuel de l'Inde, et les rives du golfe Persique furent ébranlées du choc des rivalités de l'Occident.

Français par la naissance, mais plus souvent encore par l'adoption de la France chez laquelle tout mérite donne le droit de cité, les religieux missionnaires fondèrent, en Perse comme ailleurs, des asiles pour les voyageurs, que le seul nom d'Européens y faisait des compatriotes. La civilisation, c'est la fraternité; c'est par les voyageurs qu'on apprend, en effet, à apprécier ces hospices où le savoir est le seul auxiliaire que daigne réclamer, pour leur conservation, l'évangélique vertu qui les fait respecter.

Deux Français spécialement, Tavernier et Chardin, dévoilèrent, au dix-septième siècle, le tableau de ces contrées, assez vaguement comprises sous le nom du royaume de Perse; et si les nombreuses relations publiées depuis leurs écrits ont ajouté aux faits comme aux descriptions qu'on leur doit, la peinture qu'ils ont laissée est encore monumentale ; et Chardin a servi de guide aux voyageurs, toujours surpris de n'avoir, sur ses pas, qu'à vérifier la Perse.

Le commerce des pierreries conduisit Tavernier jusqu'aux mines de Golconde : le diamant, presque sans matière, présente le phénomène d'une incomparable dureté, avec l'expresse propriété de refléter tous les feux du jour, quand il est taillé avec art ; ce n'est pas le préjugé seul qui en fait le symbole de l'extrême magnificence ; il répand un éclat royal, même sur les travaux de ceux qui parcourent le monde entier, riches artisans de couronnes.

Tavernier, intrépide comme Simbad le marin, fit successivement six voyages dans l'Asie ; il savait les langues de l'Europe, et plusieurs de celles de l'Orient ; il avait fait la guerre, et les rapports diplomatiques des cabinets Européens ne lui étaient pas étrangers.

A son premier voyage en 1640, Tavernier rencontra le grand visir de Turquie qui revenait de Bagdad dont il avait levé le siége ; cinq cents personnes composaient son cortége : il se livrait aux distractions de la chasse entre les villes d'Erzeroum et de Toccat ; un Capidgi l'attendait au passage, et le même soir le poignard avait tranché sa vie.

Le P. Raphaël, gardien des capucins, était à Ispahan dans la plus haute faveur. Ce fut dans sa compagnie que Tavernier, porteur des plus riches présents, entr'autres d'un miroir concave, fut admis, pour la première fois, aux fêtes bruyantes du palais. Les souverains de la race des sophis y portaient les excès du vin jusqu'à la plus furieuse démence; le P. Raphaël seul, quand il y était appelé, avait le droit de se borner à mouiller le bord de ses lèvres dans la coupe d'or que le roi lui faisait offrir. On croirait à peine au détail des orgies, si souvent féroces, dont Tavernier fut le témoin : il y vit plus d'une fois mander les courtisanes. Deux Français, l'un orfèvre et l'autre arquebusier, y essayaient de mauvais instruments de musique; ignorant de toute musique, et pourtant obligé de chanter à son tour, le voyageur d'une voix forte entonna, en langue française, des chansons bachiques très-communes, et fut couvert d'applaudissements.

Ma plume se refuse à retracer les horreurs dont Tavernier, et Chardin même, ont d'ailleurs souillé leurs récits; la cruauté, dans son sanglant délire, en repousse même la pensée. Chardin a fait quelques tableaux plus doux des banquets où il fut convié, hors des palais, et loin des princes. On s'y repose sur de riches tapis; on s'y nourrit avec sobriété, quelle que soit leur extrême longueur; l'hospitalité y préside, car jamais Abraham ne mangeait sans ses hôtes, et le grand souvenir d'Abraham est patriarcal en Orient. Ainsi que les anciens, les Persans de nos jours mêlent à leurs repas, et la prière commune, et les lettres savantes; des chantres viennent y réciter des fragments de poèmes héroïques; et les danseuses, quand elles sont introduites, exécutent des danses réellement dramatiques ; mais les cafés surtout sont le siége des conteurs ; là aussi, les poètes lisent des vers, et par fois les Mollahs débitent des sermons.

En tous pays, quand une impulsion salutaire a été reçue une fois, quand ce ne sont pas les sources de la plus naturelle prospérité que le despotisme empoisonne, une sorte de vie s'entretient et même s'accélère dans le corps de l'état, par l'effet de sa propre action. Abbas-le-Grand avait encouragé le commerce, et surtout celui de la soie; et il avait tenté d'établir, sous ce rapport, des relations jusqu'en France, et avec Henri IV. La mort de ce grand monarque força Abbas d'y renoncer; mais la colonie arménienne qu'il fit établir à Julpha, dans l'enceinte même d'Ispahan, dut surpasser ses espérances.

Ispahan, selon Chardin, réunissait, de son temps, jusqu'à six cent mille âmes; Tavernier, dans cette capitale, rencontra chez un Vénitien des convives de tant de nations qu'on y parla jusqu'à treize langues : français, allemand, anglais, hollandais, italien, portugais, latin, persan, turc, arabe, indou, syriaque et malais; alors pourtant, et sous le ministère de Colbert, le gouvernement français ne parvint point à fonder en Perse une compagnie française pour le commerce; les hommes qui y furent employés luttèrent entre eux de vanités; et comme aucune espèce de faste ne compensait de leur part, devant les Orientaux, l'ignorance et les faux systèmes, l'entreprise échoua bientôt.

Trop philosophes ou trop voluptueux, les Musulmans rarement se livrent au commerce avec assez d'ardeur pour lui donner un essor suffisant. Les Persans annoncent surtout des dispositions aux sciences métaphysiques; trop souvent détachés de tous les intérêts par les violences dont ils sont les victimes, les subtilités du suffisme exaltent parmi eux les imaginations; et leur âme se réfugie dans une nuit d'illusions que quelque morale illumine.

Les Persans donnent aux mathématiques le nom de science pénible; ils s'y sont appliqués, et n'y ont fait que peu de progrès : ils n'ont point abordé les sciences par l'analyse des vérités connues, et par la déduction régulière des conséquences qui font éclore tant de vérités long-temps inaperçues; logique lumineuse et féconde ! les Persans n'étudient quelque chose des mathématiques que relativement à leur astronomie; toute géographie leur demeure étrangère; et s'ils cultivent l'astronomie, c'est pour l'amour de leur astrologie, dont chaque instant chez eux réclame les oracles.

Ils se trouve des astrologues près de tout homme riche et puissant ; surtout il s'en trouve près des rois : ces astrologues ont un petit astrolabe et quelques autres instruments suspendus à leur ceinture ; ils comptent les jours heureux ou malheureux ; ils pressent les voyages, retardent les départs, et disposent, en un mot, despotiquement du despote.

On se tromperait si l'on croyait que tant d'influence rendit leur personne inviolable ; les Calchas de la Perse ne sont point à l'abri des violences du roi des rois. Le successeur d'Abbas-le-Grand faisait mettre en pièces devant lui cinq ou six seigneurs de sa suite (1) ; à chaque coup de cimeterre, l'astrologue clignait les yeux : arrachez les yeux à ce chien, s'écria le tyran en colère, ils lui font mal, il ne peut s'en servir ; l'arrêt cruel fut accompli.

Quoi qu'il en soit, à la mort d'Abbas, les astrologues déterminèrent l'instant propice au couronnement de son successeur ; mais leurs calculs plus tard ayant été taxés de quelque inexactitude, la cérémonie fut recommencée en entier, et le monarque prit alors le nouveau nom de Soleiman, sous lequel il a continué son

---

(1) Chardin.

règne. L'espèce de philosophie, dont le roi actuel de Perse cherche à éclairer son empire, n'a point encore banni les astrologues de son palais. En 1818 encore, l'entrée du prince Abbas-Mirza, dans la ville de Teheran (1), fut déterminée ponctuellement d'après la règle astrologique.

L'attrait pour la divination est si grand, même parmi le peuple, qu'on rencontre des devins dans les carrefours des villes; on tire des sorts dans l'Alcoran; on emploie des pratiques, ou juives, ou chrétiennes; on multiplie les talismans; quand la raison renonce à percer l'épais brouillard de l'avenir, l'homme encore y lance l'espérance.

Les almanachs que les astrologues publient ressemblent, à beaucoup d'égards, à ceux qui portent parmi nous le nom d'almanachs du Berger, ou encore d'almanachs de Liège.

Les mois, selon le comput persan, sont lunaires ainsi que l'année; mais l'époque solaire et approximative du Neuruz, ou nouvel an, n'en est pas moins célébrée avec pompe. Ker-Porter, déjà cité, fut témoin de cette fête dont les Persans ne cessent pas de rapporter l'antique origine à Djemschid, cité dans le Zendavesta. En ce jour, tous les grands se rangent près du

---

(1) Ker-Porter.

trône; le peuple afflue dans les avenues, ainsi que dans les cours du palais : c'est le jour des tributs que l'on nomme volontaires; c'est le jour où les richesses, quelle qu'en soit la source première, sont comme aspirées à la fois, dans les canaux de la royale puissance.

Les noms des mois persans sont arabes; et les Persans nomment l'hégire, le commencement des temps : l'ère d'Alexandre, ou l'ère des contrats, selon les Juifs, est aussi reconnue authentique (1); et sans parler de celle de Nabonassar qui n'est point encore oubliée, de celle des Chrétiens, de celle de l'éléphant qui date d'un siége de la Mecque, un demi-siècle avant l'hégire, les Persans, depuis Cheik-Sefy, fondateur de la dynastie long-temps souveraine des sophis, comptent encore par cycles de quatre années.

Les voyageurs anglais ont marché sur les traces de nos célèbres voyageurs ; mais après les désastres de la race des sophis, après le règne formidable de Thamas, des guerres civiles atroces obscurcirent à tel point les destinées de la Perse, que son existence comme empire devint presque problématique. Le gouvernement de France ne reçut pas sans défiance les premières ouvertures qui lui furent adressées

---

(1) Chardin.

au nom de cette puissance orientale. M. Jaubert passa à Teheran pour connaître la vérité; et le général Gardane fut ensuite envoyé en Perse avec le titre d'ambassadeur.

L'ambassade solennelle du général Gardane marque une époque mémorable; elle a fixé l'heure où la Perse allait devenir le siége des plus importantes relations entre l'Europe et l'Inde. Le grand conquérant de notre siècle eut, comme Alexandre-le-Grand, la pensée de pénétrer dans l'Inde par la route de l'Hyrcanie ; l'Angleterre vit le succès, dès qu'elle comprit l'audace. Des voyageurs, plus ou moins distingués, furent envoyés par l'Angleterre dans toutes les directions de l'Asie, et surtout par les routes de l'Inde ; des alliances alors furent tentées à Caboul ; le Beloutchistan fut alors en quelque sorte découvert ; des ambassades enfin, parties de Calcutta, même de Londres, eurent pour but de faire oublier celle qui, la première, avait donné rang à la Perse. Les brillants officiers du général Gardane avaient exalté les esprits des jeunes héritiers de la couronne; ils avaient commencé l'instruction militaire de quelques-uns de leurs jeunes guerriers ; ils leur avaient donné des notions nouvelles, sur l'art le plus terrible et partout le plus admiré. Les Anglais, profitant des circonstances trop graves où la France se crut abattue, parce que ses propres passions lui causèrent une crise passagère, les

Anglais achevèrent l'ouvrage que les héros de l'Occident avaient eu le courage d'ébaucher ; on les vit enseigner l'exercice du canon, aux jeunes courtisans du prince Abbas-Mirza, déjà devenus demi-Européens, pour avoir habité quelques jours avec des Français.

L'Europe, dans la période qui doit nous occuper, et surtout en ces derniers temps, a fait d'intéressantes conquêtes sur les antiquités que conserve la Perse : la plus étonnante sans doute, c'est la dépouille terrestre, si j'ose ainsi parler, de la cité qui fut la reine des nations. En contemplant l'amas immense, mais informe, de ce qui fut jadis Babylone, la fiction orientale du pêcheur et du vase se présente vivement à la pensée : un pêcheur n'avait retiré qu'un vase pesant dans son filet ; il ouvrit ce vase terni, mais étroitement scellé ; un géant s'en éleva comme une vapeur épaisse, et le nuage de son front toucha bientôt les cieux.

C'est à M. Rich que l'on doit la plus complète description de cette sépulture gigantesque; j'en ai ailleurs cité quelques parties. Mme Rich, compagne révérée de cet estimable savant, suivit elle-même ses travaux ; la première femme d'Europe peut-être, elle a reçu l'hospitalité sous les tentes pastorales des Curdes, et parmi des déserts qu'Abraham parcourut, avant de passer en Chanaan. Mme Rich a porté comme elle a rencontré cette bienveillance céleste, qui lie partout la famille des humains; et le bienfait de la vaccine propagé par ses soins fera, dans l'avenir, un ange ou une fée de l'étrangère qui le répandit.

Persépolis et ses nobles ruines ont, dès longtemps, fixé les regards européens; mais c'est, je pense, à Ker-Porter que l'on en doit, depuis quelques années, la plus complète description : ce n'est pas sans difficulté que l'amateur *Frenguy*, parmi les Musulmans, parvint à dessiner des restes de monuments, où l'ignorance a incrusté le mystère, attribué quelque magie, supposé surtout des trésors. Les voyageurs qui, jusque là, avaient tenté de saisir le trait de ces grandes ruines, savaient peu user du crayon. Ker-Porter le premier, dans un pareil voyage, a uni le talent de l'artiste aux connaissances du savant.

C'est à Cambyse que cet auteur croit devoir rapporter, sinon la fondation, du moins les principaux embellissements de la ville de Persépolis; il pense que le vainqueur de l'Egypte tira de ce pays, alors dans sa splendeur, des ouvriers, des architectes, et peut-être même des sculpteurs : Darius Hystaspès, selon le voyageur, perfectionna ce grand ouvrage. L'invasion de la Grèce par Mardonius lui procura plus heureusement des artistes et des modèles.

C'est aux Arabes dévastateurs, bien plus qu'à Alexandre et à ses courtisanes, que Ker-Porter attribue et reproche la destruction de Persépolis. La grande ruine, qui atteste encore ce que fût autrefois cette cité royale, est élevée sur une plate-forme haute et façonnée de main d'homme; de faciles degrés y conduisent : les débris d'un portique s'offrent d'abord aux regards; de chaque côté l'on voit un piédestal chargé d'un cheval, recouvert d'une armure : le visage du cheval est brisé; mais des cadres d'inscriptions en caractères à fer de flèche se distinguent au-dessus des deux chevaux.

Les montants du portique sont ornés de figures colossales de taureaux; on y remarque surtout des colosses fantastiques qui semblent correspondre aux figures symboliques du sphinx égyptien. Le sphinx oriental est représenté debout, mais il a une tête humaine; son corps est pourvu d'aîles, ses pieds sont ceux du buffle; je croirais néanmoins que l'image du lion à tête d'aigle et au corps emplumé, qu'un homme perce avec un glaive, fait allusion à quelque événement historique; et les prophéties de Daniel s'expriment en allégories de ce genre.

De la plate-forme, on monte encore pour atteindre sur la terrasse, où se trouvent les quarante colonnes qui ont mérité à ce lieu le titre de Tchehel-Minar : un double escalier y conduit, et quatre-vingt-six marches rendent presque insensible une ascension de vingt pieds; les bas-reliefs de ce grand monument fourniront aux savants un beau sujet d'étude : Ker-Porter en donne le trait. C'est comme une grande procession, et elle ressemble à celle que décrit Xénophon, dans le premier sacrifice de Cyrus; on pourrait presque supposer que ce monument qu'il avait vu avait servi de mémorial et de guide à cet élégant historien : on voit des chariots attelés avec des buffles; on voit un dromadaire; on remarque en plusieurs tableaux un lion dévorant un cheval : c'était l'emblême du sacrifice dans lequel on immolait des chevaux au soleil. En Orient, le lion était le signe du soleil; et Cyrus est appelé, dans les livres hébreux, un lion avec un cœur d'homme.

Si, comme l'auteur n'est pas éloigné de le penser, le nom célèbre de Djemschid devait appartenir, non pas à un monarque seul, mais à toute la race de Sem, Persépolis, appelée le trône de Djemschid, aurait droit de revendiquer une antiquité prodigieuse; ses monuments ne pourraient remonter si haut. La pompe, représentée sur la rampe magnifique du plateau de Tchehel-Minar, doit, selon toute apparence, figurer celle du Neuruz, époque où les plus riches présents furent dans tous les âges offerts au souverain, et où de simples présents, offerts sous le nom d'étrennes, resserrent dans toute notre Europe les plus doux nœuds de la société. La rose est prodiguée dans tous les ornements qui s'adaptent à ces sculptures; et les figures, qui toutes semblent marcher, y tiennent généralement une fleur à la main : cette fleur doit être un lotus ou, selon l'auteur, peut-être un lys : il y voit en tout cas un emblême des eaux.

La hauteur de chacune des quarante colonnes, dont à peine quinze ou seize demeurent encore debout, est de soixante pieds environ ; leur circonférence est de seize, et des têtes de buffle, ou plutôt du taureau qui tient une si grande place dans l'allégorie de Zoroastre, forment les chapiteaux de ces énormes piliers.

Une sorte de théâtre, ou si l'on veut de trône, se distingue entre ces colonnes ; la vue de ces débris rappellerait à l'idée le trône de Salomon, décrit dans l'Ecriture. La forme du divan, où les souverains de l'Inde donnent audience aux ambassadeurs et se font aussi voir au peuple, est sans doute un vestige de haute antiquité.

La partie des ruines qu'on peut considérer comme celle des anciens palais offre des bas-reliefs dont les figures, groupées par trois, portent toutes différents objets ; on y voit le roi debout, et suivi de deux serviteurs qui soutiennent un parasol sur sa tête : au-dessus de ce tableau, on reconnaît la figure qui se trouve aussi dans les bas-reliefs de Nakesti-Roustam également suspendue en l'air ; la figure est soutenue, ou plutôt entourée, par une sorte de cerceau qui, à Persépolis, est formé d'aîles immenses enlacées par deux serpents : sur les tombeaux de Nakcsti-Roustam le cercle est formé de rayons ; cette figure représente sans doute le ferouer, c'est-à-dire, l'enveloppe immatérielle, aériforme si l'on veut, de l'esprit ou de l'âme du monarque. Au palais de Persépolis, l'intelligence du monarque semble planer glorieusement sur la terre; aux tombes de Nakcsti-Roustam, l'âme dégagée de la terre ne rayonne plus que dans les cieux.

Le Désatir, ouvrage pelvi, encourage cette interprétation. Tout ce qui est sur la terre, est-il dit dans ce livre, est l'image ou l'ombre d'une chose qui existe à travers l'espace ; l'objet resplendissant est l'ombre d'une lumière bien plus resplendissante. Les disciples de Platon admettaient des natures-modèles, et du monde pris ensemble, et de tous les objets de la création qu'il contient. Cette nature idéale était nécessairement la pensée même du Créateur ; elle était la loi éternelle qui régit l'ordre de tous les êtres.

Nakcsti-Roustam, la Montagne des sépulcres, n'est pas loin de Persépolis : ce lieu offre un amas de roches excavées et couvertes de bas-reliefs ; les ornements de ces tombes sont de différents âges ; ils paraissent fort dégradés (1) :

---

(1) Ker-Porter.

les chapiteaux de la plupart des pilastres représentent deux chevaux, les jambes repliées, mais de façon que les deux corps confondus ont les deux têtes opposées : chaque tête porte une corne haute, symbole de puissance en Orient.

Entre tous les tableaux si soigneusement incrustés sur les rochers des sépultures, ceux qui représentent des combats me paraissent les plus nombreux. Le triomphe de Sapor, à cheval sur l'empereur Valérien à genoux et suppliant, est évidemment le sujet d'une des sculptures les plus remarquables : une longue inscription en caractères pelvis en donnerait une preuve de plus, si elle était moins effacée.

Le voyageur, dont le savant crayon a placé sous nos yeux tant d'images intéressantes, regarde avec M. de Sacy certaines représentations comme l'allégorie de la puissance accordée, par Ormuzd lui-même, à Ardeschir et à sa race : deux guerriers à cheval tiennent une sorte d'anneau, ou plutôt de couronne, que l'un semble donner à l'autre; tous deux foulent aux pieds des figures qui, sans doute, font allusion, ou au vice, ou à l'impiété.

S'il était réservé à l'époque où nous sommes de faire contempler à l'Europe les intéressantes contre-épreuves des images déposées sur les rochers de l'Asie, il lui appartenait encore de deviner les secrets des caractères gravés autour de leurs encadrements divers. M. de Sacy a supposé que les caractères inconnus des inscriptions de Nakcsti-Roustam ne renfermaient que la traduction des inscriptions grecques, également gravées à côté; et c'est en rapprochant les caractères hébreux des caractères inconnus, qu'il a fait la démonstration de ce qu'avait saisi son génie.

Les inscriptions, si long-temps inconnues, sont tracées en deux caractères, ou plutôt en lettres de deux formes, mais dont les formes se rapprochent souvent (1) : les mots en sont écrits également de droite à gauche; la langue, en un mot, est la même; et cette langue n'est effectivement qu'un dialecte du pelvi : ces inscriptions, au reste, ne contiennent que des titres. « C'est ici la figure du serviteur d'Ormuzd, du Dieu Ardeschir, roi des rois de l'Iran, de la race des Dieux, fils du Dieu Babec, roi. C'est ici la figure du serviteur d'Ormuzd, du Dieu Sapor, roi des rois de l'Iran et du Touran, de la race des Dieux, fils du serviteur d'Ormuzd, du Dieu Ardeschir, roi des rois de l'Iran, de la race des Dieux, petit-fils du Dieu Babec, roi. »

Il n'est point de mon sujet de rappeler ici les preuves données ailleurs, et réunies par M. de Sacy lui-même, du sens qu'il convient d'attacher

---

(1) *Antiquités de la Perse.*

à ce titre de Dieu, dans les idées reçues par les disciples de Zoroastre; sa valeur est la même que celle qu'on lui reconnaît dans les inscriptions d'Egypte, relatives aux Ptolémées. Chosroës, dans une lettre au roi de l'Arménie, s'intitule *Sauveur des hommes*; et par rapport aux Dieux, un homme bon et éternel; mais par rapport aux hommes, un Dieu très-illustre, et dont la gloire est sans bornes; vainqueur qui se lève avec le soleil, et à qui la nuit doit ses feux étincelants.

Tchehel-Minar, ainsi que nous l'avons dit, conserve des inscriptions; mais ce n'est pas en des caractères inconnus, tels que ceux de Nakc-sti-Roustam, où l'on peut discerner un alphabet quelconque : ces caractères sont de ceux que l'on nomme cloudaïques, cunéiformes, ou bien en fer de flèche, selon leurs formes variées. M. de Sacy n'a point encore interprété ces inscriptions; quelques savants l'ont essayé. M. Grottefend en a déchiffré deux, de celles qu'on dit en fer de flèche (1). « Darius le brave roi, le roi des rois, le roi des nations, le fils d'Hystaspès, le descendant du souverain du monde dans la constellation de Moro. Darius le Seigneur, le brave roi, le roi des rois, le roi de tous les zélés, le fils d'Hystaspès, le descendant du souverain du monde, Djemschid. » Le monde savant

---

(1) Ker-Porter.

ne s'est point expliqué, je pense, sur le système auquel on doit cette traduction.

M. Grottefend (1) rapporte en général les inscriptions cunéiformes connues, hors celle qui a été recueillie sur les ruines de Babylone, à Cyrus, à Darius Hystaspès, à Xerxès : les édifices où elles sont gravées furent élevés par ces princes.

Un autre Orientaliste, M. Bellino, a pensé que les caractères dans lesquels ces inscriptions sont tracées pourraient appartenir à un dialecte ancien, et remonter peut-être à l'araméen primitif (2); toute écriture cunéiforme est dirigée de gauche à droite, Piétro-Della-Valle en a jugé ainsi ; Chardin croyait qu'elle devait être lue dans un sens perpendiculaire ; M. Grottefend la suppose syllabique. Serait-il permis de soupçonner que ces prétendus caractères ne sont que les charpentes de caractères quelconques; et que, susceptibles de servir à toutes les langues d'un même système, ils peuvent encore s'adapter à diverses figures de lettres?

M. de Sacy a trouvé, dans les médailles des Sassanides, la confirmation des notions sur lesquelles il a fondé ses découvertes relatives aux inscriptions de Nakcsti-Roustam ; M. Ker-

---

(1) *Mémoires de Bombay.*
(2) *Idem.*

Porter, quant à l'art, juge la plupart de ces médailles d'une exécution grossière, mais ce n'est pas l'objet de la question; et il me semble retrouver l'autel du feu, sur toutes celles dont il a donné les dessins.

Si les inscriptions en caractères si long-temps inconnus, si celles que l'on extrait même des caractères en fer de flèche, ne contiennent guère que les louanges ou les titres des souverains dont on y rencontre les noms, les inscriptions en arabe, ou même en persan, que l'on rencontre en si grand nombre sur les débris de Persépolis, sont presque toutes formées d'adages ou de maximes philosophiques, sur l'inconstance de la fortune; il est vrai que les premières doivent dater de la splendeur, sinon de la fondation des monuments; les autres gravées, non sans peine, sur des pierres à demi-détruites, sont le fruit de quelque méditation sur les retours de la destinée : le sage, en Orient, ne cesse de s'y préparer; et, tel que le marin, il ne conçoit le courage qu'au travers des tempêtes : « Où sont les rois, est-il écrit sur les murs de Tchehel-Minar, où sont les rois qui ont joui de la souveraine puissance, jusqu'au moment où l'échanson de la mort leur a fait avaler sa coupe funeste? Dieu seul demeure, tout le reste périt ! »

C'est dans la plaine de Pasargades, aussi appelée Mourg-Aub, que M. Ker-Porter a trouvé l'édifice connu au loin sous le nom de Mère de

Salomon; il y voit le tombeau de Cyrus. La plaine de Pasargades est encore un vrai paradis; et selon Arrien Cyrus y avait son tombeau. Des marbres, des colonnes brisées, environnent ce monument aujourd'hui dévasté, et pourtant confié assez solennellement aux femmes d'un village rapproché. Le nom de Salomon, dans cette partie de l'Orient, répond à tout ce qui annonce quelque grandeur, ou seulement quelque incertitude : il est facile de juger que la contrée entière fut autrefois réputée sainte; Ker-Porter a trouvé un pilier isolé, et en dégradation complète, mais sur lequel s'élève une figure d'homme, debout avec une robe garnie de franges et quatre aîles; cette figure est en action, ou de prier, ou de bénir; c'était sans doute la représentation de quelque génie supérieur. L'Orient s'est plu à tourner, vers les cieux, le vol des esprits dont il a rempli l'univers. La mythologie grecque n'a donné d'aîles qu'à deux de ses divinités, Cupidon et Mercure; et les aîles de Mercure, placées à ses talons, peuvent seulement accélérer ses pas; Vénus n'avait pas besoin d'aîles, des colombes enlèvent son char.

Le trône de Salomon fut plutôt celui de Cyrus ; il est construit en blocs de marbre blanc, et on n'y voit point de colonnes : d'antiques autels du feu, qu'on retrouve dans les rochers, peuvent permettre de supposer que ce lieu fut un sanctuaire : maintenant les Curdes nomades y conduisent leurs nombreux troupeaux sur des pelouses semées de fleurs.

Les monuments de Kirmansha n'ont pas échappé plus que les autres aux recherches de M. de Sacy : le village de Kirmansha contient près de six mille âmes; et la montagne du même nom, appelée aussi Bisutoun, se rencontre près du village; celle de Takti-bostam, en turc la Montagne du jardin, est contiguë à la première.

La montagne de Kirmancsha est un rocher ciselé de figures colossales, et dont les cavités sont tapissées de bas-reliefs de la plus faible exécution (1) : une source découle du rocher. Le géographe Danville a cru que Bisutoun avait été orné par les soins de Sémiramis; ce serait là que, selon Diodore, elle aurait fait excaver des rochers, elle aurait établi des jardins somptueux, et même fait graver une inscription syriaque.

Un historien persan de notre quinzième siècle, Hamdullah, au contraire, a prétendu que Bahram, fils de Shapour ou Sapor, avait le premier décoré Kirmansha; Cobad, fils de Firouz, y avait après lui élevé un palais; Nouschirwan, en un jour, y avait donné audience à l'envoyé du monarque de la Chine, à celui du ka-khan, chef des Turcs, à celui du rajah de l'Inde, à celui de quelques contrées grecques. Le sofa de la belle Schirin devait être, dans tous les cas, l'ou-

---

(1) *Antiquités de la Perse.*

vrage du roi Chosrou-parvis. Le même auteur croyait trouver dans les sculptures les portraits de Schirin et de Chosrou-parvis ; mais la plus éminente entre toutes ces figures était toujours celle de Shapour. M. Ouzeley a fait l'observation que, dans les sculptures sassanides, cette figure était colossale, relativement à celles qui l'environnent. Celle du triomphateur est toujours la plus grande dans les sculptures de l'Egypte.

L'antiquité comprit mieux les emblêmes que les lois de la perspective. L'art, dans l'enfance, demande à l'imagination le complément de ses essais ; et ainsi, à la Chine, c'est par l'excès d'ampleur, dans leurs vêtements et dans leurs formes, que se distinguent les images des grands.

Les sculptures intérieures du rocher de Bisutoun représentent généralement, et des animaux, et des chasses ; mais M. Ouzeley se persuade que les chameaux, dont on y voit le dessin, indiquent ceux qu'Odenat, roi de Palmyre, fit offrir à Shapour, vainqueur. Quoi qu'il en soit, l'allégorie est mêlée dans ces bas-reliefs qui peuvent avoir différents âges. Les armures symboliques, les figures aîlées, y sont pareilles à ceux des ornements conservés à Tchehel-Minar. L'abbé de Beauchamps y recueillit, en 1787, un grand nombre d'inscriptions ; M. de Sacy les a interprétées comme celles de Nakcsti-Roustam. Cette étude singulière ne permet pas de laisser le nom de Chosrou-parvis à la grande figure qui l'avait long-temps obtenu. Cette figure est celle de Shapour, et l'inscription porte ces mots : « Celui dont voici la figure est l'adorateur d'Ormuzd, l'excellent Shapour, roi des rois d'Iran et d'Aniran, germe céleste de la race des Dieux, fils de l'adorateur d'Ormuzd; de l'excellent Ormuzd, roi des rois d'Iran et d'Aniran, germe céleste de la race des Dieux, petit-fils de l'excellent Narsès, roi des rois. »

Une seconde inscription, en mêmes caractères, ainsi qu'en même style, est à l'honneur de Varanes ou Bahram, fils de l'excellent Shapour, etc.

En admirant de quelle manière la science de l'Europe illumine aujourd'hui l'Orient, et y fait briller les trésors qu'elle sait extraire de ses ruines, on regrette moins que la poussière et l'oubli les aient dérobés si long-temps; peut-être qu'ils se seraient anéantis sans retour.

Tout est ruine, en effet, en Perse, et par suite des maux cruels, dont les guerres civiles perpétuées ont accablé cette contrée malheureuse. Quelques arbres, quelques cyprès, s'élèvent par hasard entre de tristes décombres. Le goût, le besoin des plantations, l'espèce de tradition religieuse qui presque toujours s'y attache, auraient pu suppléer, dans ces contrées brûlantes, à l'existence des forêts; mais l'existence même des arbres isolés ne marque presque plus que de muettes sépultures : c'est le délaissement, c'est le deuil, et non l'harmonie du silence.

Mais si la Perse, en tant de lieux, ne présente que des débris, l'imagination peut y lire l'histoire successive des âges, et s'étonner des créations, bien plus encore que des ruines. Le commerce, en ce vaste pays, ne peut se passer d'entrepôts; la violence les détruit; la violence les déplace; mais la nécessité les a bientôt renouvelés, où quelque ombre de sécurité appelle une confiance passagère. Si la Perse n'avait connu que les richesses nées de son propre sol, la source en eût été depuis longtemps tarie; mais la prospérité en Perse est un fleuve qui se fraie une route, et non une fontaine qui jaillit. La religion musulmane, partout où les villes s'établissent, fonde des mosquées en grand nombre; et des communautés de Mollahs y sont le plus souvent agrégées. Dans une contrée où les tribus nomades transportent journellement leurs tentes, en changeant sans cesse de séjour, les murailles elles-mêmes sont mobiles, et la splendeur vient briller tour à tour sur les cités que la résidence des souverains élève au rang de capitales.

Ispahan aujourd'hui est déchue de ce titre, Ispahan, la moitié du monde, comme disaient jadis les Persans, et tout l'orgueil d'Abbas-le-Grand, qui l'avait faite si somptueuse: au temps de Chardin, six cent mille âmes respiraient dans son enceinte, et moins de soixante mille infortunés errent aujourd'hui entre ses solitudes. Ses belles avenues, ornées de fleurs, ne partagent plus que des monceaux de débris informes. Morier raconte qu'il y parcourut plusieurs milles sans rencontrer une créature vivante, hors peut-être un chakal élevant sa tête au-dessus d'un pan de mur, ou un renard regagnant sa tanière. Le faubourg opulent de Julpha, où les riches Arméniens possédèrent plus de trois mille maisons, n'en contient pas de nos jours trois cents; douze églises subsistent encore.

Sir Ker-Porter en fait l'observation; l'existence d'objets inanimés, qui survivent à ceux qui les ont construits et qui depuis long-temps ont passé, cause une impression de tristesse plus pénible que la vue des ruines amenées par le long cours des âges. A Ispahan, le palais de Tchehel-Setoun, ou des quarante colonnes, semble attendre des habitants; chaque colonne s'y élève d'un groupe de quatre lions de marbre blanc. Je m'abstiens de citer les autres édifices, les mosquées, les bazars, les fontaines, les quarante-huit colléges dont a parlé Chardin, et qui tous, à peu près construits sur le même plan, renfermaient, entre leurs portiques, des parterres tout plantés de roses; à peine en reste-t-il un seul.

L'auteur de ces merveilles y avait fait graver

cette maxime profonde : « Le monde n'est qu'un caravensérail, et nous ne sommes qu'une caravane. » Le siècle n'était pas fini, et les Afghans portèrent la désolation et l'horreur dans cette Ispahan si vivante ; et quand la Perse put goûter un moment de relâche à ses maux, Kerym-Khan transporta, dans la ville de Chiraz, le centre du gouvernement qu'il y maintint l'espace de vingt années.

Il ne peut se trouver à Chiraz des antiquités remarquables ; mais ce lieu offre encore une partie des charmes que Saady et Hafiz y ont préconisés (1). Lord Gore, ambassadeur du royaume britannique, y fut reçu en 1810 par Hussein-Ali-Mirza ; et une collation, sous une tente magnifique à l'entrée du plus beau jardin, en réalisa les délices au regard de tous les Anglais : les orangers et les cyprès embellissent surtout Chiraz ; on attribue jusqu'à six cents ans d'existence à deux cyprès, appelés l'amant et la maîtresse ; ils ombragent une antique terrasse où s'accomplissent généralement les dévotions du matin et du soir : les roses triomphent à Chiraz comme les poètes qui les ont chantées ; au printemps, elles ont une fête.

Le tombeau d'Hafiz, ouvrage de Kerym-Khan, est en beau marbre blanc ; le jardin

---

(1) Franklin.

qui le renferme est un lieu de plaisirs : les Musulmans y fument et y jouent aux échecs ; ils y lisent des vers du poète dont les œuvres y sont soigneusement conservées. Le vin de Chiraz n'y est point épargné, même aux bords du ruisseau limpide célèbre sous le nom de Rokny ou Rokn-Abad.

Le bosquet parfumé, appelé Mossela, n'est plus digne de sa renommée : c'est là toutefois que les Musulmans immolent encore des victimes en mémoire du sacrifice d'Abraham ; mais c'est à Ismaël qu'ils assignent toujours la place d'Isaac. On ne peut voir sans intérêt, dans la ville de Kerym-Khan, un édifice appelé les sept corps, en mémoire de sept religieux. Un grand tableau, placé sur ses murailles, offre le sacrifice d'Abraham ; un autre représente Moïse gardant les troupeaux de Jéthro ; et les portraits de Saady et d'Hafiz accompagnent les images de ces antiques patriarches.

Le tombeau de Saady, tel à peu près que celui d'Hafiz, conserve aussi le recueil précieux des œuvres du poète philosophe : on y jette des fleurs ; on y dépose des chapelets ; et selon Will Ouzeley, les poissons qui s'y jouent demeurent consacrés dans la fontaine de ce tombeau.

Le bienfaisant Kerym a multiplié les jardins dans ce séjour de paix et de félicité ; le nom de Dilguchay, ou qui réjouit le cœur, a été donné à l'enceinte où murmurent le plus de cascades ; ailleurs ce sont de longues allées de sycomores ou de cyprès, ce sont de vastes parterres et des berceaux de vignes, enfin de nombreux jets d'eau qui versent la fraîcheur ; les oiseaux gazouillent sans cesse, et les nuits, à Chiraz, sont presque en toute saison d'une parfaite sérénité.

Dirons-nous que l'ami des arts et de la paix, le seul prince dont les Persans aient jamais béni la mémoire, ignora tout-à-fait les simples éléments, et des lettres, et de l'écriture ?

Le génie, et surtout cette disposition de justice que nous avons nommée bonté, suppléérent, en Kerym, au défaut d'instruction. Un marchand se plaignait à lui d'avoir été volé pendant le temps de son sommeil : Pourquoi dormiez-vous, lui répondit Kerym ? Je pensais, reprit le marchand, je pensais que vous veilliez pour moi ; le marchand fut dédommagé de la perte qu'il avait soufferte (1). Les Persans, disent les écrivains modernes, filaient, de son temps, leurs jours dans l'oisiveté, près de jeunes filles à face de lune ; le vin animait leurs plaisirs, et l'amour remplissait leurs cœurs de ses plus douces jouissances.

Le règne fortuné de Kerym ne fut pas de plus de vingt années ; les maux, suspendus un moment,

---

(1) Malcolm.

retombèrent sur les Persans avec leur première violence, mais la mémoire de ce règne n'en sera pas moins précieuse : une source, un palmier, rencontrés au désert, laissent au cœur de vifs souvenirs.

Les Persans n'opposent point, à l'art de la peinture, des préjugés aussi violents que ceux des autres Musulmans. L'école persane ignore les effets de la perspective, mais elle donne à ses productions l'éclat d'un brillant coloris, et les émaux persans sont d'une remarquable beauté.

Les combats de Roustem, les aventures romanesques de Chosrou-parvis et de Ferhad, quelques scènes de chasse enfin, fournissent des sujets aux peintures qui décorent les palais de Chiraz. On voit à Ispahan les portraits curieux de sir Robert et de lady Schirley qui moururent tous deux en Perse, où sir Robert avait rempli une mission, dans le cours du dix-septième siècle; tous deux sont dans le costume européen de leur temps : de nos jours, les portraits du général Gardane et de plusieurs ambassadeurs Anglais ont été placés dans les maisons de plaisance du roi, aux environs de Teheran.

La musique accompagne, en Perse, les pompes, les fêtes, et jusqu'aux luttes chevaleresques dont l'usage n'est point entièrement perdu parmi la jeunesse persane. Aujourd'hui, les courses de chevaux sont l'amusement en vogue à la cour de

Teheran : quand les chevaux du roi ne remportent pas le prix, il est d'usage que le coursier vainqueur lui soit offert comme un hommage.

Les monarques de Perse conservent le vestige des antiques mœurs pastorales; ils possèdent de nombreux troupeaux, et le titre de leur gardien assigne un rang principal à la cour.

Ce sont les vers qui font le charme d'une musique sans mélodie; et M. Ouzeley entendit à Chiraz une romance sur le sujet de Medjnoun, et de Leila.

Nous l'avons dit ailleurs, les Persans sont poètes; les femmes mêmes, presque sans instruction, ne seraient point étrangères à l'inspiration poétique, mais on étouffe en elles toute disposition brillante; et, selon Chardin, c'est un proverbe que si la poule chante comme le coq, il faut lui couper le gosier.

Les princes en Perse ont des conteurs, et surtout ils ont des poètes. Le poète de la cour fut du nombre de ceux qui vinrent à Teheran complimenter Hartford, ambassadeur de Calcutta (1). Le roi de Perse Fath-Ali-Schah est poète; il célèbre, en vers érotiques, les beautés qu'il honore par un seul de ses regards, et dont il a besoin de supposer les rigueurs.

C'est le goût des Persans pour l'expression

---

(1) Morier.

figurée, qui entretient quelque mouvement dans leurs idées, et qui les porte à la poésie : M. Jaubert nous en fournit une preuve dans le récit de sa périlleuse mission; il était près de Bayazid, il ignorait qu'on dut l'y arrêter : un Curde de son escorte pensa l'en avertir, en lui offrant un bouquet de roses, et en lui disant : Prends ces fleurs, leur éclat passager est l'image de la vie; l'instant approche où elles vont se flétrir.

Les Persans de toute condition connaissent leurs meilleurs poètes ; ils improvisent les vers avec facilité, ils les écoutent avec enthousiasme. Un bouffon mit une fois une troupe en désordre, en chantant seulement ces mots : Ecoutez-moi, enfants du Louristan, je vais chanter les actions de vos ancêtres; tous les soldats quittèrent les rangs, ils se groupèrent autour du chantre. Quand Nadir-Schah eut cessé de vivre, un chef audacieux parcourut tout le Louristan, sans autre escorte que quelques musiciens qui chantaient les mêmes paroles (1); cinq mille hommes se mirent à sa suite, il fut salué roi, et jouit quelque temps d'un triomphe digne de Tyrtée.

Je me suis ailleurs étendue sur le spiritualisme dont les suffites se sont composé une doctrine. L'exaltation qu'elle produit laisse, bien loin au-dessous des notions qu'elle épure, tous les

---

(1) Malcolm.

systèmes dogmatiques et religieux ; un poète moderne suffite, Seid-Ahmed-Hatif, en fournit la preuve frappante. L'ode que je vais rapporter, traduite par M. Jouannin, met en balance l'opinion des Chrétiens et celle des Musulmans sur l'essence même de Dieu ; et le poète philosophe, dont l'âme est tout en Dieu, se plonge mieux, en quelque sorte, dans l'océan de la divinité, au murmure d'une vaine discussion.

« Je rencontrai un jour dans une église une jeune et belle Chrétienne, je lui dis : O toi qui es maîtresse de mon cœur, toi dont les charmes semblent avoir attaché chacun de mes cheveux aux fils de ta ceinture ! quoi, tu n'as pas encore trouvé le chemin de l'unité de Dieu ? Jusqu'à quand attribueras-tu la honte de la trinité à l'être qui est un et unique ? Comment peux-tu donner les noms de Père, de Fils et d'Esprit-Saint au Dieu unique en son essence ? Elle ouvrit alors ses douces lèvres pour me répondre, et laissa couler ces paroles à travers un charmant sourire : Si tu connais réellement les mystères de l'unité divine, ne te permets point de nous traiter d'impies ; car l'éternel objet de mon amour a lancé, dans ces trois miroirs, les rayons de sa face éblouissante ; mais dis-moi, la soie change-t-elle de nature parcequ'on l'appelle brocart, satin et taffetas ? Nous parlions encore, quand tout à coup la cloche du temple proclama à grand bruit ces paroles sacrées : Oui il est unique, il n'y a rien que lui, lui seul existe, il n'y a de Dieu que lui. »

Les dogmes religieux des sectateurs d'Ali ont, ainsi que nous l'avons vu, moins de rigueur que ceux des disciples d'Omar; mais, lorsque Nadir-Schah se déclara sunnite, les Persans qu'il persécuta ne furent qu'à peine émus dans leurs pieuses croyances. Si le fanatisme qui tyrannise est haïssable, celui qui résiste est noble et beau; et sans le martyre religieux, aucune liberté peut-être n'aurait subsisté sur la terre. Après la mort de Nadir-Schah, les Persans reprirent leurs usages.

Souvent aussi persécutés, les suffites se sont fait en Perse une langue mystérieuse (1) : on la nomme balaï-balan; c'est un idiôme artificiel qui ressemble à l'arabe, et qui, d'après une sorte de convention entre ceux qui le possèdent, s'applique surtout à toute science occulte et secrète. Le dictionnaire qu'on en a publié équivaut au mot de l'énigme.

Le Dabistan fut l'œuvre d'un suffite zélé plus moderne; c'est un recueil de préceptes, ainsi que d'allégories et de renseignements historiques. Il parut moins d'un demi-siècle après le règne du sceptique Ackbar, et encore sous son influence; ce livre fait autorité, car il est la

---

(1) *Notice des manuscrits.* 5ᵉ vol.

compilation de plusieurs monuments antiques, dont les parsis réfugiés et fidèles ont conservé le précieux dépôt (1), et dont Scheik-Mahmoud-Mohsin, qui vivait au pays de Cachemire, vers la fin du dix-septième siècle, obtint la communication.

Le Désatir est le texte le plus important dont le Dabistan soit appuyé; ce livre cité dans les écrits composés à l'époque d'Ackbar remonte, sous le rapport religieux, jusqu'au sabéisme des pasteurs, religion primitive de la Chaldée ou de la Perse. La collection qu'il comprend passe pour celle des livres des prophètes persans; ou plutôt le Désatir, parole du Seigneur, livre céleste, contient quinze livres envoyés du ciel, à quinze prophètes différents. Zoroastre fut le treizième dans cette succession; Sasan, le quinzième, fut aussi le dernier, et il passe pour contemporain du roi de Perse Chosrou-parvis, et de l'empereur grec Héraclius. Les textes, et la traduction complète et littérale de ces livres sacrés, ont été publiés récemment à Bombay, par le parsis Moulla-Firouz : la traduction et le commentaire qu'il a fallu y réunir, ont été attribués au quinzième des prophètes, Sasan que nous venons de citer. M. de Sacy les croit

---

(1) *Mémoires de Bombay.*

d'une époque postérieure (1) ; mais enfin, sans ce double secours, le Désatir serait demeuré inaccessible à toute intelligence.

La langue du Désatir n'est ni le zend, ni le pelvi, ni surtout le persan moderne; M. de Sacy lui a donné le nom de langue mahabadienne, d'après celui de mahabady qu'on applique à la plus ancienne des religions révérées en Perse ; mais il est disposé à regarder cet idiôme, comme une sorte de pieuse imposture. Purement artificielle, cette langue sans usage aurait sans doute été calquée et combinée sur le texte qui passe pour en être la traduction ; à l'appui de cette opinion, M. de Sacy invoque l'étonnante création du balaï-balan : cette langue propre aux seuls mystiques et dont on a pu cependant rédiger, selon toutes les règles, la syntaxe, et le dictionnaire.

Les quatre premiers des prophètes, dont les livres composent le recueil du Désatir, ne peuvent qu'être antérieurs aux temps historiques de la Perse, peut-être même à ses temps fabuleux ; et l'authenticité des ouvrages qu'on leur attribue, a quelquefois paru douteuse, quoique une haute antiquité ne puisse leur être contestée. On trouve dans le premier livre de grandes idées sur Dieu, sur les intelligences, sur les

_____

(1) *Journal des savants.*

anges, sur le paradis; il est question des hommes doués de la noble espérance et de la consolante faculté de parvenir à une autre vie.

Il y a quelque intérêt dans le mélange primitif des notions qui, successivement, ont formé autant de systèmes divers; on reconnaît dans le Désatir, et la métempsycose demeurée depuis propre à l'Inde, et le sabéisme épuré resté long-temps propre à la Perse; le suffisme exalté y trouve le principe de son dégagement complet : ainsi suffites, samanéens, philosophes, sous tous les titres, furent consumés au même foyer et absorbés dans le même amour. Le phénix en serait-il l'emblême?

L'instruction, disent les sages d'Orient, est la figure de la raison (1). On étudie en Perse, mais en de fausses directions; il n'existe point d'imprimerie : celle qui fut apportée par un ambassadeur anglais fut simplement déposée à Tauriz comme objet de curiosité; cependant les Persans comptent des historiens. Le règne de Nadir-Schah, ou Thamas-Kouli-Khan, a fourni le sujet d'un livre dont le roi de Danemark voulut la traduction, mais littérale et en français; et W. Jones en fut l'auteur.

Le style tout persan de ce bizarre ouvrage

---

(1) Olivier.

fatigue singulièrement notre esprit et notre goût; il n'en est que plus curieux : les épithètes s'y trouvent prodiguées bien plus encore que les images et sans véritable poésie, ou de figures, ou d'expression. Ainsi, « Nadir sentit une fois, dans la rose de la réponse, l'odeur de la dissimulation. » Ainsi ailleurs, « Réunissant le golfe de ses bonnes intentions à l'océan de la résignation à la providence, Nadir lança, dans la mer de son sein, le vaisseau de son espérance. »

Ce qu'il y a de plus pénible, en lisant cette histoire, est sans doute l'admiration de l'écrivain pour son héros farouche (1). « Héros qui à l'aide de son sabre étincelant prit possession de tous les royaumes du monde; chef dont les flèches aigues firent trembler la terre, et dont la lance perçante alarma le firmament même. » L'écrivain, en un mot, ne raconte que des cruautés et ne cesse de vanter des bienfaits.

Mohamed-Mahadi, khan du Mazanderan et auteur de cette narration, la commence à l'époque de l'invasion des Afghans dans la Perse, vers l'an 1708 de notre ère.

Si l'on ignorait cette histoire, je doute qu'en Europe du moins on s'en formât une idée claire, d'après le récit de Mohamed; les noms, les faits,

---

(1) W. Jones 11.ᵉ vol.

y sont comme entassés, mais l'ouvrage est traité dans la forme d'annales, et l'auteur, chaque année, annonce le Neuruz par une description du printemps.

C'est un coloris bien bizarre que celui de ces descriptions : tantôt les feuilles du jardin de roses se rangent en ordre de bataille; les rosiers, comme des héros, se couvrent du casque de leurs boutons; le sycomore, guerrier d'expérience, étend au loin ses feuilles acérées; cette belle armée d'avril envoie un détachement de zéphyrs aîlés : tantôt c'est la tulipe, nouvelle épouse de la riante saison; ce sont les boutons de roses qui, comme de beaux adolescents, s'ébattent dans les réduits des jardins, et au bord des ruisseaux. La colombe, éprise du cyprès, gémit tendrement sur ses branches dont les feuilles, comme des poignards, servent de garde à ses plaisirs; « mais reprenons, comme dit l'auteur, le roseau de la narration dans la plaine de l'éloquence. »

« Le grand empereur, l'ombre du Tout-Puissant, croissait pour dériver son incomparable gloire, de la grandeur innée de son âme; il alluma la lampe de sa noblesse, le royaume de Timour sembla caché dans le fourreau de son sabre, et celui de Genghiz-Khan suspendu comme un anneau, à la chaîne de sa souveraineté. »

Nadir-Kulibeg servait depuis l'âge de 15 ans; tout à coup, dans les troubles où se trouvait l'Asie, il éleva le bras du pouvoir, soutenu de la prospérité; il rassembla les guerriers de plusieurs tribus, et planta dans Kelat l'étendard de l'autorité, ceint du baudrier de l'audace; il étendit chaque jour ses conquêtes : sa réunion à Schah-Thamasp, fils du Schah-Hussein détruit par les Afghans, parut devoir opérer le salut de ce prince. Nadir vainquit ses ennemis; mais bientôt Schah-Thamasp crut devoir tout redouter de son trop puissant protecteur; sa vaine résistance fut le signal de sa perte; et l'historien rapporte, comme autant de triomphes et d'actes de justice, les cruautés odieuses du terrible Nadir; en effet, « Les ministres de l'imprudent Thamasp, unissant la folie à l'endurcissement du cœur, et à la faiblesse de l'entendement, avaient amené, disait hautement Nadir, la décadence de l'empire; » prenant donc sous le nom du prince l'exercice réel du pouvoir, Nadir vainquit sans retour les Afghans, et revint en maître à Ispahan, à Chiraz, en un mot dans toutes les provinces.

Trop convaincu, dit son panégyriste, de l'aversion que lui portait le faible Thamasp, Nadir crut le temps arrivé de ne plus garder de mesure; il rassembla les hommes qui lui étaient dévoués; il déclara que l'empereur, s'associant à leurs ennemis, allait perdre le fruit de leurs travaux : une acclamation générale répondit que l'empire devait sa splendeur à celui qui l'avait délivré, et qu'au libérateur appartenait l'empire. Le généreux Nadir n'en demandait pas tant : il fit couronner Schah-Abbas, fils au berceau de Schah-Thamasp; et ce monarque déchu fut relégué dans le Khorassan, pour s'y dévouer à la prière.

D'éclatantes et nouvelles victoires signalèrent les jours qui suivirent; mais enfin Nadir convoqua, dans la plaine de Mogan, les personnages éminents de l'état, le peuple en foule et son armée; il se trouva cent mille hommes réunis. Trop convaincus de leur faiblesse sans le secours de leur chef protecteur, ils s'écrièrent : Notre roi légitime est celui qui a consumé l'existence de nos ennemis. La prise de Bokharat, celle de Samarcande, suivirent un couronnement splendide, et l'expédition de Delhi ne fut pas long-temps différée.

Guerres ensuite, guerres encore, soulèvements fréquents, atroces punitions. L'auteur lui-même, qui venait de vanter l'exquise clémence de Nadir, avoue que, de plus en plus altéré de sang, ses proscriptions n'eurent plus de terme; dans tous les lieux où il passait, les têtes formaient de hideuses pyramides; rien ne pouvait plus apaiser le délire de son âme furieuse : des conjurés tuèrent ce grand roi; ils firent une balle de paume de cette tête que l'univers ne pouvait même pas contenir l'instant d'auparavant. Plus de seize princes de sa famille furent massacrés après lui; Charok, son petit-fils, et dont la mère était fille de Schah-Hussein, fut préservé alors comme par miracle; mais l'anarchie exerça ses violences : Charok fut vainement proclamé souverain : « cet unique joyau des deux mers, ce beau jardin arrosé à la fois de l'eau du bosquet de roses de Nadir et du berceau de fleurs des sophis, » Charok, eut les yeux arrachés.

Un simple pélerin qui partit de Delhi, à la suite de l'armée de Nadir, et dans le seul dessein de se rendre à la Mecque, a laissé dans sa relation des détails précieux, et sur Nadir-Schah lui-même, et sur la destinée de l'armée qu'il ramena de l'Inde, gorgée des trésors prodigieux dont elle avait eu le pillage. Arrivé aux bords du Tchenab, le maître exigea que ses soldats livrassent les richesses qu'ils avaient dérobées : plutôt que d'obéir, plusieurs se décidèrent à tout engloutir dans le fleuve; d'autres, avec l'espoir de les retrouver un jour, ensevelirent des biens si chers dans le sein même de la terre, à laquelle ils venaient de les ravir cruellement.

Dans le cours d'une marche si longue, des difficultés formidables se présentèrent plus d'une fois; il fallut braver tour à tour les feux d'un été dévorant, et les neiges amoncelées par les vents glacés de l'hiver; enfin, un même fleuve, traversé vingt-deux fois, engloutit dans ses ondes tortueuses plus du quart des dépouilles enlevées à l'Indoustan. Plus loin, des landes,

des déserts, des torrents de flammes, provenues de roseaux incendiés, firent périr les bêtes de somme qui transportaient péniblement les restes conservés encore du plus magnifique butin.

Le pélerin décrit, dans l'admiration qu'il éprouve, la tente superbe que Thamas ou Nadir fit dresser dans la ville d'Herat : couverte de drap écarlate, la tente était doublée de satin violet, brodé en pierres précieuses ; les mâts en étaient d'or massif, et toutes les pièces enfin, de cet édifice mobile, devaient charger sept éléphants. La ville d'Herat, quoi qu'il en soit, ne présentait plus alors que des ruines causées par la guerre ; et par l'effet d'une semblable cause, Balk aussi n'offrait plus que des débris entourés de jardins dévastés.

A Meched, Nadir-Schah osa se faire apporter la pierre sépulcrale qui recouvrait, à Samarcande, les cendres mêmes de Tamerlan ; cette pierre fut brisée quand on la détacha ; mais Nadir satisfait en fit presque aussitôt replacer les fragments. « Hélas ! s'écrie le pieux Aboul-Kerym, Timour disait : Je livrerai la Turquie à mes guerriers tartares, et j'en transporterai la terre dans le Touran. Quarante chameaux portèrent à Samarcande des corbeilles pleines de terre, prise à Constantinople ; et voilà qu'un morceau de pierre suffit pour couvrir le géant, et cette pierre est réduite en poudre ! »

C'était près de Meched que Nadir avait vu le

jour : déjà une mosquée s'élevait sur son berceau ; trois vases d'or en surmontaient le dôme, et une épée sortait des vases ; mais c'était à Meched que Nadir-Schah avait préparé son tombeau, et le sort devait le priver du repos de ce dernier asile. Meched était une ville sainte, sépulture du huitième iman. Koum est, de nos jours, une ville sainte ; on rencontre, sur les chemins, les cercueils des riches personnages qui ont voulu qu'on les y conduisît : un muletier accomplit le dernier vœu qu'ils ont fait.

La rivière de Keramly fut funeste à l'armée de Nadir ; le bruit de cette rivière ressemblait, dit le pélerin, au son de la trompette d'Ierafil, l'ange impitoyable de la mort ; Nadir traversa le Keramly sur le dos de son éléphant, et sans pourvoir, en aucune manière, au passage de son armée.

Sur la route de Teheran, Nadir courut un grave danger ; ce farouche guerrier s'avançait à un mille de ses soldats, sans autre compagnie que son harem choisi, et toutes les femmes esclaves qui chantaient en dansant. Un assassin embusqué l'attendait ; ce terrible incident fit de nombreuses victimes, et rendit le despote encore plus soupçonneux.

Deux lettres de Thamas peuvent se considérer comme deux monuments de l'histoire ; mais la philosophie ne peut y sonder sans effroi les noirs détours du labyrinthe qu'on appelle conscience politique. Peut-être néanmoins elle doit s'enorgueillir en reconnaissant, dans les mensonges du pouvoir, que la justice est la reine du monde, et que le glaive a besoin de son nom pour commander.

La première de ces deux lettres (1) fut adressée à cette réunion choisie, qui offrit l'empire à Thamas, quand il crut pourtant de sa prudence de poser encore un degré dans l'intervalle qui le séparait du trône, et de faire couronner un enfant. Cette lettre est un manifeste contre l'espèce de paix que Schah-Thamasp, abusé, venait de conclure avec les meurtriers de sa race, et les destructeurs de la Perse. De nombreuses citations en vers, et même en vers tirés du voluptueux Hafiz, se rencontrent dans cette lettre.

La deuxième lettre est écrite noblement, et la simplicité du style devrait en écarter toute idée d'imposture. On sait que Nadir n'acquit la connaissance des lettres qu'à l'âge de plus de quarante ans ; mais il dictait, avec une extrême correction. Empereur et vainqueur de Delhi, il informe son fils des événements glorieux qui l'ont rendu maître de cette place ; il expose que l'empereur mongol est venu se rendre et se soumettre à lui ; mais l'arbitre de son destin a jugé

---

(1) *Recherches asiatiques.* 10ᵉ vol.

qu'il devait le remettre sur le trône. Nadir rend grâces à Dieu de lui avoir transmis le pouvoir de faire une si grande action : « Dieu a fait qu'au jugement de notre esprit victorieux, dit-il, le trône des rois, l'océan des gloires mondaines, sont d'un prix plus léger que la paille qui flotte sur la surface des vagues. Notre glorieuse victoire est due entièrement à la bonté de celui qui élève la fortune au-delà des calculs humains. »

Nadir prit pour devise du sceau qu'il adopta : « Le brillant qui décorait la bague de la gloire étant tombé, Dieu a choisi Nadir pour l'y replacer (1). » La devise de ses médailles fut : « Nadir roi des rois, et le héros du siècle ; que cette inscription serve à annoncer aux hommes le règne de Nadir, le conquérant du monde. »

Ce n'est pas dans la période qui suivit le règne de Nadir-Schah, qu'on peut se flatter de rencontrer en Perse une haute littérature. Olivier remarquait, il y a quelques années, que les Persans de toute condition se ressemblaient par l'instruction, par le ton et par les manières ; il avait cru en découvrir la cause dans l'excès des calamités. Des désastres universels avaient porté vers les mêmes directions, et entraîné dans les mêmes destins, les plus pauvres comme les plus riches : les uns, sans doute, avaient acquis

---

(1) *Révolutions de Perse.*

un plus grand nombre de notions; leur esprit s'était étendu; les autres n'avaient pu dégager leurs idées du cercle des fonctions, que les événements rendaient nécessaires et communes, et imposaient sans distinction à tous. Une sorte de portée moyenne était, sans contredit, résultée de cette fusion; mais l'abaissement des sommités n'élève jamais le niveau social; sa noble tendance est d'atteindre, et non pas seulement de surpasser.

Au sein de la profonde paix qui ennoblit son règne, Fath-Ali-Schah permet aux princes, ses enfants, de cultiver les connaissances auxquelles l'Europe doit sa supériorité. Déjà l'Europe avait pénétré dans la Perse; le Bengale en avait rapproché l'Angleterre; les limites de la Russie ne se distinguaient presque plus des frontières du nord de l'Iran; la guerre et tous ses arts, dans ce qu'ils ont de savant et de perfectionné, furent le premier objet de l'émulation des jeunes Persans. L'ambassade française, au commencement du siècle, ouvrit à leur émulation une carrière neuve et brillante. Le capitaine Verdier forma une artillerie dans les troupes d'Abbas-Mirza.

Mais avant l'ambassade qui devait imprimer un si prodigieux ébranlement, la gloire française avait retenti jusqu'aux rives de la mer Caspienne; nos armes, comme celles des Croisés, avaient élevé, en Egypte, en Syrie, des trophées dont le caractère, faute de type de comparaison, se confondait avec le merveilleux. Les Français, disaient les Persans, sont une espèce particulière entre les hommes, savants parmi les savants, braves parmi les braves : vos sages, disait l'un d'eux, en s'adressant au voyageur Jaubert, vos sages ont hérité de la sagesse de Zoroastre, et de la valeur d'Alexandre.

Abbas-Mirza reçut M. Jaubert sous la tente ; Ardebil, où il résidait, ne lui offrait point d'édifice qui pût suffire à sa nombreuse cour, et il avait passé tout l'hiver dans son camp ; le jeune prince était ébloui de l'éclat inouï d'une puissance, en présence de laquelle les Russes avaient fléchi : les rayons du soleil nous éclairent, disait-il, avant d'arriver jusqu'à vous ; seraient-ils moins bienfaisants ici que sur vos têtes ? Abbas-Mirza demandait des détails sur ce jeune Télémaque dont il lisait alors les aventures, et qui, cherchant son père de rivage en rivage, voyageait avec tant de fruit ; il multipliait les questions sur le chef de l'armée française ; il en fit à la fin sur le pacha Djezzar, ce barbare dont le nom était venu jusqu'à lui.

Djemalabad, ou lieu de perfection, autrement Casbin ou Kazwin, fut une des stations de l'intrépide voyageur dont j'emprunte ici le récit : le palais où il fut reçu était coordonné dans toutes ses parties aux voluptés orientales ; des inscriptions tirées d'Hafiz, ou riantes, ou philosophiques, servaient d'ornements aux lambris ;

les fleurs, la musique, les danses mêmes, embellirent le repas qu'on offrit à M. Jaubert, dans un agréable jardin.

A Teheran, M. Jaubert obtint, de Fath-Ali-Schah lui-même, une audience qui fut solennelle; l'introducteur, en le présentant devant le trône resplendissant de gloire, le refuge assuré des peuples, annonça un Français qui portait une lettre, contenant des paroles semblables à autant de perles tirées du fond de la mer de l'amitié.

Des tapis de cachemire, des colonnes de marbre, des pierreries incomparables, décoraient le palais du monarque : l'un des appartements contenait les portraits en miniature de toutes les femmes qui avaient su lui plaire; il avait fait publier, depuis peu, que toutes les filles non fiancées, et au-dessus de quinze ans, appartiendraient à son harem, et y seraient conduites à choix; mais cet édit bizarre n'eut point d'exécution.

Les compositions poétiques du Schah tenaient une grande place dans sa bibliothèque; il se trouvait surement une sorte de poésie dans le décret où il avait prescrit de respecter les aigles, et de s'abstenir de leur ôter la vie, afin que le faible n'apprit pas à attenter aux jours du fort.

Le prince de Kirmansha, autrement Mohamed-Ali, n'avait pas été, moins que son frère, enthousiasmé de la gloire française : les guerriers français, disait-il, lui paraissaient autant de héros, et chaque soldat s'élevait dans son esprit au rang d'habile capitaine ; depuis que les Anglais ont forcé l'Orient à faire deux peuples des Franghis, depuis que le Persan balbutie le mot *Inglis*, en opposition au *Francis* original et primitif, le prince de Kirmansha avait paru fidèle, du moins d'inclination, à l'amitié de la France; il s'était donné en secret un correspondant à Paris ; mais je doute que cette relation ait été, parmi nous, utilement suivie.

Les Anglais, cependant, avancent dans ce tempire; leur influence y est restée unique, et rien ne peut plus s'y soustraire. Le Bengale fait entrer son commerce souverain par les voies du golfe Persique ; ses ambassades se sont multipliées aussi bien que les voyages, toujours diplomatiques, d'un grand nombre d'Anglais instruits.

La première ambassade persane qui fut envoyée en Europe avait été adressée à la France ; mais l'espèce de ridicule attaché à ses accessoires en étouffa les résultats : l'Angleterre fut l'objet de celles qui suivirent; et rien, là, ne fut négligé pour leur donner un grand éclat.

Un Musulman de l'Inde, originaire de Perse, entreprit le voyage d'Europe, et il le commença dans la dernière année du dernier siècle de notre ère (1). L'esprit se montre plus que l'instruction dans la relation qu'il a donnée; et il décrit avec

---

(1) *Voyages d'Aboul-Thaleb.*

succès la simple surface des choses. Mirza-Aboul-Thaleb, qui s'intitule prince persan, partit de Calcutta par mer; l'admiration que tant d'objets nouveaux excitèrent en lui s'augmenta chaque jour jusqu'à Londres; Paris, qu'il vit ensuite, lui parut inférieur à la capitale de l'Angleterre : il est bien vrai qu'Aboul-Thaleb ne savait que la langue anglaise, et qu'il avait été reçu à Londres, dans tous les cercles distingués; ce fut là qu'il rendit en vers ses hommages à la beauté; il y disait que l'amour était en lui l'ouvrage de la seule nature, et justement comme les plus vives nuances dont la tulipe est colorée.

La mer épouvanta quelquefois le voyageur; il s'étonnait, à bord de son navire, que l'Europe fut un pays d'eau. Aboul-Thaleb répétait chaque jour ces paroles du poète Hafiz : « Le bruit des flots est affreux au milieu des ténèbres de la nuit. Celui qui voyage gaîment sur le rivage est loin de se faire une idée de nos maux. »

Les Persans tiennent, comme tous les Orientaux, au sol qui leur a fait goûter ses fruits. Une femme arabe avait suivi en Angleterre les enfants d'un consul anglais; ses récits, à son retour, éblouirent ses compatriotes attentifs à l'écouter (1); mais quand elle dit que l'Angleterre ne contenait pas un seul palmier, les

---

(1) Malcolm.

Arabes ne firent plus que plaindre les Anglais d'habiter un pays si pauvre.

En Perse, tous les fruits atteignent le plus haut degré de saveur, et sans que la greffe y soit connue et pratiquée; mais Olivier ajoute que la pomme et la poire, qui ne sont pas des fruits indigènes, sont inférieures en qualité dans les plus beaux vergers de la Perse.

Si l'on en croit Morier, ces fruits si délicieux ne peuvent plaire qu'à des Persans; ceux qui formaient le cortége de l'ambassade persane les regrettaient en Angleterre : nos fruits surpassent les vôtres, disaient-ils aux Anglais; nous voyons toujours le soleil. En Perse, outre les fleurs, on jette le sucre en abondance sous les pas de celui qui triomphe.

J'ai dit à quel point les Persans avaient encore peu d'instruction; les notions qu'ils acquièrent nécessairement chaque jour sont d'une excessive confusion; et l'intérêt d'Abbas-Mirza pour Télémaque, jeune voyageur, en offre une preuve pleine de charmes, sans doute, mais d'une surprenante naïveté. Ce prince, qui aimait les Français, et qui avait voulu que le don de son portrait leur fut un gage constant d'affection, ce prince de même semble aimer les Anglais, ou peut-être ce sont encore les Français qu'il goûte et qu'il chérit dans leurs successeurs à sa cour. Il ne peut distinguer une vraie différence entre des hommes qui ont tant de rapports dans leurs plus brillantes qualités, et qui, malgré tout l'orgueil d'Albion, ne peuvent tirer leur fierté que du beau titre de Franghis, sous lequel ils se sont présentés si long-temps.

La Perse a de nombreux annalistes, soit en arabe, soit en persan; la géographie même a chez eux des auteurs; mais rien ne s'étend au-delà des traditions de l'islamisme, sinon la fable de Roustem, et quelques aventures héroïques recueillies dans le Schah-namch.

Les Français, les Anglais, enseigneront quelque jour à la Perse régénérée sa propre histoire et ses antiquités; de nombreux voyageurs y feront autorité : Tavernier, Chardin surtout, seront invoqués comme témoins; le crayon de Ker-Porter prolongera la durée des vestiges de Persépolis; Sylvestre de Sacy aura pu suppléer, en les interprétant, aux traces des caractères des inscriptions sassanides que le temps, dans sa course, aura de plus en plus oblitérées. Les villes antiques renaîtront en présence de ceux mêmes qui en habitent la place, et qui en ignorent les destins; Diarbekir s'enorgueillira d'avoir porté le nom d'Amida; Rhey se souviendra de Tobie, et du temps où elle fut Ragèz; Ecbatane sera reconnue; les ruines de Ctésiphon, l'antique Séleucie, feront retrouver Madain.

Nous reviendrons sur les vicissitudes qui marquent tant d'époques dans l'histoire de la Perse; les ères de changement sont trop souvent aussi des ères de malheur.

SUITE DE LA SIXIÈME ÉPOQUE.

DE L'ASIE SEPTENTRIONALE.

L'histoire des grandes contrées septentrionales de l'Asie ressemble, à quelque égard, aux cartes de géographie dressées pour les navigateurs : c'est un vaste océan où sont marquées les routes sillonnées par quelques vaisseaux ; les rochers y sont indiqués et aussi quelques îles dont plusieurs, élevées récemment de la mer, sont à peine parées encore de quelque naissante verdure.

Il doit paraître assez bizarre de chercher une littérature sur les steppes de la Tartarie ; il est plus singulier, sans doute, de ne pouvoir y démêler les races dont elles sont le domaine, que par l'étude de leurs langues et de leurs monuments écrits.

Les langues de Tartarie sont au nombre de quatre (1) : le mantchou, le mongol oriental, l'olet ou le kalmouck, l'oigour ou le turc ; il faut y ajouter l'idiôme thibétain.

---

(1) Abel Remusat. *Langues tartares.*

Les tribus des Mantchoux qui règnent à la Chine tirent leur origine de la nation tongouse : cette nation, jadis innombrable, compte à peine maintenant au-delà d'un million d'âmes ; mais elle possède ou elle parcourt plus de cent mille lieues carrées, entre la mer d'Okhotsk, et le fleuve Ienissei.

Les Olets ou Kalmoucks descendent des Mongols ; ceux-ci, originaires des bords du lac Baikal, environnent la grande muraille de leurs tribus constamment pastorales, et le Thibet aussi est habité par eux.

Les Oigours sont de race turque, et la race turque s'étend depuis Constantinople, où elle est souveraine, jusqu'aux rives de la mer Glaciale.

Les Oigours se sont élevés les premiers à la connaissance des lettres ; leur alphabet fut emprunté par les Mongols qui le modifièrent ; et les Mantchoux, en le modifiant, l'ont eux-mêmes reçu des Mongols.

Il est donc vrai que les langues tartares s'écrivent avec un caractère unique, malgré la différence des formes de quelques lettres et celle du goût calligraphique qui en règle l'exécution.

Ce caractère tartare provient du stranghelo, caractère syriaque porté aux Oigours par les Chrétiens nestoriens, et propagé par eux jusqu'aux extrémités de l'Asie.

Il semblerait d'abord que l'écriture chinoise aurait dû se répandre en ces vastes régions, avant que l'Occident les eut même aperçues ; mais la complication d'un enchaînement d'idées, positif quoique artificiel, ne pouvait en être isolée, et l'obstacle fut invincible. Si dans le cours des âges quelques tribus tongouses purent adapter à leur usage les signes de l'écriture chinoise, ce fut en leur prêtant, non un sens symbolique, mais la valeur d'un son. Le savant Remusat ne craint pas de supposer que l'écriture du Japon, réellement syllabique ne put devoir son existence qu'à ce genre de transformation. L'alphabet coréen, dégradation extrême du système graphique chinois, n'entra même dans la presqu'île qu'après avoir subi les altérations les plus graves, chez les nations nomades qui occupent le nord de l'Asie.

Le mongol, le mantchou, décèlent l'oigour et son origine syriaque : ce fut à l'oigour que recourut Genghiz-Khan, pour fixer par écrit ses institutions. Koublai, son petit-fils, zélé pour le bouddhisme, voulut procurer au Thibet, sanctuaire de cette religion, l'avantage d'une écriture ; le *Lama-Phaspha*, sous ses yeux, scruta l'alphabet oigour, il s'efforça de l'assortir à la langue propre des Mongols, et, empruntant aussi à l'Inde les contours quarrés du pali, il en forma l'écriture thibétaine, perpétuée jusqu'à nos jours.

Il existe à Paris un double dictionnaire, en mongol et en thibétain : M. Klaproth a découvert un alphabet complet, oigour et mongol ; cet alphabet ressemble à celui des Mantchoux, mais l'écriture mantchoue, fixée beaucoup plus tard, a retenu quelque chose des formes thibétaines.

La langue mantchoue est susceptible d'être écrite en caractères européens : cette langue, disait le P. Amiot, est dans le goût de nos langues européennes; on y voit clair. Le P. Gerbillon publia d'abord un tableau de ses éléments; Deshanterayes en donna l'important alphabet; et, de nos jours, M. Langlès a consacré à cette langue une grande part de ses travaux.

M. Abel Remusat, au contraire, a trouvé dans la langue chinoise plus de lucidité que dans la langue mantchoue. La règle phraséologique, propre à la langue des Mantchoux, semble en bannir toute élégance, toute éloquence, toute poésie : un mandarin sourit de pitié à l'idée d'exprimer des sons par des caractères d'écriture, au lieu d'y attacher des idées, et d'allier noblement l'analyse avec la synthèse dans la composition, comme dans l'intelligence des traits offerts par le pinceau.

La langue mantchoue est sans doute abondante; mais comme la nation, dont les triomphes l'ont étendue, n'était, il y a moins de deux siècles, qu'une faible tribu tongouse, il ne faut pas chercher dans ses racines d'autre expression que celle des idées simples, ou les noms des objets de première nécessité; tous les mots de ce genre sont tongouses, tout le reste est d'emprunt. Les empereurs chinois, issus de la race tartare, n'épargnent rien pour propager leur langue d'affection; ils y font traduire soigneusement un grand nombre de livres chinois, et cependant le mantchou se perd tous les jours à la Chine : si le trône retournait à quelque rejeton de la race chinoise des Ming, on brûlerait les livres mantchoux, comme on brûla ceux des Mongols, après la chute de la postérité de Genghiz-Khan; et le mantchou n'aurait peut-être pas des chances égales pour revivre.

Les Mongols et même les Kalmoucks appliquent à leurs langues, en quelques circonstances, les caractères thibétains; communément, ils y tracent les formules de leurs prières ; l'écriture syro-tartare est d'ailleurs celle qu'ils emploient. L'écriture des Olets est, de nos jours, la plus négligée; et cependant ce fut elle qui servit à écrire les lettres que les empereurs mongols et persans firent adresser au roi de France, en 1289 et aussi en 1305. Depuis quelques années, la société biblique a fait imprimer, en olet, l'Evangile selon saint Mathieu.

C'est à la Chine, ainsi que je l'ai dit, que se font aujourd'hui les éditions mantchoues; c'est à la Chine aussi que s'étaient faites autrefois les éditions en langue mongole. En 1282, celle d'un livre historique, intitulé *Thoung-Kian*, y fut exécutée en mongol-oigour : à cette époque vivait le célèbre Matouan-lin, l'un des grands historiens de la Chine ; et l'émulation fit éclore sous le pinceau des Oigours quelques traductions d'histoires, soit de la Chine, soit même de l'Inde, et aussi de quelques traités sur des sujets de philosophie.

La proscription de toute littérature tartare, à la chute de la dynastie qui l'avait introduite en Chine, ne put être que momentanée : déjà de grands travaux s'y trouvaient rattachés ; il fallut revenir à des encouragements, et créer même un tribunal, uniquement pour les traductions ; et l'empereur Kang-hi, quoique de race mantchoue, fit publier plus tard un savant dictionnaire, ou miroir de la langue mongole.

La religion bouddhiste servit chez les Chinois au maintien de cette langue primitive ; et, sans parler des travaux extérieurs, il suffit de faire observer que l'empereur Kien-long a fait, presque de nos jours, composer sous ses yeux une Synonymie polyglotte, pour tout ce qui est relatif au culte de Bouddha : le samsçrit, le chinois, le thibétain, le mantchou, se mêlent au mongol, dans cette compilation que l'on peut dire sacrée.

La littérature mongole n'est donc pas privée d'intérêt ; outre les traductions qui y ont reproduit une partie des doctrines philosophiques de l'Inde, elle a des poèmes et peut-être des romans, elle a des monuments historiques précieux ; et c'est à la Chine surtout que nous devrons de les mieux connaître un jour.

Le turc occidental, ou le turc ottoman, a été enrichi, ou si on le préfère appauvri, par un mélange de mots arabes ou persans (1); il ne s'écrit qu'en caractères empruntés à l'arabe, il n'est presque plus l'oigour, ou l'ancien turc oriental. Cependant les dialectes turcs sont soumis à une inversion qui caractérise également, et le mongol, et le mantchou : dans les trente-trois lettres, d'ailleurs, dont l'alphabet actuel de la langue turque se compose, il en est encore une qui appartient au turc pur, et trois que l'on peut y rapporter; mais le turc occidental, ou le turc proprement dit, s'écrit de droite à gauche, comme l'arabe.

Cette langue, majestueuse dans sa prononciation, est entendue depuis la mer Glaciale jusqu'aux rives de l'Adriatique, et d'Alger jusqu'à Candahar (2); elle a passé dans la diplomatie d'une grande partie de l'Asie. Aucune langue primitive ne s'est perdue pourtant dans les contrées que les Turcs ont conquises : dominante comme ceux qui la parlent, la langue turque,

---

(1) Abel Remusat. *Langues tartares.*
(2) Jaubert. *Grammaire turque.*

ainsi qu'eux, n'a point jeté de racines, et elle ne s'est nulle part fondé une patrie.

La littérature turque a fort peu d'étendue ; les Turcs dédaignent toute étude, hors celle de la religion qui comprend leur jurisprudence ; ils ne connaissent de gloire que celle des armes ; leurs poètes imitent ou traduisent les compositions des Persans, et par fois celles des Arabes ; l'histoire leur doit à peine quelques anleans récentes. Les chroniques antérieures à la prise de Constantinople, telles que celle d'Edris, ont été écrites en persan. C'est en latin que, dans le siècle dernier, le prince de Moldavie, Démétrius Cantemir, a tracé l'histoire ottomane ; c'est néanmoins en turc, dit Zagatai, qu'Aboulgazi, dans le dix-septième siècle, a composé l'histoire des Tartares.

La langue turque offrirait seule une difficulté principale aux progrès de la littérature ; car on ne peut la bien posséder sans connaître également le persan et l'arabe, dont elle a admis le mélange.

L'Alcoran et ses commentaires, dans le seul travail qu'ils exigent, opposent un obstacle plus grand : les bibliothèques sont remplies par des livres de cette nature ; tous ces livres sont manuscrits, et il est de principe qu'ils le soient. Les copistes, parmi les Turcs, ont atteint, en calligraphie, une singulière perfection ; mais ils doivent redouter maintenant la concurrence de la lithographie.

Une imprimerie établie à Constantinople, dans le cours du siècle dernier, et abandonnée peu après, s'est relevée pourtant depuis quelques années (1); l'impression du Kamouss y a été achevée dans le temps que ce grand ouvrage se publiait aussi à Calcutta. Le Kamouss, ouvrage d'un Persan au quatorzième siècle de notre ère, est un dictionnaire arabe d'un grand prix. Quelques ouvrages mystiques ont également paru à l'ombre protectrice de la Porte sublime; tel un recueil de vies des saints, ou santons musulmans, intitulé : *Les Effusions de la source de la vie*; tel un livre plus important, sous le titre d'*Exposé de la foi musulmane*, depuis peu traduit en français, et dont l'abrégé en langue turque a été imprimé en même temps que l'ouvrage lui-même. Il faut y joindre un recueil de Fetvas, en arabe et en turc, renfermant une espèce de code fondé sur les décisions des personnages les plus considérés. Quelques fragments d'annales ont été soumis à la presse par un ordre exprès du sultan; on a de plus imprimé un précis historique des événements arrivés entre l'année 1752 et l'année 1774 de notre ère; mais, dans le

---

(1) *Journal asiatique.*

récit, la bataille de Tchesmé est décrite, comme le reste, sans exaltation ni couleur. L'annaliste termine avec une réflexion dictée plutôt par un aveugle fanatisme, que par une pieuse résignation : « La victoire, les succès, ainsi que le cours des choses humaines, étant liés, dit-il, aux décrets de la destinée, il est contre toute justice d'attribuer la non réussite des événements, à ceux qui sont chargés d'affaires importantes et périlleuses. »

Les Turcs répugnent à l'étude de l'anatomie et des sciences qui s'y rapportent; ce préjugé chez eux n'a point été vaincu, il fut celui de l'antiquité, et l'Asie entière le conserve.

Les sciences mathématiques doivent, à l'astronomie, l'intérêt que les Turcs paraissent leur accorder; car l'astronomie, pour les Turcs, est l'héritage des patriarches, et ils y attachent quelque orgueil; mais le reste est pour eux tout-à-fait étranger. A la fin du siècle dernier, l'ambassadeur turc, à Paris, fut conduit à quelques séances d'expériences d'électricité, et le grave personnage, également ignorant des effets et des causes, y apporta peu de curiosité.

La peinture, et les arts qui peuvent en dériver, sont proscrits en Turquie plus qu'en aucune contrée soumise à l'islamisme. De Tott a parlé d'un tableau qui représentait un combat : on y voyait du feu, de la fumée, des balles, des boulets dans toutes les directions, et peut-être des machines de guerre, mais aucune figure de soldat.

Les Turcs n'ont point de notes pour écrire la musique; le prince de Moldavie essaya vainement de leur en faire adopter l'usage. Ils ne savent pas écrire un chant; mais ils se sont toujours montrés sensibles aux accents d'une douce mélodie : le farouche Amurat, à la prise de Bagdad, fut fléchi par l'intrépide musicien qui lui fit entendre sa lyre. Le nom de cet Orphée ne doit pas être perdu : il s'appelait Emir-Guïunkhan.

Le Kalila, tel que nous l'ont donné les savants Galland et Cardonne, est la traduction d'une imitation en turc, faite selon la version persane de l'antique ouvrage de Bidpay. L'auteur turc, Alitchelebi, présenta son livre à la fois à Soliman II et à son grand visir; le visir lui reprocha ce frivole emploi du temps, l'empereur le combla de bienfaits.

Les livres ascétiques des Turcs sont presque tous traduits de l'arabe ou du persan; on trouve, dans l'un de ceux du premier ordre, une sorte d'allégorie qui rappelle la fable du Dante, et qui permettrait de supposer qu'une tradition musulmane aurait pu atteindre l'esprit du poète guidé par Virgile (1). « Sorti du cinquième ciel,

---

(1) Jaubert.

dit l'interlocuteur, c'est-à-dire, le grand-prophète, je vis un beau kiosque, et dans une des salles de ce kiosque, je vis un personnage revêtu d'une robe longue; auprès de lui étaient plusieurs esclaves, et je dis : Quel est ce personnage ? Gabriel répondit : C'est l'apôtre Moïse, sur qui soit le salut. Je m'avançai vers lui, je lui donnai le salut; Moïse me le rendit, et me dit : O Mohamed! sois ici le bien venu, tu apportes la joie. Gabriel ajouta : Viens, et montons plus haut. »

M. Jaubert a recueilli plus de trois cent cinquante proverbes turcs, et presque tous sont d'un grand sens ; leur extrême justesse en rend l'expression d'une extrême simplicité. J'ai peine à faire un choix, et je me borne à redire: la patience est la clef de la joie; ou plutôt pour l'avoir peut-être mieux senti : il y a un chemin du cœur au cœur.

J'hésite, je l'avoue, à présenter comme un progrès la métamorphose forcée que la Russie a fait subir aux Tartares de la Crimée. Quand le Français de Tott résidait parmi eux, quand il y admirait de longues files de tentes qui toutes renfermaient une famille, quand il y voyait les pelouses couvertes au loin de troupeaux qu'on ne songeait point à nombrer, il trouvait, parmi ces tribus, une opulence agreste, et tout ce qui constitue la dignité native. On a fait, malgré eux, de pauvres citadins de ces nomades qui étaient riches; ils ont pris la misère des villes; ils n'en peuvent concevoir la civilisation; ils ne peuvent profiter d'aucun de ses avantages ; et des colonies de l'Europe finiront par les remplacer, s'ils ne finissent eux-mêmes par s'y mêler et s'y confondre.

Un monde de villes grecques a fleuri autrefois autour de la mer Noire, et jusque sur les bords du Bosphore cimmérien. Ce n'est pas connaître la Grèce que de la voir uniquement dans Sparte ou dans Athènes ; elle embellissait l'Ionie; elle a bordé l'Euxin de colonies prospères.

On a parlé le grec, en des villes dont le nom ne subsiste même plus. Les belles empreintes des médailles, qu'on découvre chaque jour sur la plage qu'elles occupèrent, témoignent du degré où s'y élevaient les arts; mais les inscriptions qu'on y lit nous paraissent le plus souvent insignifiantes ou bizarres; et, ce qui surprend davantage, les Dieux mêmes qu'on y célèbre nous sont presque tous inconnus.

Des villes nouvelles, ou des villes renouvelées, rendront tôt ou tard ces rivages à la culture qui les fit fleurir si long-temps. La tombe d'Howard, près de Cherson, en a presque fait une ville sainte : Odessa, création d'un célèbre Français, rend, jusque dans le nom qu'elle a reçu, un hommage aux muses de la Grèce ; son théâtre, où triomphe la musique d'Italie, a retenti, en s'inaugurant, d'un appel à la liberté; la Grèce alors allait secouer ses fers. On représentait à Odessa la tragédie de la mort de Démosthènes, ou le ballet des Suliotes ; mais, de la part de la Russie, c'était sans doute comme une exhortation, ce n'était pas une promesse.

Kasan compte aujourd'hui, ainsi qu'Astracan même, un muséum et des savants : les antiquités de l'Euxin sont exploitées avec ardeur, et le Bosphore grec découvre son histoire. Nous savons maintenant que les Archanaactides furent supplantés à une époque, par les Leuconides plus fameux; le dernier de ceux-ci s'allia à Mithridate ; et quand Rome fut souveraine, elle se borna à nommer, ou seulement à confirmer, les princes d'ailleurs indépendants que voulut garder le Bosphore.

Kartesch eut autrefois le nom de Panticapée : une inscription, trouvée en 1809 à Kartesch, a permis de fixer enfin l'ère douteuse du Bosphore : l'an 424 de cette ère correspond, selon la médaille, à l'an 128 de la nôtre, ou à la treizième d'Adrien; elle remonte ainsi à l'an 296 avant l'époque d'où nous datons, quatre ans avant la bataille d'Ipsus.

Olbia est une des villes exhumées à quelques égards par les recherches les plus récentes; elle avait frappé une médaille en l'honneur de Caracalla; elle en a des temps antérieurs, et toutes sont dignes de la Grèce.

L'opulence, dès leur berceau, fut l'heureux

partage de ces villes; elle s'attacha à leurs murs, encore plus qu'à leurs habitants; elle y brava, à quelque égard, les révolutions des empires: c'était là que devait aboutir le commerce des tribus du Nord, et d'une grande part de l'Asie : mais quand la barbarie eut comme incendié ces établissements nécessaires, les plaines de la Russie ouvrirent un champ neutre à d'indispensables rencontres; le commerce y tomba avec tous ses trésors, et le désert fut son asile.

Nijni-Novogorod est le théâtre, aujourd'hui, du campement annuel où les plaisirs d'Europe font une fête brillante de la tenue d'un riche bazard; je n'en parlerais pas si l'Indou, le Tartare, le marchand de l'Arménie, n'y faisaient, entre tous, retentir leurs accents : les fourrures les plus rares, les tissus les plus fins, les pierreries, les perles, tout, et jusqu'au fer même, tout ensemble est comme entassé, et se démêle par les échanges. Quand un traité important est conclu, les contractants de toute croyance s'agenouillent et prient en commun : on évalue, au-delà de cent soixante-dix mille âmes, l'affluence qu'attire cette foire dont l'Orient fait tous les frais; le silence le plus profond succède au tumulte qu'elle cause, et, comme après l'éclat d'une explosion soudaine, l'enceinte reste plus obscure.

Des tombeaux sont les uniques monuments que l'on rencontre épars sur les steppes de la

Tartarie qui avoisinent le Pont-Euxin ; ils paraissent ressembler à ceux de la Troade ; ils ont renfermé des richesses, et les nomades errants y trouvent quelquefois des ornements en or, ou des armes en cuivre. Il est rare que ces tombes offrent des inscriptions : celles qu'on a recueillies ne remontaient pas au-delà du douzième siècle de notre ère (1) ; aucune d'elles n'était plus récente que le seizième ; toutes étaient écrites en caractères arabes ou en caractères arméniens. On pourrait en induire l'existence non loin du Volga, de quelques colonies aujourd'hui oubliées.

Entre tous les Tartares voisins de la Russie, il en est de Musulmans, il en est de Chrétiens ; il en est chez qui l'on rencontre une sorte de paganisme ; ces derniers, en quelques tribus, fêtent le vendredi comme les Musulmans, et conservent comme les guèbres un faisceau composé de quelques rameaux sacrés. Les branches du rosier servent à ces Tartares, et la verveine fut choisie par les druides dans les Gaules.

Les Tartares chrétiens sont en général sédentaires ; ils ont acquis, avec des notions religieuses, plus philosophiques et plus pures, les éléments d'une civilisation qui s'agrandit à

---

(1) Pallas. *Premier voyage.*

mesure qu'elle parvient à assouplir la rigidité de leurs esprits. Simples, quoi qu'il en soit, dans leurs croyances diverses, les Tartares ne repoussent aucun sentiment pieux. Le capitaine Billings vit un Tongouse non baptisé venir à Yakoutsk et y remettre fidèlement, dans l'église de St-Nicolas, une belle offrande de fourrures, que son frère, devenu Chrétien, l'avait chargé d'y déposer ; c'était l'accomplissement d'un vœu pour une guérison obtenue.

Les Tartares musulmans gardent la vie nomade, mais leur esprit de famille a été altéré ; les superstitions, et surtout les divinations associées à leur antique paganisme, se sont mêlées confusément à leur nouvelle et trop imparfaite croyance.

Plusieurs tribus kalmouckes ont été réunies aux Cosaques du Jaïk, eux-mêmes de race tartare : j'ignore si les Kalmoucks descendent des Mongols, ainsi que Bergman l'avait cru. Ils ont les mêmes traits, ils ont les mêmes mœurs ; mais en ce que les uns présentent de plus noble, les autres de plus civilisé (1). Les steppes sont émaillées de brillantes fleurs au printemps ; elles nourrissent d'immenses troupeaux ; plusieurs Kalmoucks possèdent plus de deux mille chevaux, et leurs chameaux sont très-nombreux.

---

(1) Bergman.

Ils chassent cependant, et font sécher les viandes qui leur servent durant l'hiver; étrangers presque à toute culture, ils achettent le gruau des Russes, et recueillent des racines sauvages; le lait de jument fermenté leur procure une liqueur forte. Les femmes sont en possession de presque toutes les industries; elles fabriquent des vases de cuir, et aussi la plus grande partie des étoffes ainsi que des feutres en usage chez leur nation.

Les chefs particuliers exercent un pouvoir paternel et patriarcal, et ils reconnaissent au-dessus d'eux le pouvoir suprême d'un khan; ils ont des lois écrites en caractères mongols; et sous le khan Galdan, vers l'an 1620, les lois furent confirmées par quarante-quatre chefs en présence de trois grands-prêtres.

Un esprit religieux règne dans toutes ces huttes dont l'assemblage ferait des villes si elles avaient de la fixité. Le lamisme y domine sans doute; mais il y est mélangé d'usages, pour ne pas dire de croyances, qui remontent à d'autres sources : ainsi la fête de l'Irrus ou Neuruz, c'est-à-dire, du renouvellement de l'année, est célébrée avec éclat; les lamistes zélés en appliquent la pompe à l'apparition du Dalai-Lama, réincarné en la personne de celui qui vit et qu'ils révèrent; les aspersions d'eau lustrale se font avec des plumes de paon, oiseau qui appartient à l'Inde.

Les bannières en soie jaune font flotter dans les airs les images divinisées, dans l'Inde, par les sectateurs de Bouddha; mais à de certaines époques vient la fête des lampes; certaines prières, en d'autres temps, se prononcent au lever du soleil; quelques traces de la pâque des Juifs, ainsi que du culte du feu, se trouvent dans les cérémonies. Une cosmogonie compliquée confond les notions nestoriennes avec quelques notions indoues. Je dois pourtant répéter que le lamisme est dominant parmi les tribus des Kalmoucks; des Lamas délégués du Dalai-Lama y tiennent sa place respectée; quelques-uns vivent solitaires, d'autres sont réunis en des monastères réguliers; et de nombreux pèlerins, formant des caravanes, font avec piété le voyage du Thibet.

Les chants, les instruments, sont souvent entendus sous les tentes de la Kalmouckie; ils portent jusqu'au ciel l'hommage de ses pasteurs. Les Kalmoucks ont un enseignement pour la langue tongouse, pour la musique, pour la religion; le livre sacré des Kalmoucks est d'origine absolument indoue; il est intitulé : *Le Miroir de l'Univers.*

Les Kalmoucks sont imbus d'idées astrologiques; ils croient aux augures, ils appellent les chamans, et se confient le plus souvent à leurs jongleries délirantes.

L'année des Kalmoucks est lunaire, avec intercalation triennale; ils ont le cycle de soixante ans, partagé en cinq sections de douze années. Ces périodes, ces années, ainsi que les mois, les jours et les signes du zodiaque, sont distingués par des noms d'animaux, comme par tout le reste du monde; mais sous la modification de cinq éléments reconnus aussi à la Chine, le bois, le feu, la terre, l'air et l'eau.

Il existe une littérature kalmoucke; et sans compter les poésies des bardes (1) dont les vers passent de bouche en bouche, les Kalmoucks ont un poème national en quatre chants, et quelques autres poèmes, où les traditions de l'Inde, celles du lamisme et même la féerie, concourent à embellir ainsi qu'à consacrer quelque glorieuse tradition.

Les connaissances positives sont moins avancées dans les steppes : Bergman raconte qu'il avait entrepris de prouver à un Lama que la terre était de forme ronde; il se vit bientôt obligé de réduire cette proposition à celle d'une fiction européenne produite par simple amusement.

Le voyageur qui affronte les déserts, et qui chemine aussi vers l'Orient, ne trouve que des peuplades éparses qu'il est forcé de redouter. L'agriculture est toute volante, si je puis em-

---

(1) *Nouvelles annales des Voyages.*

ployer ce terme, car elle est tout indépendante d'une constante propriété ; les habitations, en été, sont des kiosques ou balagans ; celles d'hiver sont des terriers. Dans les lieux où l'empire russe a jeté quelques semences sociales, on trouve des forges et des mines, et le gouvernement enchaîne des esclaves à cette double exploitation. L'art du mineur et celui du cyclope sont les seuls que l'Europe ait encore fondés en ces régions sans bornes et cependant captives. Les monts Ourals n'avaient encore livré que le cuivre et le fer qu'ils recèlent à l'industrie européenne ; on vient d'y découvrir de l'or et des diamants : puisse la magie qui les évoque, féconder aussi la surface d'un sol riche de tant de trésors !

A mille lieues de la ville bâtie par Pierre-le-Grand, à cinquante-huit degrés de latitude nord, se trouve la capitale des déserts de la Sibérie, la grande ville de Tobolsk ; un fort fut établi à la place qu'elle occupe, en 1587 ; une ville en bois le remplaça en 1643. Tobolsk, depuis ce temps, augmentée chaque jour, se compose maintenant de deux villes très-peuplées. Un quart de la population appartient aux Tartares ; des exilés, des fils d'exilés, font le reste ; car le besoin de s'attacher, qui tourmente le cœur et le console enfin, crée peu à peu pour ces infortunés l'illusion d'une patrie.

Le froid, en ces contrées, passe si rapidement

au degré le plus aigu, que les fleuves, glacés presqu'en un seul moment, offrent une surface parfaitement plane et unie; c'est vers le temps où le dégel y commence que la superficie en devient raboteuse. La pomme est, à Tobolsk, un fruit de la serre chaude; la groseille, la framboise, n'en exigent pas l'abri; les fruits d'une espèce de sapin fournissent de l'huile pour l'usage, mais le tilleul ne se rencontre plus à douze lieues au-delà de Tobolsk.

C'est dans ce profond exil que des guerriers suédois, relégués par Pierre leur vainqueur, firent preuve du noble ascendant qu'exercent partout les lumières, quand elles sont unies au courage. Ils ouvrirent d'utiles écoles, ils recueillirent d'importants manuscrits : il est, j'ose le dire, une température toute sociale et vivifiante qu'il appartient, à des cœurs généreux, de faire éclore sous tous les climats.

Ce fut une grande pensée de l'impératrice Catherine, que celle de faire explorer les rivages hyperborés de son vaste empire en Asie. Le capitaine Billings fut chargé, par la souveraine, de cette navigation polaire ; il ne l'acheva point, mais la relation de ses tentatives et de ses pénibles excursions n'en est pas moins remplie du plus vif intérêt (1). On souffre, même à la lecture,

---

(1) *Voyage du capitaine Billings.*

entre les glaces désespérantes, où de longues nuits enveloppent de ténèbres jusqu'à l'aspect de cette âpre nature : le froid peut y descendre jusqu'à trente-sept degrés, et le bois alors résiste au tranchant de la hache. On rencontre pourtant de pauvres exilés, jusqu'au soixante et onzième degré de latitude.

Les Yakoutsks habitent leur immense contrée depuis trois siècles, tout au moins ; ils ont des traditions ; et une aventure d'amour paraît avoir déterminé le destin de leur premier chef (1) ; leurs notions religieuses sont assez mélangées : l'on y trouve les débris de plus d'une doctrine ; ils reconnaissent un Dieu, et au-dessous de ce Dieu, l'auteur de toute la création auquel on adjoint une épouse. Il est encore un autre Dieu dont la fonction consiste à présenter au Tout-Puissant les prières que lui font les hommes ; ce Dieu a paru parmi eux ; on suppose qu'on l'y voit toujours, ou sous la forme d'un cheval blanc, ou sous la forme d'un oiseau. Ces peuples ont encore un autre intercesseur, dont ils nomment l'épouse la dormeuse ; ils adorent dans le soleil une divinité ; ils lui croient la puissance qui dispense les biens et les maux, et ils lui font des sacrifices ; ils admettent enfin un nombre illimité d'esprits aériens dans l'espace :

---

(1) *Voyage de Billings.*

le plus grand nombre est malfaisant; et les chamans ou les devins vont s'y mêler après leur mort.

Douze mois de trente jours divisent l'année des Yakoutsks; à chaque sixième année, ils comptent une lunaison de plus : leur premier mois est celui des bourgeons, le deuxième du foin, le troisième de la fourche qui entasse le foin, le onzième est celui de l'étalon, le douzième celui du dégel.

Ce peuple a des fêtes solennelles, des festins et des libations : les vainqueurs, dans leurs jeux, à la course ou bien à la lutte, passent pour favorisés des Dieux, comme autrefois ceux de l'Elide : les femmes ont des danses particulières, et elles improvisent des chants.

Je rapporterai ici, d'après le capitaine Billings, une sorte de poème élégiaque que ses guides, vers Yakoutsk, ne cessèrent pas de répéter. Le poème que Billings a cité pourrait convenir à l'Arabe de l'Yemen, comme au nomade d'Yakoutsk; et la différence des climats fait la différence de leurs mœurs.

« C'est ici même le lieu qui fut arrosé par les pleurs du respectable Tchogonnoï, ce vertueux vieillard; il fut chasseur habile, et défenseur constant de ses amis fidèles. C'est ici que, ne pouvant plus soutenir les fatigues de leur voyage, tomba son compagnon, son ami, son dernier cheval; il se plaça auprès de son dernier cheval, et donnant un libre cours à sa douleur, il répandit des larmes bien amères, oui, les larmes les plus amères ! car il n'avait jamais manqué d'accomplir les devoirs d'un véritable Yakoutsk; il ne méritait pas d'avoir tant à pleurer : le troisième jour il fut secouru, un voyageur plaignit sa peine, et le ramena dans sa maison. »

Les Ostiaks, plus près de Beresof, ont des opinions et des mœurs plus ou moins en rapport avec celles des Yakoutsks (1) : on trouve chez eux de grossières idoles qui rappellent à la pensée celles que les voyageurs ont rencontrées aussi parmi quelques tribus, à la côte nord-ouest d'Amérique (2); les hommes célèbres, les aïeux, sont honorés d'images, entre celles de ces Dieux, et on place des mets devant elles (3) comme aux lectisternes de Rome, à l'époque où chaque personnage ornait le péristile de sa demeure des figures de ses ancêtres : les Ostiaks ont des arbres consacrés, ils ont surtout des bois qui, tels que ceux de l'antique Italie, sont interdits aux approches vulgaires. Le renne tombe en sacrifice, dans les cérémonies religieuses, et surtout dans les funérailles; les danses sont des pantomimes,

---

(1) Pallas.
(2) Mcares.
(3) Pallas.

et quelques instruments à cordes en marquent le rhythme sauvage.

La Sibérie entière, et surtout vers le nord, est incrustée d'ossements gigantesques, et d'inexplicables débris : il serait superflu de rappeler les découvertes faites en ce genre par Pallas, et plus récemment par Adams. Convient-il d'ajouter que les seules coquilles fossiles, recueillies au temps de Pallas, étaient celles de la mer Caspienne ? Et ce fait se lie-t-il avec facilité à tous ceux que l'observation s'est efforcée de réunir ?

Le comte de Romanzof a fait faire, dans cette contrée, des recherches d'une autre nature : M. Spassky, à sa prière, a cherché des inscriptions dans les montagnes que traverse l'Ienissei ; il s'en trouvait sur les rochers, il s'en est trouvé une dans l'intérieur d'un tombeau : cinq de ces inscriptions, et entre autres celle du tombeau, sont en caractères inconnus, mais cependant alphabétiques ; d'autres en caractères mongols et oigours, et marquées en noir sur la pierre, étaient trop effacées pour être lues avec exactitude.

Le moindre monument de cette nature appartient à l'histoire des hommes : déjà quelques figures entrevues par Pallas, et données par M. Spassky, ont indiqué des ressemblances avec celles des rochers de l'Orénoque, relevées par M. de Humboldt. La même imperfection, le même instinct d'erreur, caractérisent dans les deux mondes les essais linéaires de l'homme ; et partout il témoigne le besoin presque égal de laisser la trace de ses pas, et d'invoquer un souvenir.

Le Kamtchatka est la limite extrême des plus anciens continents ; les îles Aléoutiennes sont comme un pont brisé entre l'Amérique et l'Asie ; la péninsule du Kamtchatka ne fut découverte, à l'Europe, qu'en 1698. Un aventurier russe y pénétra le premier; la Russie fondit sur ses pas. Le Kamtchadale ressemble au phoque de ses rivages; il n'est pas impétueux ; il n'est pas impassible; il essaya de résister, et il fut presque tout détruit.

Steller avait fourni le plus grand nombre des matériaux que l'abbé Chappe fit réunir à la relation de son voyage en Sibérie, quand il alla y observer l'un des passages de Vénus. M. de Lesseps avait donné la relation de son propre voyage, quand il rapporta en Europe les premiers fruits de l'expédition entreprise par Lapeyrouse ; Dobbel, en dernier lieu, nous a montré de nouveau cette intéressante presqu'île, où le plus vaste et le plus beau des ports fixera peut-être un jour l'un des grands entrepôts du plus grand commerce du monde.

Les Kamtchadales ont, pour époques, certains événements importants : tel celui de l'arrivée des Russes ; mais aucune date n'y correspond (1). Leurs années se comptent par dix mois, et tous ces mois sont arbitraires. La saison de la pêche, l'arrivée de certains poissons, la naissance des jeunes rennes, l'excès du froid, l'allongement des jours, déterminent les noms de ces mois; et dans leur nombre, il en est un consacré à l'expiation des fautes. La grande ourse, Orion, les pléiades, sont les seules constellations distinctement déterminées.

Les idoles, au Kamtchatka, ne sont que la représentation des divinités secondaires. Les Kamtchadales placent la demeure des génies malfaisants dans les cratères blanchis de leurs volcans, qui lancent constamment des jets de flammes. Les Grecs avaient aussi emprisonné Encelade sous les voûtes du mont Etna.

Point d'écriture au Kamtchatka; mais le goût de la musique et celui de la poésie. Les chants qu'on y entend sont harmonieux et doux; les danses sont des scènes dramatiques exécutées le plus souvent par des femmes, et dont le sujet est uniquement l'amour. Dans ces contrées, dont le nom seul effraie, les mariages ne sont le plus souvent conclus qu'après un servage prolongé presque autant que celui de Jacob, et soutenu par le même sentiment. La providence fait luire un peu de joie où la vie a de l'innocence.

---

(1) Chappe.

Voici une des romances kamtchadales que Steller avait rapportées: « J'ai perdu ma femme et ma vie ! accablé de douleur, j'irai au fond des bois, j'arracherai l'écorce des arbres et j'en ferai ma nourriture; je me leverai de grand matin, je chasserai le canard vers la mer, je jetterai les yeux de tous côtés, pour voir si je ne puis retrouver quelque part celle qui est l'objet de mes regrets, et qui le fut de ma tendresse. »

Une sorte d'improvisation est familière aux Kamtchadales, mais leurs refrains ne sont guère que des trivialités. Il y a loin de leurs épigrammes à la chanson du pauvre homme blanc, dont Mungo-Park fut le sujet; et même au regret des femmes du Sénégal, quand le gouverneur Boufflers fit éloigner de Saint-Louis la place des sépultures. O Boufflers, Boufflers, disaient-elles, sur une note monotone et plaintive, tu es bien bon pour les vivants, tu es bien méchant pour les morts !

Les traîneaux, dans toute la presqu'île et aux bords de la mer Glaciale, sont conduits, comme au Groënland, par des attelages de chiens, nourris à peine d'os de poissons (1). Les rennes, trop pesants, ne pourraient les suppléer.

Au milieu de ces déserts de brumes et de frimats, au milieu de cette triste froidure, on rencontre

---

(1) Dobbel.

des hommes pleins de sociabilité; leur hospitalité ressemble à l'affection. Un luxe relatif d'aisance n'est point banni de ces yourtes, enfoncées de plus de cinq ou six pieds dans la terre, et où l'on ne descend qu'au moyen de l'ouverture par laquelle monte la fumée; les ostrogs sont la réunion de quelques-unes de ces yourtes: chaque ostrog a son magistrat qui le gouverne en patriarche. Cette population réellement pastorale serait heureuse, malgré la rigueur du climat, si le gouvernement russe ne venait de plus de trois mille lieues lui arracher le tribut qu'aucun bienfait de sa part ne rachette ou n'autorise, et enlever au moindre prix les fourrures que les contribuables opprimés se procurent dans leurs chasses pénibles.

L'été, dans ces régions, doit avoir des beautés; peut-être qu'un voyage pittoresque du Kamtchatka aurait droit de tenter un habile artiste d'Europe; mais une navigation si longue n'épuiserait-elle pas sa verve, avant qu'il eût lieu de l'exercer?

Après avoir subi des tempêtes de neige, après avoir eu à franchir des montagnes et des fondrières, sans ressources qu'un peu de thé quand il avait pu faire du feu, rien ne saurait exprimer ce qu'éprouve le voyageur qui se voit dans la ville d'Okhotsk. C'est pour lui le centre du monde, c'est pour lui le théâtre de la société la plus étendue; il faut le dire, c'est l'Europe.

Siége d'une amirauté et d'un commandement russes, Okhotsk, en l'an 1813, comptait deux cent trente-cinq maisons.

Les périls n'étaient pas finis pour Dobbel et ses compagnons; ce voyageur, dont j'emprunte le récit, avait encore à parcourir une moitié du cercle polaire, avant que d'apercevoir la ville de Pierre-le-Grand : les villes, dans ces déserts de glace, sont des ports isolés, difficiles à atteindre. Cependant, il existe une ligne de postes où sont réunis des relais ou de barques ou de chevaux, et qui, de Pétersbourg, s'étend jusqu'à Yakoutsk, et même d'Yakoutsk à Okhotsk; mais elle n'a qu'une direction. Que de montagnes, que de forêts, de fleuves, de lacs immenses, le voyageur, d'ailleurs, doit affronter! Abandonnés une fois par leurs guides, le voyageur Dobbel, deux Chinois, un Cosaque, un pauvre indigène égaré, se virent exposés à périr et de fatigue et de misère; ils se jurèrent sur la croix inviolable fidélité; ils marchèrent ensuite au hasard. Après d'inconcevables travaux, ils parvinrent à la Léna; ils s'emparèrent d'une barque vide, ils se livrèrent au courant, ils virent des hommes enfin, ils tombèrent à genoux, car ils étaient sauvés. Le grand fleuve de la Léna, sur les bords duquel est Yakoutsk, parcourt une contrée où, pendant une saison, les peupliers se couvrent de la plus riche verdure; mais l'hiver y est tel, que les glaces de la

Léna peuvent être employées pour tenir lieu de vitres aux fenêtres des maisons pendant une suite de mois. Les Russes, les Cosaques, sont nombreux à Yakoutsk; cette ville où se trouve un monastère est l'entrepôt d'un commerce étendu, particulièrement en fourrures, et l'on y entretient de nombreux et utiles troupeaux.

La Russie a semé des villes dans ces espaces où la population est, d'ailleurs, à peine perceptible : Yakoutsk compte plus de quinze mille âmes, Tomsk plus de vingt mille, Tobolsk bien plus encore, les exilés compris. L'impératrice Catherine II abandonna une fois, pour planter d'hommes un coin de l'immense Sibérie, toutes les recrues d'une année de conscription militaire; c'était bien un printemps sacré.

L'immense contrée, comprise entre le cours du Volga et le détroit de Behring, embrasse en latitude au-delà de vingt degrés, à ne compter que des monts Altaï jusqu'à la parallèle où Delhi est située ; et, depuis les monts Altaï jusqu'aux bords de la mer Glaciale, l'intervalle est encore plus grand : nous venons d'indiquer l'état de ces régions hyperborées; nous y avons trouvé l'Europe, ou du moins ses faibles images, au travers de tribus éparses, provenues de nations diverses, et chez lesquelles des différences d'usages ne sauraient constituer des différences réelles dans les notions et dans les mœurs: rien, dans ce domaine de l'hiver, ne répond à l'idée que les chasseurs d'Amérique nous donnent de la vie sauvage ; et l'on y reconnaît partout l'héritage plus immédiat des patriarches et des pasteurs.

C'est de l'orient de cette contrée, et surtout à partir du cinquantième degré de latitude, en descendant vers le midi, que l'on trouve le point principal de départ des tribus qui s'avancent vers l'occident de l'Asie, et qui jadis ont inondé l'Europe. Des tribus belliqueuses, et plus rudes, à mille égards, que celles des climats glacés, sont distinguées par les savants en un grand nombre de tribus, et même si l'on veut de races. J'ai renoncé à suivre cette classification, hors dans ses lignes les plus saillantes ; et, sous le nom commun ou fictif de Tartares, je comprends à peu près toutes ces populations ; c'est parmi elles, surtout, que littérairement parlant nous plaçons le nord de l'Asie. Le bouddhisme et les leçons de l'Inde en ont long-temps isolé le Thibet.

Ce grand pays est un sanctuaire ; et nous avons déjà pu remarquer son influence sur les nations qui révèrent son Dieu réincarné sans cesse, et néanmoins, de nos jours, tributaire des Chinois.

Cette partie de l'Asie, bornée à l'orient par les frontières mal déterminées de la Chine, comprend de vastes déserts et des villes opulentes ; Khotan, Yarkand, Tackand, Khokand,

Kashgar surtout, et beaucoup d'autres villes, sont enclavées entre des sables, et rappellent dans leur splendeur les somptueux palais de féerie qu'une baguette magique élève et auxquels rien n'aboutit. Timpowski donne douze mille maisons à la seule ville d'Yarkand, et plus de trente mille à Khokand. Kashgar est une ville des plus considérables, et outre d'autres villes enrichies par un grand commerce et par une active culture, il s'en trouve de moins considérables, agrégées sous leur patronage ; c'est là surtout, pour moi, le mystère de l'Asie. Le nouveau khan de Khokand, vainqueur et oppresseur de toute la contrée, fit partir en 1812 deux envoyés pour la Russie, à l'effet de s'y ouvrir un commerce direct. L'un de ces deux envoyés mourut pendant le trajet long et pénible du retour ; l'autre fut tué par accident ; l'empereur de Russie, pour apaiser le khan, fit partir à son tour M. de Nasarew, et le chargea d'une négociation qu'il ne pouvait espérer d'accomplir, sans s'exposer aux plus graves périls.

La relation de ce voyageur, publiée par les soins du comte de Romansof, est une de celles qui répandent le plus de jour sur l'état de ces vastes pays.

Le Turquestan venait d'être conquis ; la ville de Tackand, indépendante jusques là, venait de courber ses peupliers superbes, ses jardins, toutes ses voluptés, sous le joug d'un maître redoutable. L'envoyé russe fut obligé de laisser son escorte dans cette ville et de se rendre à Khokand, presque seul.

Une garnison de vingt mille hommes comprimait cette grande cité ; une haute muraille environnait le palais. La réception qu'obtint l'ambassadeur fut à peu près semblable à toutes celles que prescrit l'usage de l'Orient. Il eut besoin de résolution pour résister aux menaces, et triompher d'une longue captivité ; il y parvint, et nous savons par son récit quelles richesses sont celles de ce pays, où le coton et la soie se multiplient, où des étoffes de luxe sont fabriquées avec perfection, où tout abonde enfin ; mais où un joug, aussi cruel que celui qu'il paraît subir, pourra bien altérer les sources de cette immense prospérité.

La religion qui domine est généralement musulmane ; elle parut à Timpowski mélangée de notions guèbres. On y compte les mois par lunaisons réelles, et le premier jour de chaque mois est celui où la nouvelle lune est visible ; chaque septième jour, il se tient un basard, et cinquante-deux basards composent une année.

Le voyage de Timpowski date de l'an 1820 ; il conduisait, dans la ville de Pékin, l'archimandrite et les étudiants qui s'y rendaient pour y rester dix ans ; et il devait en ramener ceux qui avaient achevé leur séjour. La Russie jouit du privilége d'entretenir cette colonie littéraire et religieuse, depuis l'an 1728.

La ville de Kiachta est le point intermédiaire entre la Russie et la Chine ; elle est située sous le cinquième parallèle ; cent trois degrés en longitude la séparent de Paris. Les Chinois n'ont pas le droit d'y amener leurs épouses (1); ils y ont plusieurs temples remplis généralement de figures allégoriques, ou d'images de Dieux secondaires et d'un caractère hideux. Ils y célèbrent le mois blanc, celui de la nouvelle année; les banderolles, les inscriptions d'un augure toujours favorable, la musique, les explosions de la poudre, tout concourt à marquer cette fête du Neuruz.

C'est je crois à Kiachta que les Européens ont reconnu une pratique répandue parmi les bouddhistes (2); elle consiste à écrire les noms de Dieu, ou quelques formules pieuses, sur d'innombrables petits drapeaux; c'est comme un moulin à prières ; la machine tourne à l'aide du vent ou au moyen d'une manivelle, et sa rapidité tient lieu de récitation.

La Tartarie proprement dite n'a pas été sans historiens, nous l'avons remarqué déjà; Aboul-

---

(1) *Nouvelles annales des voyages.*
(2) Klaproth.

gasi-Bayadour-Khan a été l'un des plus célèbres; issu de la race de Genghiz-Khan, souverain du pays de Charasme, il vécut et il écrivit dans le cours du dix-septième siècle. Les généreux Suédois, exilés à Tobolsk, découvrirent son manuscrit; des Bulgares le leur vendirent (1); ils le firent traduire en russe, et le donnèrent ensuite eux-mêmes en plusieurs langues de l'Europe.

Aboulgasi écrit en turc, mais il déclare qu'il aurait pu faire usage d'une autre langue; il s'appuie sur les relations des écrivains turcs ou persans : il avait, dans ses mains, dix-huit de leurs ouvrages; il cite surtout celui dont l'auteur, Chodsa-Raschid, est nommé Fadlalah par Petis de la Croix. L'un des successeurs d'Holagou, Gazan-Khan, avait fait soigneusement composer ce recueil. Cette respectable autorité ne remontait pas encore à quatre siècles, lorsque Aboulgasi-Khan entreprit son travail.

La contrée qu'il habite est, dit-il, peu fertile en écrivains savants. Cette circonstance et non la vanité l'oblige à se charger de l'entreprise qu'il tente, celle de retracer l'histoire de la maison de Genghiz-Khan.

Musulman dans sa foi, cet écrivain tartare débute par ces mots : « Il existe un seul Dieu,

---

(1) *Histoire généalogique des Tartares.*

avant lui aucun n'a été, et après lui aucun ne sera ; il a formé sept cieux, sept terres, enfin dix-huit mille créations. De par lui, Mahomet l'ami de Dieu a été envoyé, en qualité de son prophète, à tous les hommes de l'univers ; c'est sous ses auspices que moi, Aboulgasi-Bayadour-Khan, j'ai commencé à écrire ce livre ; mon père Arip-Mahomet-Khan descendait en ligne directe de Genghiz-Khan, et était avant moi souverain du Charasme. »

L'auteur ne tarde pas à vanter sa sagesse, mais comme un don de Dieu et non pas de lui-même ; il sait le métier de la guerre, personne ne le surpasse ; il écrit en toute sorte de langues ; il est plus que douteux que, dans la Perse ou dans l'Inde, il se rencontre un homme plus habile que lui, et il tient peu de compte des pays qu'il ne connaît pas.

L'ouvrage commence avec la création du monde : Dieu se résout à créer Adam, et il envoie un ange pour chercher de l'argile ; la terre supplie l'ange de ne point lui en dérober, elle craint de participer au châtiment divin que les péchés des enfants d'Adam ne manqueront pas d'attirer sur eux. Plusieurs anges se succèdent et n'accomplissent point leur message. Azraïl obéit enfin, et c'est sur la place même où la poignée d'argile a été enlevée de la terre que la Caaba a depuis été bâtie.

C'est près de la Mecque aussi qu'Adam fut

placé sur la terre; il n'y reçut une âme que le quarantième jour. L'auteur omet le récit des circonstances très-connues de la chute du premier homme, et de l'arbre fatal qui dut y donner lieu.

Il tire de l'arabe le nom du premier homme; ce nom y signifie *Tourbe*: il dérive aussi quelques noms de la langue de Junan, ou, dit-il, de la Grèce; ce mot de Junan, sans doute, a d'étonnants rapports avec le nom mythologique de Junon; mais il se trouve encore, ou à peu près, dans l'une des contrées de l'Inde orientale, près des rives du Barampouter.

Les patriarches, selon l'auteur tartare, ont tous vécu un grand nombre de siècles. Toutes les traditions, indiquées par Aboulgasi, sont celles de nos livres saints : j'y vois Achmuch (*Enoch*) enlevé au ciel. Matuschlach (*Mathusalem*), dont la vie a été relativement si longue, même à une période d'extrême longévité; j'y trouve enfin Nui, petit-fils de ce dernier, qui se sauva dans l'arche, au moment du déluge, accompagné de quatre-vingts vrais croyants; ce patriarche est celui du monde entier. L'Inde et le Mexique, comme l'Asie, ont conservé la mémoire inaltérée du prodige de son salut.

Ham, Sam, Saphis, sont les trois fils de Nui ou Noé; le dernier eut huit fils : Turc et Russe furent du nombre. Alanza-Khan, sixième descendant de Turc, vit gâter la religion pure, par un mélange d'idolâtrie. Tatar et Mogull, ses enfants, se partagèrent ses états.

Les nations antiques, et surtout les antiques tribus, sont indiquées dans les histoires d'Orient, sous le nom de leur chef ou de leur fondateur; et c'est ainsi que la durée de ce chef ou monarque se prolonge sur tant de générations, quand lui-même, cependant, a passé avec la première. Oguz-Khan, descendant de Mogull, revenu par miracle à la religion primitive, et persécuté pour cette cause, fut secouru par ses neveux, et fit triompher sa croyance. Ses neveux reçurent de lui le titre d'Oigours, c'est-à-dire, qui vient à l'aide. Oguz conquit le Kitay; et Kipzack conquis alors demeura quatre mille ans sous la même domination, c'est-à-dire, jusqu'à Genghiz-Khan.

L'auteur n'épargne rien pour donner la série des aïeux et prédécesseurs de ce grand conquérant; il apporte le même soin à tracer les filiations et les descendances des tribus plus ou moins célèbres, et leur constitution patriarcale et primitive. Cependant, là aussi et comme en Amérique, la ruine des tribus, leur faiblesse relative, amènent des fusions ou des adoptions, et la grande famille humaine retrouve encore ses premiers droits.

L'histoire de Genghiz-Khan est l'objet principal de l'histoire généalogique des Tartares; ce vainqueur faisait proclamer partout où il pouvait atteindre : « Dieu a fait de moi un prince puissant. Les trois parties du monde se courbent devant moi : soumettez-vous donc, je l'ordonne. »

Ce fut en 1202, l'an *tongus*, ou du *porc*, que Genghiz fut reconnu khan par toutes les tribus des Tartares; Genghiz n'était point Musulman. La plus grande partie des Mongols ne le devinrent qu'au siècle suivant : cent soixante mille à la fois adoptèrent l'islamisme, en l'an 1330.

La cruauté, partout, souilla les victoires de Genghiz; la gloire refuse de jeter son éclat sur des trophées devenus horribles. A Samarcande, tous les guerriers furent compris dans un massacre, trente mille familles furent entraînées en esclavage, le reste obtint son pardon, au prix d'une contribution excessive. Balk fut mise à feu et à sang; cette ville contenait douze cents mosquées, deux cents bains, et tous les établissements de l'opulence.

Les premiers successeurs de ce cruel conquérant parurent adoucir leurs mœurs dans les jouissances du luxe. Urgadai-Khan, fixé à Karakum, y bâtit un vaste palais; il y appela des peintres du Kithan, pour le décorer d'ornements; il y plaça, sur une fontaine, un tigre façonné d'argent, et fit entourer de murailles un parc destiné à ses chasses; il avait deux journées de circuit.

C'est sans doute auprès de ce prince que le missionnaire Rubruquis vit un orfèvre parisien et même une femme française, alors épouse d'un Russe.

Mangou-Khan commença son règne par une fête qui dura sept jours; et chaque jour il fut consommé trente chariots de boisson, deux de vin, deux de liqueurs fortes, trois cents chevaux, trois cents vaches et deux mille brebis.

Aboulgasi a suivi, branche par branche, l'histoire de la postérité de Genghiz-Khan; et la subdivision en devient infinie.

La généalogie de l'auteur est l'objet d'un travail suivi; et, sauf quelques lacunes, elle remonte jusqu'au déluge.

La vie d'Aboulgasi fut semée de traverses; prisonnier durant dix années sous Cheik-Sefi, petit-fils d'Abbas-le-Grand, peut-être fut-ce à Ispahan qu'il perfectionna le savoir dont son ouvrage offre la preuve. Son fils a terminé cette œuvre de famille, et par conséquent de patrie : « Moi, dit-il, Anuschar-Mahomet-Bayadour-Khan, j'ai mis la dernière main à ce livre, à Chajuck, en l'an 1076 (1665), appelé gilan, ou le serpent, et j'ai été forcé de le faire moi-même parce qu'il se rencontre peu de gens de lettres dans nos provinces. »

Elle est immense cette Asie, où tant de nations et de souverainetés puissantes sont séparées entre elles par de vastes déserts. La Russie y touche à la Chine; elle atteint par le nord sur un sol qu'elle maîtrise jusqu'à la côte nord-ouest du Nouveau-Continent ; mais depuis la mer Caspienne, depuis l'embouchure du Volga, les sables et les steppes sont autant de barrières que ses efforts n'ont pu encore franchir.

Bokharat, la patrie de Ferdoucy, d'Avicenne, Samarcande, ce trésor d'études, ainsi que l'exprime son nom, Samarcande encore décorée de mosquées et d'écoles célèbres, toute la grande Bouckharie enfin, demeurent encore indépendantes du joug envieux de la Russie ; et de trop nombreux captifs russes sont perdus en des steppes encore impénétrables dans leur vaste uniformité.

Un Russe, prisonnier des Kirguis, vers le commencement de ce siècle, nous a fait connaître leurs moeurs (1) : il suivait une caravane en qualité de médecin ; les Tartares firent une attaque ; tout périt ou fut fait esclave. Le Russe blessé, compris dans le partage du butin, fut échangé contre un chameau, et suivit son maître au désert. Les maux qu'il eut à essuyer, pendant une année de servitude, ne peuvent être comparés qu'aux souffrances de M. Cochelet, après son naufrage en Afrique. L'insuffisance des aliments fit éprouver à tous les deux un supplice qu'on ne peut décrire ; mais l'inhumanité exercée envers eux, plus essentiellement

---

(1) *Nouvelles annales des Voyages.*

sous ce rapport, a de quoi étonner davantage de la part des pasteurs d'Asie, environnés d'innombrables troupeaux. Quelques Kirguis, selon M. Botchoï, possèdent jusqu'à cinq mille moutons, et souvent autant de chevaux. Les vertus de famille leur sont d'ailleurs connues; et ce fut une fête patriarcale que le retour du guerrier tartare. Ces Kirguis se croient Musulmans; cependant, à son retour et en route vers l'Europe, quand le Russe risqua d'interroger son guide, et se montra surpris de ne voir aucune mosquée : Regarde ce pays, répondit le fier nomade, descends de cheval, prie, et voilà ta mosquée. Les Mollahs, chez ces peuples, comme parmi la plupart des pasteurs de l'Asie, sont au reste dépositaires, et à peu près exclusivement, de la connaissance des lettres. Les Kirguis chantent leurs souvenirs; et au son de quelque instrument, ils suivent l'inspiration que les événements font naître. La connaissance des étoiles se transmet entre leurs tribus, et les divisions du temps s'y coordonnent aux phases lunaires.

La Russie a soumis une partie du Caucase; mais elle y règne presque partout sur de véritables déserts. Madjar, ville autrefois célèbre, n'offrait depuis long-temps que des ruines inhabitées : ces ruines, en dernier lieu, ont même été détruites; leurs matériaux ont été pris pour élever plus vîte les murailles de la ville d'Iekaterinograd.

Gmelin avait décrit les restes de Madjar : il y avait trouvé plusieurs grandes maisons, pour la plupart, de forme ronde. Les murailles, les pavés, étaient revêtus encore de carreaux colorés et brillants de vernis, en manière de mosaïque. On pouvait quelquefois retirer des tombeaux des échantillons de monnaies, ou européennes, ou tartares, des miroirs de bronze poli, des ornements d'or ou d'argent, et quelquefois enfin des feuillets de papier bleu chargés de beaux caractères. Les Mongols ont encore l'usage de transcrire leurs livres saints sur du papier de couleur, bleu, brun ou noir, avec des lettres qui sont blanches, ou même en argent ou en or.

Le nom de Madjar, en tartare, signifie édifice en pierres; et les demeures des khans, en effet, étaient souvent bâties en pierres; et les carreaux peints et vernis plaisent aux Mongols comme aux Turcs. Madjar était, au reste, célèbre dans l'Asie avant que Bagdad eut un nom. Sa destruction doit se rapporter au quinzième siècle de notre ère. On n'y trouve d'inscriptions que sur les sépultures; presque toutes sont musulmanes, et l'on n'en voit pas d'antérieures au huitième siècle de l'hégire.

De zélés missionnaires anglais ont essayé de faire entendre l'Evangile dans les montagnes où la tradition a fixé le repos de l'arche et le terme extrême du déluge; l'entreprise d'une traduction de la Bible entière en tartare, l'établissement d'une imprimerie, à la fois arabe et tartare, pour hâter sa publication, sont les premiers fruits de leurs efforts.

Avant eux, et au treizième siècle, la reine de Géorgie, la fameuse reine Thamar, avait porté dans le Caucase quelques notions de christianisme, avec ses armes victorieuses. A peine est-il resté quelques débris d'églises ; mais par fois on recueille et par conséquent on disperse des feuillets de l'Evangile en grec, ou tirés de rituels, d'une grande antiquité ; sans religion précise, ces peuples adorent Dieu, ils révèrent le prophète Elie, ils le voient quelquefois au sommet des montagnes, ils lui offrent du lait, du beurre, ils lui offrent même des agneaux ; les danses et les chants se mêlent à leurs offrandes ; plusieurs fontaines leur paraissent sacrées, et ils ne portent point la main aux arbres qui les environnent.

Plusieurs nations entièrement distinctes habitent l'espace compris entre les mers Noire et Caspienne ; elles ne parlent point la même langue, mais la plupart sont illettrées, et la langue tartare est la seule qui s'écrive dans le Caucase. Les Ossètes passent pour descendre d'une colonie jadis établie par les Mèdes ; un catéchisme ossète-slave a été composé pour eux. Je lis, dans les maximes qui leur sont enseignées, celle que le traducteur exprime par ces paroles : Si seras homme aimant, si seras homme aimé.

Les Tcherkasses, ou Circassiens, font remonter leur origine à la souche pastorale primitive. Le droit primordial et commun paraît servir à les régir; ils se divisent pourtant en plusieurs classes, et selon une hiérarchie qui tient de la féodalité; leur richesse consiste en troupeaux plutôt que dans leur agriculture; la chasse et le brigandage occupent leurs loisirs.

Essentiellement guerrier, ce peuple recrutait et composait même entièrement les fameux Mameloucks d'Egypte. La beauté des femmes circassiennes était vantée dans les sérails; cette beauté ne s'est conservée néanmoins que dans les classes d'un ordre supérieur; les alliances tartares ont altéré le reste.

Les Russes, dès 1763, avaient pénétré dans le pays que les Circassiens habitent, et qu'on appelle Kabardah. La ville de Tcherkasse, ou Mozdok, fut à ce temps bâtie par eux.

La Géorgie est habitée par les Lazes, les Mingréliens et par d'autres peuplades encore : la langue géorgienne est nécessairement divisée en plusieurs dialectes distincts; elle a même plusieurs alphabets. Une Bible géorgienne, imprimée à Moscou dans le cours du siècle dernier, était écrite en caractères sacrés de ceux que l'on nomme kussuri; mais le caractère géorgien, considéré en général, ressemble au caractère pali. Nous connaîtrons bientôt les richesses littéraires que possède la Géorgie; nous connaîtrons ses poèmes, ses chroniques, ses romans (1), et une grammaire géorgienne va se publier en français.

Les Géorgiens supputent le temps, selon les années d'un grand cycle composé de cinq cent trente-deux ans; ils en comptent la première période de l'an 457; la troisième que nous parcourons date de l'an 1322 : cette période est le cycle pascal (2) qui fut inventé par Victor, sous le pontificat de Léon-le-Grand.

La Géorgie, déchirée long-temps par les excès de l'anarchie, doit maintenant aux Russes vainqueurs une sorte de renaissance. En effet, l'unité d'un pouvoir tolérant, du moins pour ce qui ne peut entraver ses desseins, a dû paraître tutélaire en comprimant cette anarchie qui avait causé tant de maux. Tifflis à peine échappe à ces désastres, déjà elle a de la splendeur : les familles de l'Arménie renouvellent sa population; le commerce chaque jour y devient florissant; d'abondantes moissons entourent ses murailles; le mûrier et la vigne, d'ailleurs, enrichissent le sol qu'ils décorent, sans y demander de culture. Peut-être les contrées comprises dans le Caucase seront-elles appelées,

---

(1) Brosset.
(2) *Nouveau journal asiatique.*

quelque jour, à une haute prospérité (1); le nom seul du Caucase nous fait prendre le change; la nature s'y montre si féconde et si belle, que Tournefort avait cru y trouver la place visible encore du paradis terrestre.

L'Arménie, jadis opulente, n'offre plus que des destructions; les noms mêmes y ont péri, et ceux que rétablit une recherche savante ne se rattachent qu'à des ruines. Erivan, qui selon la légende subsistait avant le déluge, n'appartient plus à l'Arménie depuis les conquêtes de Nadir-Schah. Ani, qui contenait plus de cent mille maisons (2), et jusqu'à mille églises, avait été la proie des Mongols destructeurs, même avant les temps de Nadir-Schah.

Ker-Porter, je l'ai dit, a visité naguère le désert de pierres amoncelées qui indique cette capitale; les barrières, autrefois inutilement élevées par des hommes contre d'autres hommes, subsistent presque sans dommage. On reconnaît sur des portes sculptées, ou l'image d'un léopard, ou celle d'un lion passant; des chapiteaux, des colonnes, des frises, des mosaïques, sont dispersés et confondus; quelques églises muettes sont debout en ces solitudes, et ainsi que les parties principales d'un palais qui

---

(1) Gamba.
(2) Saint-Martin.

paraîtrait une ville entière ; des épitaphes sont presque les seules inscriptions qui puissent arrêter les regards ; la plupart sont gravées en arménien ancien, et presque toutes implorent un regret et des prières.

La langue arménienne a conservé intacts les ouvrages qui y furent traduits ; et le nombre en a été grand. La chronique d'Eusèbe n'existait plus entière ; une version arménienne complète de cet ouvrage précieux a été trouvée ensevelie, ou plus justement embaumée, au monastère arménien de Venise ; elle a été récemment mise au jour au sein même du monastère, et c'est de ses presses qu'elle est sortie. Littérateurs laborieux, les Arméniens n'ont jamais négligé l'expansion de leur langue savante ; ils entretiennent des imprimeries à Amsterdam, à Leipsick, à Venise ; ils en ont à Livourne, ils en ont en Pologne dans la ville de Léopol, ils en ont en Russie, ils en ont à Constantinople et à Smyrne ; ils en eurent à Julfa, faubourg arménien d'Ispahan, ils en ont à Madras, ils en ont dans le vaste pays, qui fut autrefois leur empire, au monastère d'Echmiadzin, ou autrement les trois églises, résidence de leur patriarche.

Un monument assez curieux de la littérature arménienne réfugiée, et cultivée par des mains étrangères, a été retrouvé depuis peu dans les archives de la propagande célèbre (1). C'est une

---

(1) Saint-Martin.

tragédie en vers, représentée à Léopol, en 1668, par les élèves arméniens du collége de cette cité.

Le sujet de la pièce est sacré, c'est le martyre de sainte Riphine ; mais ce martyre se lie à la conversion générale des Arméniens qui, sous le règne du roi Tiridate, à l'époque du quatrième siècle, embrassèrent la foi chrétienne. Le drame ressemble à tous ceux dont la conception manque absolument de génie; et l'intérêt des scènes, si l'auteur leur en a prêté, pourrait seul y couvrir l'espèce de routine qui préside à leur enchaînement ; mais ce sujet, enfin, était national pour les enfants de l'Arménie; il permettait aussi des allusions pieuses, à la réunion qui venait de s'opérer entre l'église romaine, et les Arméniens polonais, dont le siége patriarcal venait de passer alors de Kiew à Léopol.

Long-temps les Arsacides régnèrent en Arménie ; et quand leur sceptre fut brisé, un nombre prodigieux de familles souveraines y remplaça la race déchue : tour à tour, ou chargées, ou privées de couronnes, ces familles indépendantes résistèrent courageusement aux attaques successives des Arabes et des Tartares. Les Bagratides, les Mamigoneans, les Orpelians et tous les chefs guerriers qu'eut alors l'Arménie, furent généralement des héros; les patriarches de son clergé furent le plus souvent des sages; mais soumis à la fin à la nécessité, les Arméniens ont résolu du moins de ne jamais être barbares : le commerce est devenu leur moyen de puissance; c'est par lui qu'ils dominent encore les combattants farouches dont ils sont entourés. Les noms de leurs villes détruites constatent pour eux assez de gloire; et de paisibles vertus, que cette gloire honore, sont pratiquées maintenant sous son ombre immortelle, comme en présence d'un tombeau révéré.

L'histoire des grandes familles, qui ne sont pas toutes éteintes, est une des meilleures sources et un des plus beaux ornements de l'histoire de l'Arménie; celle des Orpelians nous a été donnée par un prince de leur maison, archevêque de Siounie, vers la fin du treizième siècle; ce morceau est écrit en vers, et je dois indiquer ici que le texte imprimé, avec la traduction que M. de Saint-Martin en a faite, est le premier en cette langue qui ait été publié parmi nous. C'est dans le Djaniztan que les Orpelians placent leur première origine : une race non moins célèbre, celle des Mamigoneans, y plaçait également la sienne. Moïse de Khorène avait donné le titre d'amis de la vie et de la paix aux habitants du Djaniztan. On peut croire que c'était la Chine.

Après des périodes brillantes, l'éclat de la race orpelianne semble assez long-temps éclipsé; il se ranime au onzième siècle, et quand le héros de la contrée, l'Orpelian Libarid, appela ses nombreux vassaux, et repoussa les Musulmans. La noble tribu orpelianne ne régna point sur l'Arménie; elle s'unit à ses triomphes, et les plus beaux furent son ouvrage. En vain la jalousie essaya de proscrire jusqu'aux noms des Orpelians; quelques-uns, forcés de fuir, trouvèrent un asile dans les cours mêmes des Atabecks qu'ils avaient souvent combattus. Mais lorsque les Tartares conduits par Genghiz-Khan assaillirent leur ingrate patrie, les Orpelians généreux prodiguèrent leur sang pour elle, et s'en firent reconnaître enfin par leur vaillance et leurs bienfaits.

SUITE DE LA SIXIÈME ÉPOQUE.

DE L'ASIE OCCIDENTALE.

L'Asie mineure est tout entière un théâtre de ruines complètes; c'est surtout sur les emplacements, où des villes nouvelles succèdent à des villes qui ont existé, que la dévastation a été la plus absolue : les noms de quelques-unes ont été effacés. Sivas fut, sous l'empire, Sébaste de Cappadoce; elle avait, avant ce temps, porté le nom de Cabyre; le Dieu Lunus y avait eu un temple, et Mithridate, un de ses palais. C'est maintenant sous le nom d'Ismid qu'il faut chercher Nicomédie; celui d'Ienislek déguise le nom célèbre de Nicée; cette ville, selon Hammer (1), n'offre plus guère que l'apparence d'un parc immense et négligé. L'imposante basilique, où le premier concile fut ouvert, était devenue sans doute la belle mosquée d'Orkhan, dont il reste à peine des vestiges.

La ruine, dans ces contrées, ne caractérise aucun âge. Les mosquées de Bajazet et celles des Seljoukides sont presque entièrement ren-

---

(1) *Journal des Voyages.*

versées. Cependant à Amasie, l'un de ces édifices est remarquable encore par deux belles colonnes et par deux beaux platanes, dont Bajazet l'avait autrefois décoré.

Tous les âges peuvent réclamer une part dans les débris amoncelés que renferme l'Asie mineure.

Angora fut jadis la magnifique Ancyre. On croit y retrouver les vestiges d'un temple d'Auguste : et, non loin encore, on découvre un tombeau ou cave sépulcrale, où l'on pense distinguer des ornements étrusques, et que la tradition consacre au roi Midas.

L'empereur Adrien eut des temples non loin des simples monticules qui furent, dans les champs de la Troade, les tombeaux d'Achille et d'Hector; mais les villes grecques, à cette époque, devaient, au nom des empereurs, la jouissance non troublée d'une liberté républicaine : leur peuple y prenait part aux délibérations que préparait partout un sénat; et la prospérité dont elles ont dû jouir doit excuser l'adoration que les notions, alors reçues, avaient réduite à signifier le respect ou la reconnaissance. Ni les statues, ni les inscriptions, n'étaient même, en ce temps, le partage exclusif des princes non divinisés; l'honneur en était décerné à ceux qui avaient bien mérité de leur patrie, soit dans le sacerdoce, soit dans l'exercice des charges, soit dans la direction des jeux. Plusieurs de ces inscriptions sont dédiées à la bonne Fortune, la plupart le sont aux Vertus. Je citerai, d'après Peysonnel, l'éloge qui immortalise un *Diadochus-Hippicus* : il s'est distingué, est-il dit, par la noblesse des sentiments, et par ses libéralités; il s'est rendu recommandable par la pureté de ses maximes, par l'extrême douceur de ses mœurs, par son attachement constant à sa patrie.

Sardes laisse découvrir les vastes débris d'un de ses temples, et l'on ne va plus s'informer si le Pactole y roule de l'or. Smyrne, devenue de nos jours une colonie de l'Europe, s'enorgueillit encore d'un théâtre et d'un cirque, monuments d'une puissance antérieure. Colophon, Ephèse, Clazomène, n'ont guère pour débris que leurs noms, mais les moindres pierres incrustées y sont des feuillets de l'histoire.

Les antiquités de l'Ionie reposent d'ailleurs au sein de l'éternelle jeunesse dont semble y jouir la nature; elles en reçoivent un charme de vie, elles lui prêtent en retour leur noble majesté.

Les environs de Brousse ou Burse, l'ancienne Pruse, sont un paradis enchanteur (1); plus de huit cents familles de Turcomans pasteurs y viennent, en certains temps, porter leurs tentes

---

(1) *Nouvelles annales des voyages.*

mobilés et conduire leurs nombreux troupeaux; les arbres les plus beaux, les mûriers les plus touffus, peuplent en quelque sorte ce sol privilégié ; des vignobles couvrent les ruines des villes qui y eurent un nom. Cependant, des fontaines ombragées de platanes se trouvent sur presque tous les chemins, et le voyageur, qui y goûte un rafraîchissement salutaire, doit une bénédiction à la charité musulmane qui le lui a fait préparer. L'inscription gravée le plus souvent sur ces constructions bienfaisantes ne consiste que dans ces mots : « C'est l'âme qui donne la vie à tous les êtres. »

La ville de Brousse garde des traces de son antique magnificence; elle possède aussi les tombeaux des princes ottomans dont le règne a précédé la conquête de Constantinople. On lit, sur le tombeau de Mahomet Ier : « Le prophète, qu'il soit béni, a dit : Celui qui conduit au bien fait du bien lui-même. »

La plus belle mosquée, ou l'alhambra de Brousse, a été élevée par Mahomet Ier; un khan, un hospice, une école, furent au nombre de ses fondations, et l'on peut les y retrouver.

Toutes ces villes sont habitées par des populations distinctes, entre lesquelles des mœurs trop opposées ne permettent point de fusion; les cultes sont pourtant presque tous tolérés. Les Juifs, échappés de Grenade quand Isabelle en eut fait la conquête, vinrent se réfugier à Brousse;

et deux siècles après, Tournefort reconnut qu'ils y parlaient encore la langue de l'Espagne.

Déjà parcourue en tous sens, par plus d'un voyageur avide de savoir, l'Asie mineure promet de nouvelles récompenses à qui voudra tenter d'en continuer l'étude. Le littoral méridional a, depuis quelques années surtout, fixé l'attention des Anglais (1); et peut-être aucune partie de cette intéressante région ne pourrait présenter l'aspect d'une désolation pareille. A Patare, oracle célèbre, on pourra discerner les ruines d'un théâtre; une inscription prouvera qu'il a été l'ouvrage de Q. Velius Titianus, sous le règne d'Antonin-le-Pieux, et qu'il fut dédié par sa fille; on ne trouvera point d'habitants.

A Myra, quelques pans de muraille avaient, selon l'inscription, entouré, sous Trajan, un grenier d'abondance; un beau théâtre y subsistait; le voyageur Cockerell avait tout visité; mais, fatigués de voir de curieux infidèles attirés par toutes ces sculptures, les Turcs du voisinage en projetaient l'entière et prochaine destruction; et j'ignore s'ils l'ont accomplie.

On lit en grec, à Olympus désert, sur un piédestal renversé : « A l'empereur César, Marc-Aurèle, Antonin, Auguste, Arméniaque, Me-

---

(1) Francis Beaufort.

dique, Partique, Germanique, en mémoire de ses bienfaits excellents, le sénat et le peuple des Olympiens. »

A Phasélis, entre des tombeaux dépouillés, entre les marbres dégradés de quelques enceintes qui furent des temples, on lit des dédicaces plus ou moins fastueuses à l'empereur César, Trajan, Adrien, Auguste, père de la patrie, sauveur du monde.

Boudroun, l'antique Halicarnasse, n'a plus rien de son mausolée; mais les pierres du château, qui défend aujourd'hui la ville, sont des bas-reliefs et des statues.

Une inscription arabe, recueillie près du fleuve Mélas, aujourd'hui le Manaygut, porte cette leçon que le temps a confirmée : « Ne sois pas vain de la splendeur des ornements qui te parent. J'ai éprouvé moi-même de pareilles illusions; et le monde est ouvert aux hommes de tous les rangs. »

Les ruines de la côte inférieure de l'Asie mineure sont romaines, pour la plupart, et elles datent du premier et du deuxième siècle de l'empire : les monuments des premiers âges sont généralement des tombeaux; ceux des Grecs sont partout des temples; les monuments auxquels président les Romains offrent presque partout des cirques, des théâtres; mais il est vrai que ces colysées, construits sur un même modèle, pouvaient aussi servir, selon les occasions, aux assemblées publiques et populaires.

Adalia, ou Satalia, a été une ville magnifique ; les contours sinueux du golfe, au fond duquel elle est située, sont semés de chapiteaux et de colonnes brisées, nobles restes de sa splendeur. Chef-lieu maintenant d'un pachalic, Satalia est encore entourée de beaux jardins; les vignes, sur ces rivages, enlacent les arbres de leurs pampres; et les fragments épars du tombeau de Trajan sont entremêlés de lauriers-rose.

J'ai cru de mon sujet de jeter un regard sur ce vaste pays, où les arts, plus qu'ailleurs, ont prodigué leurs charmes; il fallait tout au moins en consacrer le deuil, maintenant qu'aucun art, aucune littérature, aucune prospérité, n'y tempèrent la barbarie turque; et que l'Europe commence à peine à interroger ses décombres.

Un sol plus digne sans doute des études de l'Occident est le littoral si fameux qui s'étend de Tarse à Damiette; mais je doute qu'au temps des croisades Jérusalem ait été mieux connue qu'elle ne doit l'être de nos jours. Les formes imprévues que l'art sait revêtir amènent, pour ainsi dire, et jusque sous nos yeux, les objets qu'évoque la pensée, et nous avons vu à Paris le panorama de Jérusalem.

« Est-ce donc là cette ville d'une si parfaite beauté? Est-ce donc là la joie du monde, » s'écriait le prophète, pleurant sur ses destins: Jérusalem, d'abord, a étonné nos regards; l'idée de ce nom sacré qui domine les siècles a paru s'abaisser dans une sombre image. Une ville d'Orient s'est dessinée devant nous, une ville où chaque demeure est une véritable prison, où la présence des femmes n'anime aucun aspect : peut-on voir, sans horreur, ces petites ouvertures étroites, percées comme par faveur dans les murs qui soutiennent et retranchent les terrasses, et par lesquelles ces tristes créatures, qu'il faut bien appeler des femmes, communiquent seulement de leurs regards avec un monde qui leur est interdit ?

C'est Jérusalem cependant, ce sont les pierres de ses murailles, c'est la terre où elles furent posées, et que les bardes hébreux rappelaient dans leurs soupirs, en suspendant leurs lyres aux saules de Babylone, c'est Jérusalem consolée qui se releva aux yeux du monde, quand la fin de leur captivité eut mis un terme à son veuvage. Là, David a régné ; là, Salomon a resplendi de gloire ; là, le Sauveur du monde a prêché l'Evangile et accompli le mystère de la Rédemption ; là, les Romains n'ont triomphé qu'avec des légions amoncelées et le concours visible d'en haut ; là, sont venus adorer des pélerins innombrables ; là, Chrétiens, Musulmans, se sont disputé un empire à force de vaillance et de mémorables exploits ; là, encore, le saint-Sépulcre sert d'asile à l'humanité, contre la violence des Arabes.

La terre promise, aujourd'hui désolée, date ses calamités premières du ravage des Assyriens, et de l'abandon cruel où l'enlèvement de tout son peuple dut la laisser pendant soixante-dix années.

Le retour d'Esdras opéra le renouvellement de la contrée ; et, jusqu'au temps de l'empereur Adrien, sa fertilité fut remarquable (1). Le cours du Jourdain, selon Joseph comme selon Isaïe, fécondait un sol où les arbres semblaient se plaire à se multiplier sous une heureuse température. Le noyer, le palmier, le figuier, l'olivier, réussissaient au même point ; mais le palmier surtout, sur les rives du fleuve, formait des arceaux magnifiques, et répandait des fruits exquis. Jéricho, Strabon le témoigne, se couronnait de roses parfumées et fournissait un baume bienfaisant. Les noms mêmes, dans la Judée, indiquaient l'enchantement des lieux : Capharnaüm veut dire le beau hameau ; Génésareth, le jardin des bocages.

On est réduit à chercher, dans les livres, des preuves que ce désert proscrit fut jadis une contrée féconde. Tacite a célébré les palmiers, et l'arbre du baume que les Juifs essayaient de détruire pour l'arracher à leurs vainqueurs. Ce sont les palmes de l'Idumée que Virgile destine

---

(1) Guénée.

à Mantoue sa patrie. Pompée respecta les trésors que les Juifs gardaient dans le temple; Crassus y fit un riche butin, et Tacite a donné aux dépouilles de Jérusalem, après le triomphe de Titus, la qualification indéfinie d'une immensité d'opulence.

Les lettres de saint Jérôme ne permettent pas de douter que, malgré ses fréquents désastres, la Judée ne fut, de son temps, digne encore de sa renommée. Les acacias à grappes odorantes, les grenadiers à fleurs de pourpre, des vignes dans tout le luxe, et des pampres, et des raisins, bordaient encore les plus riches guérets, et se mêlaient aux dattiers de Ségor, comme aux oliviers de Sichem; et le désert, près de Bethléem, était encore vivifié par des bergers et des troupeaux.

Jérusalem fut conquise par Omar; ce pontife guerrier y fit son entrée solennelle à pied et revêtu d'une étoffe grossière; il admira le temple de la résurrection, et il bâtit une mosquée selon des proportions agrandies. Les habitants de Médine craignirent que le calife ne restât enfin subjugué par les délices de son nouveau séjour.

Les Juifs considérés en masse sont un exemple éminemment frappant d'une prodigieuse infortune. Persécutés dans tous les temps, ils le furent dans tous les pays où, sans renoncer à leurs liens, ils s'étaient fait une patrie passagère; paisibles de nos jours, ils n'ont rien négligé pour atteindre au noble niveau des connaissances européennes. On les voit fonder des écoles ; ils comptent des rabbins instruits : je doute pourtant que leur population ait fait aucun pas littéraire ; et leur plus brillante période est sous ce rapport antérieure à nos jours.

La nation juive est comme l'arche vivante, où les écritures religieuses se sont conservées authentiques ; ces écritures sont un titre, on peut le dire, commun à tout le genre humain ; le Musulman, comme l'Hébreu, les invoque. Répandus dans tout l'Occident, les Juifs forment dans l'Orient une population plus nombreuse, quoique également dispersée, sans parler de la Chine, où leur émigration doit dater des ravages de Salmanasar en Judée.

Il s'est trouvé des Juifs au Malabar, et ceux-là certainement ont fait des prosélytes, puisque l'on y distingue entre eux des Juifs noirs et des Juifs blancs ; il se trouve des Juifs en Perse ; il s'en trouve dans les villes soumises aux Tartares ; il s'en trouve dans toute l'Arabie, dans la Syrie, en Palestine. Jérusalem elle-même réunit dans ses murs plus de dix mille de ses propres enfants, et ce peuple innombrable pourtant, ce peuple puissant en richesses, ne sait plus faire une nation.

Les guerres de l'Orient, les croisades au douzième siècle, rallièrent sous un même drapeau les peuples de l'Europe entière, car la multitude s'y porta comme les plus nobles chevaliers. Une méprise philosophique avait affecté de flétrir, avec le mot de fanatisme, le plus puissant effort d'une liberté naissante. Le sentiment religieux qui l'avait excité était le seul qui pût le rendre universel, en le rendant surtout généreux.

Notre siècle a repris la question : plus indépendant et plus juste, il a compris dans sa pensée, il a jugé, dans leurs beaux résultats, les travaux des héros martyrs ; leurs trophées ont été absous. Mais alors de nouveaux guerriers, arrachés aussi à l'Europe, reproduisaient les prodiges légendaires en des lieux arrosés par le sang de leurs aïeux. Les enfants du Liban criaient : En avant marche; et nos sages, à l'ombre des cèdres, lisaient, avec une admiration naïve, les écritures patriarcales qui y avaient été dictées.

Le voyage de Belon du Mans date de l'an 1526; ce voyage, dans tout le Levant, fut exécuté par les ordres de notre roi François Ier. Le récit de Belon, dans sa simplicité, nous présente, bien mieux que ne le font ses dessins, le portrait fidèle des pays qu'il fut chargé de parcourir.

Belon raconte son voyage, sans suivre aucun modèle, sans se proposer aucun système ; naturaliste, autant qu'on pouvait l'être en France dans le siècle où il a vécu, il cherche des oiseaux, il étudie des plantes, il indique dans la mer la figure des poissons qui peuvent s'y rencontrer ; mais il ignorait toute méthode et toute espèce de classification. Ses descriptions sont celles d'un narrateur plutôt que d'un savant, et elles s'arrêtent généralement à la superficie des choses.

J'ai dit que Belon avait donné le portrait des contrées qu'il a parcourues ; il intitule effectivement *portraits* les esquisses qu'il a faites, ou des objets marquants, ou des villes considérables. Cet essai de voyage pittoresque, malgré son imperfection, n'est pas sans prix pour l'histoire de l'art ; il ne marque, nulle part, ni latitudes, ni longitudes. Quand, dans sa course maritime de Constantinople à Alexandrie, il s'occupe de la boussole, c'est pour réfuter l'opinion de quelques alchimistes qui voulaient faire l'application de l'aimant aux choses d'amour, et qui disaient que cette pierre pouvait bien attirer les amoureuses volontés.

M. de Châteaubriand a parcouru les lieux que Belon avait visités, et deux siècles et demi avaient peu changé leur aspect ; comme Belon, il n'a pu, sans une escorte armée, visiter les rives du Jourdain ; comme Belon, au saint-Sépulcre, il a distingué les chapelles qu'y possèdent les nations de l'Afrique et de l'Asie, entre celles des Européens. Les éperons de Godefroy de Bouillon reposaient dans le trésor du temple, au temps du premier voyageur ; on les en a tirés au voyage du second, et il a été reçu chevalier du saint-Sépulcre, avec l'antique solennité.

Un missionnaire zélé de la société biblique a accompli plus récemment un semblable pélerinage. Il a compté les lampes qui brillent au saint-Sépulcre ; vingt et une appartiennent aux Grecs, treize aux Catholiques, six aux Arméniens, quatre aux Coptes. Il se fait trois prédications au grand jour du vendredi saint ; l'une en italien à la chapelle catholique ; l'autre en espagnol au calvaire ; et ailleurs dans la langue arabe.

Les Turcs, au temps de Belon, avaient, comme aujourd'hui, le goût passionné des fleurs ; les jardins de Damas étaient, comme aujourd'hui, décorés de fruits avec luxe. « Il est d'ailleurs bien rare, dit-il, de voir en Syrie, et en Asie, quelque beau bâtiment par les champs. C'est que la plus grande partie des hommes d'Asie sont esclaves ; de ce, advient que les pays, pour la plus grande partie, sont dénués d'agriculture ; et comme ils ne bâtissent pas aux champs, les bâtiments des villes sont mêmement de moulte, petite étoffe ; la raison en est que la noblesse, au pays du Turc, n'est pas semblable à celle des autres pays des Chrétiens qui y viennent de père en fils ; mais celui entre les Turcs tiendra la première dignité après le grand-seigneur, qui ne sait dont il est né, qui sont ses père et mère ; ainsi, quiconque est payé de soulte du Turc s'estime être autant gentil-homme comme est le grand Turc même. »

Balbec fut à peine entrevu par le naïf Belon : « Ces choses quoique antiques, dit-il, et fort notables, n'étaient pas de son observation. » Il s'y arrêta peu ; mais il convient que ces ruines montrent quelque chose de grand : on y voit neuf hautes colonnes plus grosses que celles de l'hippodrome ; on en voit une semblable à celle de Pompée ; un homme enfin, curieux d'antiquités, ne pourrait, dit-il, voir tout ce qui est à Balbec en huit jours.

Ce fut en effet pour l'Europe une découverte réelle que celle des débris de Balbec et de Palmyre, quand les Anglais Wood et Dawkins, dans le cours du siècle dernier, en publièrent les merveilles.

Les ruines magnifiques du temple du soleil impriment à Balbec une grandeur que l'expression ne peut atteindre. Les huttes, appuyées maintenant sur les fûts brisés des colonnes, en font mieux apprécier peut-être la primitive majesté (1). Toutefois, selon Burckhardt et d'autres voyageurs, la vue entière des ruines de Palmyre, ou Tadmor, saisit encore plus fortement l'esprit que l'aspect même de Balbec.

---

(1) Volney.

Tout est grand à Balbec, dit le Polonais Rzzewuski (1); à Palmyre tout est immense; un vallon suffisait aux constructions de Balbec; mais le désert, cet océan solide, était réservé à Palmyre.

Les cèdres du Liban, sujets aux lois que le temps impose, n'offrent plus, dans leur groupe, qu'un petit nombre de ces beaux arbres, symbole antique de la grandeur; on en compte à peine douze que l'on pourrait nommer des ruines végétales; environ vingt-cinq autres les remplaceront peut-être; cinquante sont de moyenne taille, et environ trois cents arbres plus petits font, en ce moment, comme un peuple au-dessous d'eux. Les plus vieux arbres n'ont de feuillage et de rameaux qu'à leur sommet, c'est comme leur dernière couronne : des noms et quelques dates sont gravés sur leurs troncs, rien n'invite à les recueillir.

La Syrie a été dotée par la nature des trésors des plus riches climats; la canne à sucre et le froment, le cèdre et l'olivier, la vigne, le coton, tout y croît sans effort; un farouche despotisme épuise tous les produits. C'est une observation d'un voyageur moderne (2) que, dans les lieux où l'olivier se trouve encore florissant, les

---

(1) *Mines orientales.*
(2) Olivier.

Génois ou les Vénitiens ont plus long-temps qu'ailleurs conservé leur puissance. En général, sous le joug destructeur des pachas, le destin de l'olivier répond à celui du Grec opprimé. L'olivier disparaît où le Grec est détruit.

L'instabilité qui dévore n'a rien du mouvement ascendant qui anime l'ordre social. Sous le cimeterre des Turcs, on ne répare aucune construction, on ne replante aucun arbre à fruit; on citait comme un phénomène, au temps du voyage de Volney, l'unique moulin à vent établi à Ramlé; il n'existait rien de semblable, ni en Egypte, ni en Syrie.

De pauvres monastères, dans le secret des montagnes, rachettent presque chaque jour leur existence toujours précaire, et cependant si nécessaire aux Francs, dont le nom y reste en honneur. Une imprimerie arabe fut fondée par les Grecs dans un de ces monastères, durant le cours du siècle dernier (1); quelques éditions de livres mystiques en sortirent. On trouve par hasard quelques livres anciens, dans ces lieux souvent dévastés; Burkhardt y reconnut un dictionnaire syriaque écrit en syriaque même, mais le voyageur doit partout éviter d'écrire en présence de ses guides. Surpris une fois un crayon à la main, Burkhardt se vit accusé de

---

(1) Volney.

magie; et c'était une opinion reçue parmi les habitants agrestes du désert que, depuis les investigations de Seetzen et d'Agnelli, la pluie avait cessé de tomber en abondance.

Le désert qui borde la Syrie, et qui enclave ou qui sépare plusieurs des plus riches contrées, donne à ce beau littoral un aspect au-dessus de toute comparaison : les puits qu'on y rencontre, et sur lesquels les bergers ainsi que les troupeaux ont des droits relatifs fixés, font songer aux filles de Jéthro, au premier exploit de Moïse, et peut-être encore au message d'Eliézer; ailleurs ce sont des chapiteaux, des colonnes et des caractères qui rappellent Marc-Aurèle, Adrien, ou Trajan; plus loin une mosquée tient la place d'un temple chrétien; quelquefois un temple chrétien, comme près du lac de Tibériade, conserve sa destination et la croix qui en est le signe. Des villes disséminées, peuplées surtout de Juifs et même d'Européens, entretiennent dans leur sombre enceinte un commerce, dont les profits sont le moins possible apparents. Le lion des comtes de Toulouse, les roses de quelques chevaliers, incrustés sur des murs que le temps n'a pas détruits, y rappellent encore les croisades et l'empire qu'elles avaient fondé.

Quelques lieux autrefois célèbres ne comptent plus un seul habitant. Ascalon est une solitude; des esprits malfaisants passent pour y résider; et pourtant il y reste un temple de Vénus, avec quarante colonnes du plus beau granit rose (1); il s'y trouve une chapelle gothique, sous l'invocation de la Vierge, et on y lit en langue latine : Etoile du matin, protectrice des navigateurs, intercédez pour nous.

L'Arabe du désert peut fréquenter les villes, mais la hauteur des murs l'effraie, et il refuse d'y résider. L'Arabe, d'ailleurs, veut trouver des tribus; dans les villes, il ne voit que des chefs; rien n'est moins isolé que l'existence de l'Arabe. La relation réciproque de la fraternité est, dans l'Asie occidentale, le principe de toute existence. Indépendant, tout seul, comme un Européen, l'Arabe dans le désert croîtrait comme l'épine desséchée au milieu des sables, et dévorée par le chameau. La tribu fait penser à ces heureuses fontaines qui associent des arbres verdoyants au-dessus de leur source bienfaisante, et qui en abreuvent les racines, en retour d'un utile ombrage. Les chevaux, parmi ces nomades, sont bien moins nombreux que les chameaux. On constate la race des chevaux d'Arabie par des diplômes réguliers. M. Rousseau a donné le protocole d'une de ces généalogies (2), et c'est un fragment littéraire que je ne dois pas négliger : « Au nom de Dieu, clé-

---

(1) Forbin.
(2) *Mines orientales.*

ment et miséricordieux, de qui nous attendons toute assistance et secours, le prophète a dit : Mon peuple ne se réunira jamais pour affirmer l'erreur ; voici l'objet de cet écrit authentique. Nous soussignés, déclarons devant le Dieu suprême, certifions et attestons, en jurant par notre sort, notre fortune et nos ceintures, que la jument baie, marquée (avec tel ou tel signe), descend d'aïeux nobles, tant du côté maternel que du côté paternel, par trois filiations directes et consécutives ; qu'elle réunit les qualités de ces juments dont parle le prophète, lorsqu'il dit, leurs seins sont des trésors et leurs dos des siéges d'honneur : appuyés du témoignage de nos prédécesseurs, nous attestons, etc. ; Dieu est le meilleur des témoins. »

Les races renommées sont au nombre de dix-huit. Les chevaux que les Bedouins élèvent dans les déserts sont appelés kholans ; leur ouïe, leur vue, leur légèreté, sont d'une étonnante perfection. On croit que les chevaux arabes, qui restèrent en France après les victoires de Charles-Martel sur les Sarrazins, perfectionnèrent la race des chevaux du Nord. La destinée des chevaux semble liée à celle des sociétés humaines, plus qu'aucune autre sur le globe.

Le comte Rzzewuski a fait sur les chevaux des études profondes ; et des détails curieux sur les chevaux arabes, qu'il avait été visiter, ont trouvé place par son moyen, dans le recueil des Mines orientales. Le comte Rzzewuski, cavalier accompli, lancier non moins habile, fut comparé à l'héroïque Antar, par les poètes de l'Arabie. Il y fut proclamé grand émir des tribus bedouines du Nord, et l'on composa, de son nom, un titre équivalent à celui de couronne de gloire.

Le pachalik de Bagdad seul est plus étendu que toute la France (1). On y comprend le Kurdistan et toute la Mésopotamie; des tribus nomades nombreuses le parcourent dans tous les sens. La ville des Abassides y subsiste toujours; mais si quelques maisons entourées de jardins y sont décorées avec luxe, les autres sont construites en briques à peine séchées. Des cabanes, des dattiers, remplissent une enceinte trop vaste de nos jours pour cent mille habitants. Le commerce, quoi qu'il en soit, n'en a pas oublié la route; il y persiste, après mille ans. Les chameaux, chargés de richesses, circulent entre les tentes ennemies ou protectrices qui exigent toutes un tribut, et qui l'ont exigé toujours.

L'expédition de Mohamed-Ali, contre les sectaires du Nedjid, a fait connaître ce grand pays, presque entièrement ignoré jusque-là. On a su qu'il y avait des villes, en apprenant que la capitale avait succombé devant le pacha, que

---

(1) Rousseau.

secondait alors un ingénieur français. Jamais, avant ce temps, aucun Européen n'avait pu visiter ni les plaines fertiles du Nedjid, ni ses villes bien percées, bordées de longues arcades.

La ville de Derayeh, la ville capitale, soutint un siége prolongé (1). Abdallah, chef ou prince des Wahabites, crut, en se dévouant pour sa ville et pour sa famille, en déterminer le salut. Ce fut en vain, car tout périt; il avait pourtant apporté trois manuscrits de l'Alcoran, garnis de rubis magnifiques, et il y avait ajouté une émeraude et trois cents perles.

En se présentant en personne devant le fils du pacha, Abdallah lui dit noblement : « Le destin l'a voulu, et la guerre est finie. Ce ne sont point vos soldats qui ont eu la victoire; c'est le ciel qui a voulu que je fusse humilié. »

Le wahabisme, selon Burkhardt, est une sorte de puritanisme musulman, quant à l'extrême austérité qu'il exige de ses disciples, et quant aux retranchements de la plus grande partie des pratiques purement religieuses. Mais aussi le chef suprême des sectaires est appelé à exercer sur eux une suprématie politique autant que religieuse; et la tendance du wahabisme est effectivement de resserrer, sous un pouvoir unique et absolu, l'indépendance des tribus du

---

(1) Mengin.

désert. Le fondateur religieux de la secte était issu d'une des familles de cultivateurs du Nedjid. Son fauteur politique, Mohamed-Ibn-Saoud, était alors au premier rang dans la ville de Derayeh. Il descendait d'une des tribus arabes les plus puissantes, la tribu des Aenèses.

Ce chef et ses deux successeurs étendirent graduellement leur réforme systématique, et à mille égards rigoureuse ; le chérif de la Mecque les déclara tous infidèles. Quelques vexations exercées contre quelques pèlerins turcs, l'interruption même du pélerinage de la Mecque, par les violences des Wahabites, animèrent le fanatisme. La Mecque et Médine, prises par eux, furent reprises par le pacha. Abdallazis pourtant, le chef des Wahabites, jusqu'en 1803, était devenu comme le gouverneur d'une grande partie de l'Arabie. Il était le chef des scheiks ; il s'efforçait d'étendre au même degré sur tous ce qu'il voulait appeler l'empire de la loi.

Cet essai de monarchie arabe pourra se renouveler un jour; Abdallazis voulait appeler devant une cour suprême les contestations que les armes décident entre les tribus. Il voulait abolir successivement le pillage, en imposant la solidarité. Il commençait à nommer des cadis; en proscrivant la vengeance du sang, il repoussait le droit de protection qui le compense, à quelque égard. Les plus puissantes tribus arabes n'ont pas toutes accepté ce joug. On les a vues plutôt ennemies des Turcs que dévouées au nouveau pouvoir. Cependant l'ébranlement s'est fait sentir chez elles ; et peut-être elles ont perdu quelques-unes de leurs vertus, sans avoir fait d'autres progrès.

La curiosité des modernes avait bravé de graves dangers, pour connaître la ville sacrée, interdite à tout infidèle. Niebhur ne parvint pas jusqu'aux murs de la Mecque ; mais il se procura un dessin de la mosquée et de ses accessoires, qu'un dessinateur de race turque y faisait vendre aux pélerins, et il en donna la gravure. Cet échantillon d'art, exécuté au trait, sans effet et sans perspective, avait le mérite au moins d'une grande exactitude. L'édifice sacré n'a point d'architecture ; son enceinte carrée est bordée de portiques ; chaque arcade a sa petite coupole ; un étroit bâtiment, sans aucun caractère, est debout au milieu de l'enceinte. C'est la Caaba célèbre, élevée par Abraham. Une palissade ronde l'environne ; quatre petits édifices, à coupole et à jour, servent de lieux de prières aux quatre sectes reconnues, et avouées par l'orthodoxie. Le puits de Zem-Zem est soigneusement couvert ; c'est celui que l'ange fit connaître à Agar.

On n'a pas lieu de penser que la Caaba contienne d'autres trésors que celui de la fameuse pierre noire basaltique, simplement encadrée d'argent. Des lampes d'argent sont partout suspendues; des draperies de riches étoffes, fabriquées au Caire, tout exprès, et brodées de sentences extraites du Coran, sont le tribut annuel de la Porte-Ottomane.

Le nombre des pélerins est immense à la Mecque; leur concours fait toute la richesse d'une ville située dans un vallon brûlant, et dont la plus grande largeur n'excède pas cent cinquante-cinq toises. La Mecque n'a de commerce que celui des caravanes : mais les caravanes s'y rendent de toutes les parties du monde où l'islamisme est professé; et les déserts les plus redoutables de l'Afrique n'opposent même point un obstacle à la ferveur des pélerins. Le chérif de la Mecque n'est ni calife, ni iman; il n'est que prince temporel, et son pouvoir, comme tel, est si peu affermi, que la Porte envoie, chaque année, un cadi dans la cité sainte.

Ce fut avec la caravane du Caire, que l'intrépide espagnol Badia, déguisé sous le nom d'Ali-bey, osa pénétrer à la Mecque; il y remplit les devoirs prescrits aux Musulmans; il y vit ce que Niebhur n'avait connu que par une image. Les cérémonies s'achevaient, quand sept mille Wahabites armés parurent devant la ville sainte; et malgré le respect apparent des sectaires, pour le pélerinage, leur austérité trop farouche fit redouter de leur part, jusqu'à la fin, une invasion sacrilége.

Le voyageur Burkhardt, ou Scheik-Ibrahim,

suivit en peu d'années l'exemple d'Ali-bey ; le célèbre pacha d'Egypte était alors en Arabie. Un médecin italien, de sa suite, lui présenta le pélerin prétendu ; Mahommed lui permit d'achever son entreprise, mais il ne voulut pourtant pas se montrer, aux yeux de Burkhardt, entièrement dupe du stratagème.

Le voyage de cet homme d'Europe, en dépit de ses déguisements, lui causait un genre d'inquiétude fort étranger à l'idée religieuse ; il avait appris depuis peu la chute de Napoléon ; il ne doutait pas que l'Angleterre ne convoitât la possession de l'Egypte, et il craignait que le voyageur, comme agent secret de l'Angleterre, n'eut que le projet de se rendre aux Indes, pour y achever sa mission.

Burkhardt paraît avoir jugé la Mecque plus favorablement que ne l'a fait Badia : la Mecque est, selon lui, une ville assez belle avec des rues bien espacées ; il s'y trouve trois bains, dont l'un fut établi par un visir de Soliman II. De nombreuses citernes fournissent une eau salubre ; un acqueduc amène en abondance l'eau qui découle des montagnes ; il fut un bienfait de Zobéide, l'épouse favorite du calife Haroun. Le sol perdrait partout de son aridité au moyen de quelques arrosements ; car la plupart des villes de l'Arabie, situées entre des déserts sablonneux, sont entourées de jardins fertiles.

Une école, une bibliothèque, sont attachées

à l'une des mosquées de la Mecque ; mais l'on suppose bien que la Mecque n'est pas le centre des beaux arts. La musique y est peu goûtée ; les porteurs d'eau, pourtant, y ont un chant très-doux ; les paroles en sont uniformes. Le paradis et le pardon appartiennent à celui qui vous donne cette eau.

La Mecque doit contenir trente mille habitants de population permanente ; il faut y ajouter quatre mille Abyssins, ou noirs d'Afrique, esclaves. Les Arabes, nés à la Mecque, sont d'ordinaire marqués de quelque trait au visage, par leurs parents qui, eux-mêmes, en sont orgueilleux. Les célèbres Koreischites sont actuellement partagés en nomades et en sédentaires ; il n'en reste que trois familles dans la ville de la Caaba.

Cette ville doit sa richesse au commerce étendu qu'y amènent les pélerinages. On y vit au milieu du luxe ; les ameublements y sont beaux ; les mœurs y sont douces, polies et relevées de quelque fierté. Les pélerins y trouvent des guides, et les commerçants des courtiers qui, la plupart, sont des Indous.

Du sommet du mont Arafat, le pélerin Burkhardt découvrit plus de trois mille tentes, qui toutes appartenaient aux riches des caravanes ; un nombre immense de pélerins n'avaient d'autre abri que le ciel. On pouvait y compter plus de

43.

vingt-cinq mille chameaux; une épouse du pacha d'Egypte en conduisait cinq cents chargés de ses bagages : soixante-dix mille personnes étaient réunies en ce lieu ; toutes étaient vêtues de blanc, et les ombrelles de ceux qui pouvaient en avoir étaient toutes de couleur verte. Un sermon fut prêché depuis le plateau de la montagne à cette multitude immense, et l'orateur était monté sur un chameau. La harangue dura trois heures ; de bruyantes acclamations la suivirent, et des décharges d'artillerie se répétèrent toute la nuit. Entre les cérémonies différentes qui se pratiquent hors de la Caaba, il faut compter celle d'amasser des monticules de pierres en mémoire de la victoire d'Abraham sur Eblis, ou le démon, et le sacrifice des chameaux, vaches, chevreaux, brebis surtout, que l'on égorge par milliers.

Des tombes, en assez grand nombre, entourent la ville de la Mecque ; plusieurs sont révérées à cause des saints qu'elles renferment ; presque toutes sont accompagnées d'un aloès qu'on a soin d'y planter, comme un symbole de patience.

Médine aussi est une ville sainte ; et sur les limites extrêmes du grand désert de l'Arabie, on y voit cultiver des blés, à l'ombre de palmiers superbes. Un canal souterrain, ouvrage d'un des fils de Sélim Ier, plusieurs puits, et même un torrent qui y descend durant l'hiver, y fournissent une eau suffisante (1). Le tombeau du prophète est gardé à Médine ; il n'est point un objet de culte ; les pèlerins qui vont à la Mecque ne sont point tenus de le visiter. L'édifice modeste élevé sur ce tombeau est dans un coin de l'enceinte de la mosquée de Médine ; on l'entoure chaque année d'une étoffe magnifique fabriquée exprès à Damas, et toute brodée de lettres d'or ; plus petite que celle de la Mecque, la mosquée a des colonnes peintes en arabesques et en fleurs : les marbres blancs qui la décorent sont chargés d'inscriptions dorées, et le pavé est en mosaïque.

Les Bedouins, guerriers et pasteurs, sont les maîtres de tout le désert; l'espace, où roulent leurs tribus selon les diverses saisons, est partagé tacitement entre elles comme le serait un héritage ; les villes commerçantes et surtout maritimes sont presque exclusivement le séjour des étrangers. Je puis citer Moka et Djedda spécialement à l'entrée du golfe Arabique. Je puis citer Mascate, encore plus florissante ; son sultan prend le titre d'iman : cependant l'Europe y domine (2), et les nations de l'Occident s'en disputent la possession, ou du moins tous

---

(1) Burkhardt.
(2) *Nouvelles annales des voyages.*

les avantages. L'église chrétienne qui y subsiste, et qui sert de cour de justice, fut bâtie par les Portugais ; il en est de même de deux châteaux qui défendent le port de Mascate. L'expédition des Français en Egypte, et les excursions des Anglais, ont augmenté, chez les Arabes, la considération qu'ils accordaient aux Francs : ils les supposent tous habiles artilleurs ; et s'ils se nomment toujours les pères de l'épée, ils appellent les Francs les pères du canon.

Le couvent du mont Sinaï est un monument de Justinien, nous en avons déjà parlé. L'impératrice de Russie, Anne, qui succéda à Pierre Ier, y fit élever un sarcophage richement incrusté d'argent, et elle avait exprimé le vœu d'y reposer après sa mort.

Les religieux du Sinaï sont peu nombreux, et sont tous Grecs; leur séjour, dans le monastère, est borné à quelques années, et plusieurs ignorent l'arabe. C'est dans ce monastère pourtant, c'est à l'abri de ses murailles, que l'unique imprimerie arabe, en Arabie, existe encore de nos jours. On parle sous les tentes l'arabe le plus pur; peu d'Arabes ignorent les lettres, mais rarement ils en font usage; et comme aucun Arabe non plus ne se livre au travail des métaux, les monnaies frappées dans les villes sont exclusivement au profit et des Banians et des Juifs.

Le mont de Sainte-Catherine est près du Sinaï, il est tout revêtu de la plus riche verdure; son église est antique et de petite proportion; Burkhardt y vit le nom de l'intrépide Boutin, écrit en l'an 1811; il avait lu aussi aux murs de la cellule, où il résida quelque temps, dans l'enceinte du monastère, le nom également malheureux que Seetzen y avait tracé le 9 avril 1807; il avait remarqué avant tout les noms de Rozières et Coutelle, membres de la commission d'Egypte, avec l'indication du 5 frimaire an 9, c'est-à-dire, de 1800.

Le monastère du Sinaï a des protecteurs avoués, dans les tribus de son voisinage; mais tout Bedouin qui se présente a droit au repas qu'il vient chercher, et on le lui descend pardessus la muraille.

Les religieux vont en procession du Sinaï au mont Horeb, pour obtenir que la pluie tombe ou qu'elle cesse de tomber. C'est parmi les Bedouins une tradition reçue, que les religieux ont un livre, dont l'ouverture détermine la sécheresse ou les orages; ce préjugé relève sans doute la situation des religieux; mais il leur attire quelquefois les plus cruelles vexations.

Les traditions, qui se rattachent à toutes les parties de la contrée, sont également sacrées et chères au Musulman et au Chrétien. Djebel-Horeb, ou autrement Djebel-Mousa, est entre autres, pour tous les deux, l'objet d'un pieux pélerinage. L'église, pourtant, est renversée; la mosquée se soutient encore, et les Bedouins y vont immoler des brebis, à l'effet d'honorer Moïse.

La vallée de Moïse offre d'autres ruines, dont la magnificence vient d'être révélée. M. Léon de Laborde a visité Petra (1), capitale autrefois de l'Arabie-Pétrée, conquise par Trajan et réunie par lui à la Palestine moins reculée; cette ville fut prise à l'époque des croisades par Beaudouin, roi de Jérusalem, et le nom de Petra fut changé par ce prince en celui de Montagne-Royale, maintenant c'est Wady-Mousa.

Petra avait été oubliée depuis six siècles, quand elle fut, sans dessein, aperçue par Burkhardt; il y vit le tombeau d'Aaron. M. Banks y passa un jour, mais il ne put même parvenir jusqu'au principal édifice. Le chef des Arabes errants qui dominent cette contrée lui répondit, comme le roi d'Edom aux envoyés de Moïse, qu'il ne boirait jamais de son eau.

M. Léon de Laborde a été plus heureux; il a pu pénétrer, à force de courage, et divulguer, à force de talent, les mystères concentrés dans la vallée de Moïse. Petra est entourée de rochers inaccessibles, et arrosée par un torrent; elle a été bâtie dans un ravin profond. Le commerce de la mer Rouge avec la Méditerranée, l'affluence des caravanes, en firent sans doute un en-

---

(1) *Revue trimestrielle.*

trepôt d'une incalculable richesse. La tendance des richesses est de s'écouler toujours, ou de se métamorphoser entre les mains qui les possèdent; et malgré les prodiges qu'attribuent les Arabes à l'art de la culture, chez les Nabathéens, le luxe n'eut d'autre ressource à Petra que dans les constructions et dans l'architecture.

Rien n'approche de celles de Petra : deux ou trois étages de colonnes y décorent des édifices de proportion gigantesque, et sur toute une surface d'une grande lieue carrée. Tous les rochers sont excavés et comblés des plus riches débris; un théâtre est creusé dans le roc, des bas-reliefs curieux, des statues colossales équestres, tout excite la surprise, tout excite l'admiration; des tombeaux somptueux marquent de longues avenues, et l'immense rocher, qui termine à la fois la ville et le ravin, soutient des deux côtés un grand arc de triomphe qui s'y pose comme une couronne.

O vanité de l'œuvre des hommes! Petra ne garde pas même un seul habitant. Jerrasch comme Petra est sans vie, entre les déserts (1); et les mines qu'on y découvre ne peuvent pourtant se comparer qu'aux ruines augustes de Palmyre. Des temples, des théâtres, et un vaste palais ont conservé comme en dépôt des colonnes admi-

---

(1) *Journal des Voyages.*

rables, et les plus magnifiques vestiges de cette belle architecture grecque, portée par les Romains dans tant de parties de la terre. Un caractère de grandeur a partout été imprimé à l'œuvre, quelle qu'elle fut, de la puissance romaine; son joug, par cette raison, n'a point flétri le monde; et la vraie supériorité n'abaisse jamais ce qu'elle domine.

FIN DU TROISIÈME VOLUME.

TABLE DES CHAPITRES

DU TROISIÈME VOLUME.

	Pages
Suite de la sixième époque. — Des îles de l'Inde et de la mer du Sud................	5.
Suite de la sixième époque. — De l'Inde......	90.
Suite de la sixième époque. — De la Perse......	207.
Suite de la sixième époque.— De l'Asie septentrionale.	262.
Suite de la sixième époque. — De l'Asie occidentale. .	315.

www.ingramcontent.com/pod-product-compliance
Lightning Source LLC
Chambersburg PA
CBHW060327170426
43202CB00014B/2698